U0358491

清华映像 精选

2020
2021

主编｜覃川

执行主编｜戚天雷　刘蔚如

周襄楠　贺茂藤

副主编｜张歌明　张莉

清华大学出版社
北 京

内容简介

清华大学主页头条"清华映像"栏目诞生于2011年清华大学百年校庆之际，以精美的设计图和精炼的原创文章，全面报道清华大学发展建设及改革创新的重点人物、重大事件和重要成果，介绍清华在教学、科研、社会服务等方面的成就，捕捉师生生活亮点，纵览清华历史风物。本书精选2020—2021年度"清华映像"栏目大图及深度报道，按清华印记、清华人物、清华日新、清华人文等类别，呈现新时代清华大学改革发展的全新风貌。本书的读者对象包括高等学校和科研机构的师生、研究人员，以及关注清华大学和中国高等教育发展的社会大众。

图书在版编目（CIP）数据

清华映像精选：2020—2021 / 覃川主编.—北京：清华大学出版社，2023.10
ISBN 978-7-302-62758-6

Ⅰ.①清… Ⅱ.①覃… Ⅲ.①清华大学—概况—图集 Ⅳ.①G649.281-64

中国国家版本馆CIP数据核字（2023）第031230号

责任编辑：梁　斐
装帧设计：李　娜　张　佳
责任校对：赵丽敏
责任印制：沈　露

出版发行：清华大学出版社
　　　　网　　址：https://www.tup.com.cn, https://www.wqxuetang.com
　　　　地　　址：北京清华大学学研大厦A座　　　　　邮　　编：100084
　　　　社 总 机：010-83470000　　　　　　　　　　邮　　购：010-62786544
　　　　投稿与读者服务：010-62776969, c-service@tup.tsinghua.edu.cn
　　　　质量反馈：010-62772015, zhiliang@tup.tsinghua.edu.cn
印 装 者：小森印刷（北京）有限公司
经　　销：全国新华书店
开　　本：185mm×260mm　　　印　　张：15　　　字　　数：662千字
　　　　　（附手账本1本）
版　　次：2023年11月第1版　　　　　　　　　　印　　次：2023年11月第1次印刷
定　　价：258.00元

产品编号：095545-01

前　言

打开清华大学主页，首先映入眼帘的便是"清华映像"栏目。作为清华大学主页上最为醒目的展示窗口，"清华映像"栏目已经走过了 12 个年头，一直备受广大读者的关注和喜爱。

时光荏苒，岁月如梭。从《清华映像精选（2018—2019）》出版至今，又一个两年稍纵即逝。两年多来，以清华学生和校友为主要构成的清华映像团队的工作，时不时受到新冠疫情的影响，但是大家通力合作、勇毅前行，出色完成了既定任务。

这两年，我们定格了清华的一个个标志性时刻——清华师生以多种形式庆祝中国共产党成立 100 周年，积极学习、深入领悟、认真贯彻落实党的二十大精神，中国共产党清华大学第十五次党员代表大会描绘学校新百年新阶段高质量发展蓝图，我们还迎来了 110 周年校庆，见证了清华人在脱贫攻坚决战决胜关键阶段主动而为、服务社会，1400 余名清华师生积极参与北京冬奥会、冬残奥会服务保障工作，清华大学男女篮双获第 24 届中国大学生篮球联赛（CUBA）全国总冠军……有太多闪光时刻值得我们铭记，虽任重道远，而矢志笃行。

这两年，我们倾心关注着清华人的奉献与成长。聆听李克强、王梅祥、张亚勤等新当选院士和张国刚、鲁晓波、王宏剑、陈国青等新入选文科资深教授的情怀与境界；讲述梁曦东、史琳、张明楷、李睦等名家大师的治学魅力和多彩人生；展现学生年度人物、"天格计划"学生兴趣团队等莘莘学子的青春风采；记录美育周、"一二·九"运动主题纪念周系列活动等丰富多彩的校园生活……

这两年，我们与众多科学家深度合作，推出系列通俗易懂、富有冲击力的科研成果报道。石岛湾高温气冷堆核电站示范工程、中国首个抗新冠病毒特效药、乙肝病毒受体、新型粒子加速器光源……一个个顶天立地的科研成果，体现出清华人勇于挑战、探索不可能的科学精神与信念。

这两年，我们还努力采集清华文化中的一个个闪光瞬间，为当下提供滋养。探究清华园的缘起，回望清华人铿锵有力的诘语，展现多元文化构建的校园，凝炼游泳课践行的清华体育精神，聆听入党初心的时空对话，欣赏梁思成诞辰一百二十周年文献展……从中尽情体会清华的传统与担当。

这两年，在一幅幅精美的手绘作品和摄影作品中，我们还感受到了开学、毕业的热闹氛围，春节、国庆、教师节等重要节日的喜庆气氛。

为了让大家更好地浏览本书，我们按照清华印记、清华人物、清华日新、清华人文的类别进行了归纳展示，方便读者获取"清华映像"的全貌。同时，本书还配备了精美的手账本，方便读者记下身边的日常。

虽已历时十余年，但站在新时代新征程的新起点上，在清华大学奋力谱写中国特色世界一流大学高质量发展新华章的进程中，我们还有很多工作要做。希望各位读者朋友通过这个窗口了解清华、关心清华、支持清华。让我们共同携手、奋楫扬帆，驶向更加光辉璀璨的未来！

刘涛雄

2023 年 5 月

目　录

清华印记

清华人物

清华日新

清华人文

后 记

清华印记

校长邱勇：自强的清华更奋进 | 清华大学 109 周年校庆致辞

摄影 | 李派
图片 | 刘泽玉　李娜

在这万象皆春、群芳竞发的四月，我们迎来了清华大学 109 岁生日。我谨代表学校向海内外广大校友和全体师生员工致以亲切的问候和良好的祝愿，向多年来关心支持我校发展的各界人士和朋友表示衷心的感谢！

庚子年伊始，新冠肺炎疫情汹汹而来。在这场"大考"面前，清华人与全国人民一道众志成城、共克时艰，以实际行动展现自强不息、刚健有为的清华精神。疫情发生以来，在党委的坚强领导下，学校快速响应、主动担当，统筹推进全方位防控工作。教书育人是清华任何时刻都不能放弃的职责。通过全校性大规模实时、互动、异地、分散的在线教学，2020 年春季学期 3923 门课程如期开课，开启了一场教育教学的深刻变革。学校高度重视毕业生工作，尽最大可能提供帮助和支持，努力让毕业生同学按时毕业、顺利就业。学校积极承担社会责任，清华成立的学堂在线平台免费向全球开放1900 多门课程，清华为华中科技大学、武汉大学等国内高校开设 147 个"克隆班"，与 126 所湖北高校举行线上联合就业招聘会。清华师生加快开展抗击疫情科研攻关，已取得新冠病毒和受体相互作用位点结构解析、新型核酸检测芯片试剂盒、新型冠状病毒肺炎智能辅助诊断系统和高效抗新冠病毒抗体分离等多项重要科技成果，积极发挥科研攻关突击队作用，努力交出让人民满意的答卷。2020 年 3 月 2 日，习近平总书记来到清华考察调研新冠肺炎防控科研攻关工作并发表重要讲话，极大鼓舞和激励了全校师生。2020 年 4 月 2 日，清华大学成立万科公共卫生与健康学院，努力为国家疫病防控和公共卫生应急体系建设提供有力支撑，为守护全人类的生命健康贡献清华力量。

自强的清华人永远以国家至上、以人民为先、以育人为本。在共和国发展历史上的每个关键时刻，永远都有清华人自强不息的奋斗身影。2019 年是中华人民共和国成立 70 周年。5400 余名师生圆满完成群众游行、广场联欢、服务保障等各项任务。由 3514 名清华师生组成"伟大复兴"群众游行方阵，向世界展示了清华人的时代风采。2019 年，学校党委深入开展"不忘初心、牢记使命"主题教育，努力做到"立德树人守初心、爱国奉献担使命、对照标杆找差距、行胜于言抓落实"，锐意进取、砥砺前行，以更昂扬的风貌书写迈向世界一流大学前列的新篇章。

自强的清华人永远以开放自信的胸怀走向世界。一所大学的办学视野决定了她所培养的人才的视野。2019 年，清华大学连任亚洲大学联盟主席单位；与圣彼得堡国立大学分别向普京总统和习近平主席授予名誉博士学位，并共建俄罗斯研究院；与来自 9 个国家的 12 所世界一流大学共同成立世界大学气候变化联盟，并担任首届主席学校。今年 1 月 6 日，习近平总书记给世界大学气候变化联盟的学生代表回信，期待同学们为呵护好全人类共同的地球家园积极作为。今年 3 月27 日，亚洲大学联盟举行抗击新冠肺炎疫情特别工作会议，全球 14 所大学领导人在线参与，清华宣布设立春风基金国际科研项目支持计划，鼓励和支持开展疫情相关的国际联合研究。大学是人类文明的灯塔，需要精诚合作，共同撑起人类未来的一片蓝天。

自强的清华人永远以创新为矢志不渝的追求。过去一年，清华取得一系列突破性的学术成果，成功研制世界首款异构融合类脑芯片"天机芯"；研发出世界首个基于忆阻器的完整存算一体系统，突破冯·诺依曼架构下的算力瓶颈。清华作为第一单位，获 2019 年度国家科技奖 11 项；《清华大学藏战国竹简（壹－柒）》荣获郭沫若中国历史学奖一等奖。中国首个、世界最深的极深地下实验室"中国锦屏地下实验室"正式启动。学校进一步完善学科综合布局、加强学科建设，成立天文系、车辆与运载学院；继续推进文科建设规划实施，发布《清华大学关于持续深化改革 提升工科发展水平的实施意见》《清华大学关于持续深化改革 提升理科发展水平的实施意见》。学校主动服务长三角一体化发展战略，成立上海清华国际创新中心。在这个蕴含无限可能、充满无限挑战的大时代，在实现中华民族伟大复兴的关键时期，创新精神是自强精神的最好体现。要自强，必创新；唯创新，才自强。

自强的清华人永远执着于做有长远价值的事情。2019 年是清华大学"学风建设年"，学校深入开展学风大讨论，召开学风建设大会，出台《清华大学关于新时代加强学风建设的若干意见》，努力建立新时代学风建设长效机制。学校坚决克服唯分数、唯升学、唯文凭、唯论文、唯帽子的顽瘴痼疾，建立重师德师风、重真才实学、重质量贡献的评价导向，加强学术文化建设，充分发挥学术共同体作用，发布《清华大学关于完善学术评价制度的若干意见》《清华大学研究生申请学位创新成果标准规定》。学术评价制度体现大学的学术品位，关系到大学的长远发展。一流大学要有一流的精神气质、一流的目标追求和一流的办学境界。

2020 年是我国全面建成小康社会的决胜之年，是实现第一个百年奋斗目标的关键之年，是有里程碑意义的一年。2020 年也是清华大学实现"三个九年，分三步走"战略目标和完成综合改革的收官之年。学校将围绕"创新科研模式，建设世界一流大学创新体系"召开第十八次科研工作讨论会，制定 2030 创新行动计划，继续完善学术评价制度，不断深化学风建设，进一步推进大学治理体系和治理能力现代化建设。明年是清华大学建校 110 周年，学校新百年的发展将进入新的历史阶段。站在新的历史方位上，在实现中华民族伟大复兴、建设社会主义现代化强国的伟大事业中，清华大学必须肩负起时代使命，必须付出更为艰苦的努力，必须作出新的更大贡献。自强是清华人的精神底色，自强的清华人永远保持奋进的姿态！

2020 年必定会深刻地影响人类历史进程。岁月将记住我们每一个人在 2020 年的思考、选择和行动。面对新冠肺炎疫情这场全球性灾难和全人类危机，科学理性是破解之钥、团结一心是补天之石、必胜信念是希望之光。危机催生了不确定性，危机也考验着我们的意志和良知。人类对真善美的执着追求，将汇聚成不可阻挡的强大力量，人类终将战胜人类共同的敌人。

清华 109 周年校庆必定是一个特殊的校庆。因为疫情，我们不能邀请亲爱的校友们回到母校。但我相信，"云校庆"会带给我们同样的温馨、别样的精彩，清华园也永远是所有清华人温暖的家。"佳期当可许，托思望云端。"我相信，在山川澄澈、风月疏朗的时节，我们一定会迎来更加美好的相聚！我相信，未来，清华会更好、中国会更好、世界会更好！

清华大学校长
清华校友总会会长
二〇二〇年四月九日

云上校庆：共庆清华生日，云端遥寄祝福

文字｜胡颖
图片｜梁晨

在这个草长莺飞、群芳竞发的时节，清华大学迎来了 109 岁生日。

一年一度的校庆日是园子里最盛大的节日，每年 4 月的最后一个周日，清华校友都会从世界各地回到母校，一起追忆母校的峥嵘岁月，回顾青葱年华里的理想情怀，也一起展望清华更加美好的未来。

然而，这场历史罕见的新冠肺炎疫情，给明媚的 4 月抹上了一丝阴影，同时也使得清华大学的 109 周年校庆，被"搬"到了云端。

疫情无情，人却有情。在这场"大考"面前，清华人与全国人民一道众志成城、共克时艰，以实际行动展现"自强不息、刚健有为"的清华精神。

"自强的清华更奋进"，正如疫情不会阻断清华人前行的坚定步伐，校庆形式的改变也不会影响我们的热情。等待大家的，是精心准备的各项云上活动：作为传统保留项目的 109 圈接力长跑，以"弦歌不辍，行健不息"为名的校庆演出，各个实验室科研成果的云展示，丰富多彩的云展览、云游园、云合影……今年的校庆，绝不会缺少"现场感"和"仪式感"。

校庆不仅仅是一个节日、一场庆典，更是对立校初心的再追寻，对师生精神的再凝聚，也是对时代责任的再思考。疫情终将过去，而不变的是清华文脉的赓续，是大学精神的传承，是游子对故园的眷恋，也是"出走半生，归来仍是少年"的一片深情。

荷塘芬芳如故，学堂矗然似昨。在水木清华度过的时光，恰似流光溢彩的画卷，烙在我们的记忆深处。纵使山长水阔、天南海北，没有什么能阻挡我们似箭的归心；清华园，永远是我们最坚强的后盾、最温暖的家园。

也许你是毕业多年的校友，早早就开始筹划回到母校与旧友相聚；也许你是初入清华园不久的少年，对这个盛大的节日抱有各种期待和憧憬；也许你是行将离开清华的准毕业生，希望借着校庆的契机好好地跟园子说声再见。无论是以何种身份迎来校庆，相信你都想为母校送上最真挚的祝福、最长情的告白。

"佳期当可许，托思望云端。"值此盛典之际，让我们一起相聚云端、畅叙旧缘，以云祝福传达对母校的深情与思念，让酝酿经年的佳作灵感在这里汇聚激荡吧！

清华大学 109 周年"云校庆"纪实

文字 | 李晨晖　曲田　张静　高原　程曦　吕婷
图片 | 李娜

在暖风和煦的四月天，清华大学迎来 109 周年校庆。

由于疫情影响，"云校庆"成为清华人庆祝母校 109 岁生日的特殊方式。

"云校庆"活动面向全球进行 4 小时不间断直播，"云祝福""云校园""云展览""云演出""云赛事"等一"网"打尽。

今天，心系清华的游子，即使身在四方，也能向母校道一声"生日快乐"。隔空的拥抱与问候，温暖如初，距离虽远，心却更近了。

全球师生、校友和社会各界友人发来"云祝福"17 万余条。校庆日当天，"云校庆"专题网站访问量超过 20 万，通过校内外各种平台在线观看校庆特别报道直播的总人次超过 413 万。

上午 9 时整，伴随徐徐春风，清华大学校庆日升旗仪式在大礼堂前举行。国歌在畔，五星红旗在清华园冉冉升起。

在迎风飘扬的五星红旗见证下，校长邱勇、校党委书记陈旭等校领导共同为北京清华长庚医院支援武汉医疗队 11 名队员颁发纪念牌，并向他们献上春日里最烂漫的花束。

庚子年伊始，新冠肺炎疫情汹汹而来。清华大学快速响应、主动担当，统筹推进疫情防控和改革发展工作，各项防控措施有效落实，在线教学顺利开展，科研攻关加速推进，校园安全得到有效保障，同时积极推进教育领域的国际抗疫合作。以自强抗疫，以创新迎战，清华人吹响奋进的号角！

"一声鹤唳，殷勤唤起，大地清华。"邱勇校长在校庆日活动上深情致辞，"清华人心中不止有水木清华，也憧憬着'大地清华'；清华人不仅植根中国大地，也胸怀世界大地。"

陈旭书记为清华师生和广大校友在疫情防控特殊时期展现的家国情怀与社会担当点赞，并鼓励全体清华人"使命光荣在肩，团结奋力前行"。

奔跑，用昂扬的青春献礼母校！清华 109 岁，奔跑 109 圈。"祝母校生日快乐！""我们一起迈向 110 周年！"陈旭、邱勇等校领导与师生校友绕操场跑步两圈，寓意着在传承与创新中一起奔向迎接清华建校 110 周年的征程。疫情改变不了清华人的强健体魄和自信精神，自强的清华人永远保持奋进的姿态！

一声令下，白衣铠甲，携役囊踏远方。3 月 31 日，由北京清华长庚医院 11 名医护人员组成的支援湖北医疗队鏖战归来。65 天前，他们临危受命，逆向而行。愿得祖国花似锦，一袭白衣献青春。清华长庚人，用柔软的医者仁心和刚毅的清华精神，筑起捍卫人民健康的铜墙铁壁。4 月 26 日，校庆日当天，邱勇、陈旭等校领导与支援武汉医疗队座谈交流，向勇敢战"疫"的清华长庚人致敬！

为了更有效地凝聚合力抗击疫情，校庆前夕，清华大学与联合国教科文组织联合主办"全球大学特别对话：新冠疫情下的大学在线教育及展望"主题会议。此前，清华大学还作为亚洲大学联盟主席单位，在线主办了大学抗击新冠疫情特别工作会议。大学是人类文明的灯塔，我们相信，全球大学的真诚合作一定会照亮人类命运共同体的美好明天。

"岁月将记住我们每一个人在 2020 年的思考、选择和行动。"今天上午，清华大学 109 周年云校庆"云展览"正式启动。触摸历史温度，重温自强之路，校史馆云端开放数字博物馆、清华名人专题展、清华档案·学风系列展。艺术博物馆和科学博物馆也开启了"云展览"和"云直播"。织绣展的瑰丽服饰、书画展的隽永墨香、唐卡展的庄严深邃，如同一首首意蕴深长的诗篇，在艺博展厅中娓娓吟诵。百年器象，荟萃一堂，科学博物馆开通数字展厅，管窥器物发展脉络，感受蕴藉在器物变迁之中的清华理工学科百年厚重历史。

"窗口 2020——疫情时期图像档案展"开幕式在清华艺术博物馆三层展厅同期举行。这次展览由艺术博物馆和新闻与传播学院联合主办，共展出 200 余件与"窗口"有关的影像作品。启窗而观，海量的图像信息成为这场战"疫"留下的素描档案。值得一提的是，为了留住这个春天难忘的记忆，学校多个部门联合启动"2020 春·留住记忆"征集活动。一笔一墨，一光一影，记录下清华人的情怀与担当。征集作品也以"云展览"的形式与师生校友见面。

弦歌不辍，行健不息。清华师生校友校庆"云演出"以"自强、创新、奋进"为主题，为母校献礼，为抗疫助力，为全球祝福。

"大礼堂的雪时常入梦所以我想她，现在园子里的春天来了所以我更想她。"学生艺术团话剧队的同学们深情诉说着对清华园的思念。在这个特殊的春天，学生艺术团的师生们万众"艺"心战疫情，用艺术的形式助力抗击疫情，向清华师生和社会各界传递温暖、信心和力量。

"无体育，不清华"依然是校庆日最突出的亮点。无论身处何地，清华人的体育精神和体育传统永远不掉线。体育部、校团委、学生会和研究生会举办了一系列线上体育赛事，"云动会""清动未央"线上运动打卡挑战赛、"云战疫"趣味挑战赛、"云上体能联赛"等活动如火如荼地开展，以体育之名，为母校祝福、为抗疫助力。

一年一度的"挑战杯"学生课外学术科技作品展暨学生创意创新创业博览会云端开启，展品主体多元、形式多样，带来全新"云科创"体验。高水平的实验室是开展高水平科学研究、引领学科发展的重要依托。校级科研条件平台、实验教学中心在线上集中亮相，抗疫期间的科研成果以可视化方式呈现，让我们足不出户也能打卡实验室、爱上实验室。

春光无限好，正是读书时。第五届"水木书榜——清华学生喜爱的十本好书"线上揭榜，书香战"疫"，让我们与阅读常相伴。这个春天，人文清华连续推出"云讲坛"大型直播公开课，校庆日前夕，由法学院教授张明楷带来的人文清华"云讲坛"第六场如约而至。清华的人文之光，正穿透校园，烛照中国。

清华大学新闻中心围绕此次校庆策划推出大型直播特别报道节目，首次搭乘 5G 和 VR 技术，多地多机位即时通联，即使相隔千里，亦能走进让我们魂牵梦萦的水木清华，隔空拥抱久违的清华园。同时，"云校庆"专题网站于校庆前夕上线，多维度呈现校庆活动，实时更新校庆动态，打造生动别样的云祝福平台，以手绘地图为载体、集成多媒体为呈现方式的云游校园版块异彩纷呈。校报《新清华》刊发校庆专刊，推出"图说清华又一年"四版数据化新闻特别策划，悉数展现学校的发展成就。新媒体平台创意策划，推出"云合影"互动小程序和专属明信片等文创产品，为 109 周年校庆留下特别的记忆。全球传播办公室发起"联结清华"（Connecting Tsinghua）线上互动活动，全球师生校友都能为母校献上祝福、晒出自己与清华的故事。

万里归来年愈少，此心安处是吾校。毕业于西南联大机械系的 102 岁高龄的吴大昌学长也在线参加了校庆活动，并专门录制了祝福视频。百岁"00 后"校友"云返校"，让我们感受到了清华人对母校浓浓的眷恋与温情。

清华长庚医院重症医学科副主任、副主任医师周华回想起难忘的战"疫"时光，更觉责任与担当的重要性。在武汉期间，她"调动体内一切能量与时间赛跑、当好生命的最后守护人"，这段竭力抗疫的经历，是送给清华 109 岁生日最珍贵的礼物。

作为校庆"云演出"的参演同学，新闻与传播学院本科生谈重庆在武汉家中，与学生艺术团话剧队的队友经历了两轮"云演出"的试演磨合，完成节目《我想在清华做的 100 件事》，传递对清华的想念与祝福。

109 年春华秋实，沐风雨，育桃李，清华园历久常新的芳华，最是动人。

风雨过后，待山河无恙，让我们继续携着清华的烙印，沉淀下自强奋进的精神底色，以更加坚毅的清华力量砥砺前行。

我们相信，未来，清华会更好、中国会更好、世界会更好！

清华大学强基计划启动

文字｜吕婷
供图｜本科生招办

　　5月12日下午，清华大学强基计划启动会暨书院院长聘任仪式在清华学堂前举行。校长邱勇，校党委书记陈旭，副校长、教务长杨斌，副校长彭刚，校务委员会副主任袁驷，校教学委员会副主任朱邦芬院士，校学术委员会副主任李亚栋院士，校学位评定委员会副主席史静寰教授等出席仪式。学校各院系院长、系主任、党委书记，相关职能部门负责人，以及北京16所中学的校长代表参加仪式。彭刚主持仪式。

　　在清华的第一栋教学楼——清华学堂前，全体与会人员齐唱国歌，共同见证这一具有历史意义的时刻。青砖红瓦的清华学堂在午后的阳光下焕发出青春的光彩，正张开双臂欢迎有志青年走进这座百年学府，共赴一场初夏的邀约。

　　陈旭宣读成立书院决定。陈旭表示，为落实教育部《关于在部分高校开展基础学科招生改革试点工作的意见》，启动实施好强基计划，推进完善以通识教育为基础、通识教育与专业教育相融合的本科教育体系，经学校第十四届党委第117次常委会会议讨论通过，决定成立清华大学致理书院、日新书院、未央书院、探微书院和行健书院。五个书院按学校实体机构运行，并聘请李艳梅、王中忱、梁曦东、刘铮、李俊峰五位教授担任首任院长。

　　陈旭作了题为《筑强国建设之基育可堪大任之才》的讲话。陈旭表示，强基计划的实施，符合国家重大需求和时代发展趋势，是一项战略之举。当今世界面临百年未有之大变局，我国正处在实现中华民族伟大复兴中国梦的关键时期。新冠肺炎疫情的暴发再次凸显了重大科技创新成果的国之重器作用。强基计划的推出，正是对时代发展大势和国家战略需求的有力回应。一方面，强基计划注重健全立德树人落实机制，探索多维度考核评价模式，着力实现选才、育才、用才的前后贯通和学生成长、国家选才、社会公平的有机统一，是创新考试招生制度、提高人才培养质量的重要举措，有助于夯实教育强国建设的基础。另一方面，强基计划重在加强基础学科拔尖创新人才选拔培养，提前布局、储备长远，为重大战略领域输送后备人才，推动实现前瞻性基础研究、引领性原创成果的重大突破，筑牢科技强国建设的根基。

　　陈旭表示，积极落实强基计划，契合学校历史传统和内涵式发展定位，是清华报国之责。坚持国家至上、人民为先是清华不变的血脉基因。教育部发布强基计划通知后，学校高度重视、主动而为，创新成立五个书院，并用清华精神文化中底蕴厚重、立意高远的五个词语进行命名。这是"爱国奉献、追求卓越"的清华精神在新时代的生动写照，也是深入贯彻落实习近平总书记对清华指示批示和致信回信精神、发挥旗帜作用的重要行动。当前，清华正在按照内涵式发展要求，加快"双一流"建设，推进治理体系和治理能力现代化，奋力迈向世界一流大学前列。强基计划的实施，将推动完善本科教育体系，为学校改革发展增添新能量、注入新动力，为国家培养更多可堪大任的尖端人才。

　　陈旭强调，清华大学将认真抓好强基计划实施，融合学校教育理念和优势资源，积极探索育人之路。强基计划是一项使命光荣、责任重大的战略任务。清华将把"为国选材、厚植强基、拔尖领军、创新未来"作为人才选拔培养的定位，在优中选优的基础上深耕培育、多措并举，坚定不移推进各项工作，并以此为契机，加大教育教学改革，开展高水平通识教育，持续探索因材施教、科教融合、本硕博衔接的培养模式，推动本科育人质量全面提升。学校将加强统筹管理，各单位要积极参与、协同配合、形成合力，确保强基计划落地生根、茁壮成长、开花结果。

　　陈旭希望五个书院作为学校本科人才培养改革试点单位，坚持正确办学方向，坚守立德树人初心，坚定为国育才信念，继承和弘扬清华大学人才培养的成功经验，积极探索创新体制机制，面向国家重大需求，立足关键核心领域，高起点、高标准、高质量地全面开展本科人才培养和书院建设各项工作，促进学生德智体美劳全面发展，培养文理基础扎实、创新本领突出的未来拔尖领军人才。

邱勇、陈旭为五位书院院长颁发聘书。致理书院负责基础理科学术类专业的人才培养，由清华大学化学系教授、科技部国家重大科学研究计划项目（"973"项目）首席科学家、国家级教学名师李艳梅担任书院院长。日新书院负责基础文科类专业的人才培养，由清华大学中文系教授王中忱担任书院院长。未央书院对应数理基础科学（含工程衔接方向）专业的人才培养，由清华大学电机工程与应用电子技术系教授、国家科技进步二等奖获得者梁曦东担任书院院长。探微书院负责化学生物学（含工程衔接方向）专业的人才培养，由清华大学化学工程系教授刘铮担任书院院长。行健书院负责理论与应用力学（含工程衔接方向）专业的人才培养，由清华大学航天航空学院教授、国家级教学名师李俊峰担任书院院长。

随后，邱勇、陈旭共同为书院揭牌。

邱勇作了题为《以自强精神夯实人才成长之基、筑牢民族复兴之基》的讲话。邱勇表示，强基计划不仅是一项招生计划，也是一项培养计划，更是一项本科教育的改革计划。强基计划的正式启动和五个书院的正式成立是清华大学本科教育发展和本科教育改革历程中具有里程碑意义的时刻。强基计划的定位是选拔培养有志于服务国家重大战略需求且综合素质优秀或基础学科拔尖的学生。强基之"强"在于"强化"，更在于"自强"；强基之"基"是"人才成长之基"，更是"民族复兴之基"。清华提出了"为国选材、厚植强基、拔尖领军、创新未来"的强基人才选拔培养定位，充分结合自身办学优势，精心设计了强基计划招生专业，得到社会各界高度关注。

邱勇选取了在招生咨询中同学们普遍关心的几个问题一一作答，详细介绍了清华强基计划的特色和亮点。邱勇解释了致理、日新、未央、探微、行健五个书院名称的由来和寓意，强调书院没有自己的学科和专任任课教师，书院的根本任务是以学生为中心，落实以通识教育为基础、通专融合的教育体系，强化"宽口径、厚基础、重交叉"的培养理念，构筑本硕博衔接的课程体系，切实提高人才培养的成效。理工双学位是符合强基计划理念和创新人才培养规律、结合国家需求和清华特色的精心设计，通过多学科之间培养方案的有机融合，强化学生基础学科的知识和能力，引导学生自觉面向国家重大战略领域钻研探索，同时为学生提供跨学科、多样化的学习和发展机会，在学科交叉基础上培养更高水平的拔尖创新人才。开放交流是清华强基计划重要的培养特色，学校将充分利用国内国外两种资源优势，通过多种方式选派强基计划学生到世界一流大学进行学习和交流。

邱勇强调，强基计划将进一步提升清华大学本科人才培养水平。借助强基计划的启动实施，清华大学将更加深入、更加全面地提炼本科教育理念、推动本科教育改革。一所好大学，要始终把育人放在首位。一流大学必须汇聚一流学者，一流学者必须上讲台。清华积极创造一切条件鼓励教师潜心教书育人，对潜心育人的教师给予最高的荣誉和最大的尊重。清华倡导教学就是学术，并为教师倾心育人提供制度保障。清华始终坚持正确育人方向，不断完善育人理念，尽最大努力积极营造促进人才茁壮成长的良好环境。更创新、更国际、更人文的清华使学生不断提升人生的高度、不断拓展视野的广度、永远葆有心灵的温度。更创新、更国际、更人文的清华一定会更从容。更从容意味着摒弃急于求成，意味着不盲目跟风，意味着做真正有价值、有长远意义的事情。教书育人永远是一所学校最值得投入精力的事情，也是最有价值、最有意义的事情。

邱勇表示，清华成立了本科教育改革领导小组，结合强基计划的实施，推动本科教育改革进一步深化、完善、提升。本科教育最能体现一所学校的传统和特色。没有本科教育水平的提升，就很难实现建设世界一流大学的目标。回归育人初心，坚守本科教育底色，必能成就一流大学的底气。大学就应该把最多的精力、最多的资源投入到教书育人上，就应该以最大的热情、最大的决心营造让教师安心教书育人的环境。"繁花落叶间，教授行走在去教室的路上；藤影荷声里，同学们在长椅上读书；墨韵书香中，师生悠然谈心论道。这是最美的大学校园。"邱勇说。

邱勇强调，全球高等教育版图正在发生深刻变革，中国的大学要站在世界地图前思考办学定位，在高水平的国际竞争与合作中培养高层次人才。一流大学只有在服务国家的伟大进程中才能成就一流的高度。强基计划的推出正当其时。自强者，强在自胜。自强者永远以国家至上，以人民为先；永远不惧风雨，在逆境中始终保持奋进的姿态；永远以创新为矢志不渝的追求。站在新的历史方位上，在建设社会主义现代化强国、实现中华民族伟大复兴的历史伟业中，我们必须肩负起时代使命。美丽的清华园已经做好准备，欢迎所有优秀的有志青年加入清华人的行列。让我们共同努力，以自强精神夯实人才成长之基，以自强精神筑牢民族复兴之基！

仪式在庄重的校歌声中落下帷幕。

仪式通过人民日报客户端、中国青年报客户端、腾讯新闻客户端、清华大学微博等多个平台直播。全国千余所中学组织师生收看了直播。

清华大学强基计划的推出是全面贯彻全国教育大会精神，深入落实《国务院关于深化考试招生制度改革的实施意见》，服务国家重大战略需求，加强基础学科拔尖创新人才选拔培养的重要举措。基于我校"为国选材、厚植强基、拔尖领军、创新未来"的强基人才选拔培养定位，结合办学特色和人才培养目标，将选拔一批肩负使命、志趣坚定、禀赋优异的青年学生进行专门培养，为国家基础学科和重大战略领域输送后备人才。

为了履行强基计划人才培养使命，清华大学新设立致理、日新、未央、探微、行健五个书院。书院的设立将更好地推进建立以通识教育为基础，通识教育与专业教育相融合的本科教育体系，保持厚基础、宽口径的人才培养优势，统筹推进强基计划人才培养。清华大学将对强基计划学生单独编班，配备有热情、高水平的一流师资，提供一流的学习条件，创造一流的学术环境与氛围。针对强基计划学生定制高水平通识教育课程，提高专业核心课程质量，鼓励开展学科交叉、研究性学习，实行导师制、小班化等培养模式。为学生的充分发展提供条件，鼓励学生表现特长、发展潜质，追求卓越。同时在培养过程中注重引导学生树立家国天下的远大志向，不仅使学生在学术上有所收获，更重要的是激发学生献身国家重大战略需求的责任感、荣誉感与使命感。

清华大学始终不渝地坚持以人才培养为根本任务，五个书院的建立是学校实现育人目标、落实强基计划的重大举措。学校将继承和弘扬清华各个时期人才培养的成功经验，保持清华人奋进的姿态，推进教育教学的各项改革工作，为国家和民族培养更多拔尖领军人才。

学堂在线国际版发布，为世界高等教育贡献清华力量

文字丨梁乐萌
图片丨宋晨

　　2020 年年初，突如其来的新冠肺炎疫情打乱了人们的生活节奏，也打断了学生正常返校的轨迹，这其中，清华大学建立的慕课平台"学堂在线"不仅为高校线上学习提供了新的可能，也面向大众开放诸多课程，为全民学习创造平台。

　　2020 年 4 月，学堂在线国际版正式发布，首批上线的 109 门精品课程涵盖自然科学、工程技术科学、医学、经济与发展、艺术设计等多个门类。在不久的将来，更丰富多元的课程将陆续上线。

　　建立于 2013 年 10 月的学堂在线以"创新教育，改变世界"为理念，经历六年半的发展，已汇集来自清华大学、北京大学及麻省理工学院、斯坦福大学、加州大学伯克利分校等国内外一流大学的近三千门优质课程，覆盖十三大学科门类，吸引了国内 5880 万用户共注册学习了超过 1.6 亿门课程。

　　如今，学堂在线迈出新的一步，国际版平台的发布将这些优质资源与全球共享，向全世界求知者张开了怀抱。

　　通过电脑、手机等多种设备打开学堂在线国际版的网站，清新的页面布局分专题展示了各个门类的推荐课程，此外，还可以根据时间、学科、开设学校、提供证书或学位等条件自定义检索心仪课程。同国内版本一样，学堂在线国际版通过慕课、直播、证书、在线学位等多种教育形式满足不同求学者的需求，重点挖掘中国高校代表中国质量、具备世界水准的课程，并通过评估、授权等流程，引入全球知名高校的一流课程。

　　一流技术为学堂在线国内版与国际版共同提供支持，此外，学堂在线国际版将与雨课堂国际版无缝连接，为师生提供更多便利。雨课堂是学堂在线于 2016 年推出的智慧教学工具，在课下可以实现文件分享、答疑解惑，而在课上，不仅教师可以灵活安排答题测验，学生也可以"刷弹幕"与教师互动。学堂在线国际版的课程经授权，可直接供雨课堂师生用于混合式教学。发布初期，国际版平台首先支持中文和英语，后续将支持俄语、西班牙语、法语、日语等语种，打破地区和语言的界限，让知识的种子飞向世界各处。

　　面对疫情，斯坦福大学、密歇根大学等海外高校纷纷开放免费课程，此次学堂在线国际版的上线，则标志着首批中国高校在线教学国际平台面向全球正式推出。疫情阻碍我们彼此相见，却不会阻挡我们思想相通。在全球防控疫情的关键时期，清华与国内外高校及机构携手合作，共克时艰，为世界高等教育抗击疫情贡献一份来自清华的力量。

清华推出 2020 年招生宣传片《追光少年》

文字 | 张晓鸽
图片 | 李佳楠

6 月 7 日，清华大学 2020 年招生宣传片《追光少年》正式推出，发布后 24 小时，全网播放量超过 1500 万次。微博话题"清华招生宣传片追光少年"阅读量超过 1.5 亿次，登录热搜榜 6 个多小时，共 20 万人次参与互动。

《追光少年》取材于清华大学学生兴趣团队"天格计划"的真实事件，讲述了学生团队受到引力波探测的启发，最后一个月克服重重困难制作卫星载荷并发射到太空探测宇宙伽马射线暴的故事。宣传片由学校首发后，得到人民日报微博、微信、客户端，央视新闻，中国青年报，中国日报，中国教育报，人民网，共青团中央，学校共青团，微言教育等媒体平台的广泛转载，评论积极正面，取得了强烈的社会反响。

1970 年 4 月 24 日，"长征一号"运载火箭搭载着"东方红一号"卫星从中国甘肃酒泉卫星发射中心发射升空。中国成为世界上继苏联、美国、法国和日本之后第五个完全依靠自己的力量成功发射人造卫星的国家。在中国航天 50 年之际，《追光少年》一方面致敬航天领域的中国探索，另一方面结合国家强基计划的重大战略背景，鼓励更多青年学生树立报国志向，在专业选择时主动投身国家急需的关键领域，将个人选择与国家需要紧密结合，以服务国家和人民为己任。

宣传片推出后，网友纷纷评论："感觉有着这么一群追光少年，未来能让中国长盛不衰，满满的骄傲和安心。""少年强则国强，清华大学，为民族崛起而读书，你们是最棒的。""民族的进步离不开每代人的努力，我们会奋发向上，可能我做不了航天，做不了材料，做不了科研，但我做好我该做的，我也是有信仰的，热爱着这祖国大地！"

2020 年是极其特殊的一年。受到疫情影响，加之要面临新高考等政策变化，2020 届高三学子整体备考的情绪更为焦虑。高考延期一个月意味着更多的冲刺时间，也意味着挑战和考验。《追光少年》选择在高考倒计时一个月这个特殊的时间节点推出，主要希望借片中主人公们最后一个月的励志故事，为正在备考且面临多重压力的高三学子加油鼓劲，舒缓他们的心理压力，鼓励所有高考生——结果未知，但尘埃落定前，请用尽全力！网友在评论中表示："乾坤未定，你我皆是黑马！再坚持 30 天，再努力 30 天！"

"天格计划"寓意"天道酬勤、格物致知"，其成立的主要科学目的是探测近邻宇宙中中子星并合引起的伽马射线暴。自 2018 年 10 月"天格计划"首颗实验卫星发射入轨并上电成功测试后，目前已成为 20 多所大学共同参与的全国性学生自主科研项目。2020 年 8 月，他们计划发射第二颗实验卫星。

世界和平论坛特别线上会议聚焦后疫情时代的中国与世界

文字｜徐舟
图片｜任左莉

2020 世界和平论坛特别线上会议将于北京时间 6 月 16—17 日举行。本次特别会议的主题为"后疫情时代：中国与世界"。届时，来自多个国家的前政要、智库负责人及战略家们将针对当今世界人类所面临的新安全挑战进行讨论，提出建设性应对方案，推动国际社会的安全合作。

随着局部疫情得到有效控制，关于"后疫情时代"的紧迫议题开始摆在世界各国面前。本次特别会议以"后疫情时代：中国与世界"为主题，讨论当今世界关切的重大议题，就如何继续应对疫情后续影响，管控大国分歧，避免新冷战的出现，促进国际秩序的良性变化，以及如何塑造开放和进步的国际体系展开沟通和对话。

世界和平论坛的核心价值在于提供前瞻性的国际安全预判及可能的安全合作建议，多种形式的讨论为与会者提供了表达不同观点和建议的平台。由于疫情关系，本次和平论坛特别会议将以线上形式进行，并进行中英文直播。本次特别会议将设 1 场新闻发布会、4 场分组讨论，以及其他后续活动，涵盖疫情危机后的世界秩序、后疫情时代的人工智能、疫情危机后的亚太安全和后疫情时代的中美关系等主题。

世界和平论坛创办于 2012 年，是由清华大学主办、中国人民外交学会协办、清华大学国际关系研究院承办的中国第一个高级别非官方年度国际安全论坛，至今已成功举办八届。因疫情关系，第九届世界和平论坛预计将于 2021 年举行。

致毕业的你

文字 ｜ 潘懿锟

图片 ｜ 曾仪

这是一个特殊的毕业季。

对于线上的各种操作，临近毕业的你已熟络于心：在线上完成云答辩，克服校外访问给查询资料所带来的困难，给自己的学业交上满意的答卷。老师在镜头面前笑意盈盈，那份温暖仿佛瞬间把你拉回课堂：老师在讲台上，你坐在讲台下，午后微风阵阵，阳光正好。你还欣喜地发现，美院的同学们设计出了"云毕业展"，2.5D 效果加持，精美的作品在指尖跃动，美不胜收。线上并没有消减毕业生的热情，大家反而拿出加倍的创意，和大学认真作别。

毕业在即，千万思绪涌上心头。无论身在学校还是在家，大家的心都通过云端紧紧连在一起。或许，毕业的仪式没有那么重要，重要的是仪式感所蕴含的一声"珍重"。

回望校园时光，你曾在六教听大师的谆谆教诲，掌握为学做人的道理；你曾在图书馆埋头苦读，探索知识的真谛；你曾在东操挥汗如雨，明白"无体育，不清华"不仅是一个口号，更是一种生活态度。

"自强不息，厚德载物"已经融入你的骨血，随着毕业，这份精神也像是满天星光洒满大地。你吃过的苦、流过的泪、有过的欢笑，此刻都化作温柔的涟漪，荡漾在心底。此情深深，难以释怀。

即将毕业的你明白，这份不舍即将化为动力。你可以点孤灯一盏，攻坚科研，追求一生真埋；你可以投身家乡，鞋子沾满泥土，反哺养育你的地方；你也可以奔向职场，挥斥方遒，闯出一番自己的事业……清华人的未来，有无数种可能性，而母校会是你坚强的后盾，支持你无畏前行。

这个特殊的毕业季，我们以"云毕业典礼"做结，给自己的大学生活添上特殊的尾声。

劝君珍重，前路漫漫，来者可追。

清华大学建校 110 周年主题和标志发布

文字丨刘书田　赵姝婧

供图丨文化办　美术学院

在这个承上启下的新秋时节，在清华大学 2020 年秋季学期，全校师生同上一堂课的课堂上，校长邱勇向全球发布了清华大学建校 110 周年主题和标志。在建校 110 周年之际，面对百年未有之大变局，清华人坚信"自强成就卓越，创新塑造未来"。

清华大学庆祝建校 110 周年的主题是"自强成就卓越，创新塑造未来"。"自强"来自校训"自强不息，厚德载物"，"卓越"来自清华精神"爱国奉献，追求卓越"，"创新"来自清华学风"严谨、勤奋、求实、创新"。自强是清华人的精神底色，在自强精神的引领下，清华大学走过了 110 年的光荣历程，在爱国奉献的砥砺奋进中行健不息、追求卓越。21 世纪无处不在的创新正在塑造人类共有的未来，要自强，必创新；唯创新，才自强。自强的清华人将以创新为矢志不渝的追求，为建设更加美好的中国与世界作出新的更大的贡献。

清华大学建校 110 周年标志设计从传承和创新两个角度出发，自 2019 年开始启动标志设计工作，经多方遴选最终确定由清华大学美术学院陈楠教授团队承担标志设计任务。广泛征求师生代表、校友代表以及专家意见，综合考量大众喜好、文化内涵和团体精神，上百种方案的激烈角逐，百余次的"云"讨论，数十次的精心修改，清华大学建校 110 周年主题和标志今天正式发布。

标志以阿拉伯数字"110"与清华大学校徽的组合为主体图形，并辅以阿拉伯数字"1911—2021"，创意源于同心渐进的方圆几何图形，校徽图案嵌入同心圆中，增加了标志的识别性与独特性。同心圆寓意水之涟漪、木之年轮，生动呈现水木清华的特色；三圈同心圆构成标志方圆结合的和谐秩序，宇宙星空、地理气象、汉字炫彩、智能计算……象征着理、工、人文、社科、艺术等多个学科的蓬勃发展；开放式的同心方线条设计简约大气，一道道直线犹如翻开的书页寓意着对知识与学科的不断探索，由数字组成的阶梯状象征不断攀登科学高峰、求索学术之路，体现了清华厚重的文化。

标志以数字"110"为基本形态，两个"1"由 11 根线条构成，从细到粗渐变，从低到高上升，清晰阐释即将迎来的 110 年，勾勒出清华走过的岁月痕迹。第二个"1"与"0"的位置升高，寓意着新百年后的第一个 10 年，清华人锐意进取、砥砺前行，以更昂扬的风貌书写迈向世界一流大学前列的新篇章。

标志的色彩选用清华大学校色——紫色，增加了渐变光感的色彩表现形式，既营造大气庄重的整体氛围，又体现活泼灵动的视觉效果。

110 周年校庆标志的设计体现了清华人身上继承优良传统，勇于开拓创新，奋力开启新百年新篇章的理想信念，彰显了"自强成就卓越，创新塑造未来"的校庆主题。"标志设计具有清华特色，主题鲜明、现代活泼，反映了清华人自强的奋进姿态。"建校 110 周年标志设计团队负责人、清华大学美术学院长聘教授陈楠说。围绕建校 110 周年校庆标志，团队还组合推出了专用的辅助图形系统，以及满足多种环境使用的标志组合形式和标志使用手册。

在 110 周年校庆到来之际，更全面的校庆视觉识别系统、更酷炫的校庆辅助图形规划、更丰富的校庆文创产品设计将逐一揭开神秘面纱。相约清华园，让我们不见不散！

欢迎你，零字班新同学！

文字 | 吕婷　詹萌　李晨晖　冯哲盈　田姬熔

图片 | 赵存存

　　"暑退九霄净，秋澄万景清。" 9 月 7 日、8 日，清华园迎来 3800 余名 2020 级本科新生。他们满怀憧憬地开启清华时光，让秋意渐浓的清华园焕然一新。

　　晨光熹微，迎新志愿者们在北京站、北京西站、北京南站、首都机场、大兴机场早已等候多时，热情迎接一张张满怀无限憧憬的新面孔。在疫情防控常态化要求下，送新生的车辆和亲友不能入校，满载新生的班车抵达紫荆学生公寓区。鲜艳的红色拱门，土干道上迎风招展的彩旗，各院系憨态可掬的吉祥物，清晰醒目的指示牌，精心设计的 2020 清华新生手册……都在一一诉说着秋日里醇厚的祝福与希冀，向园子的新主人发出最温暖的问候："欢迎你，零字班！"

　　各院系志愿者们将新生引导至各自院系的迎新点，为他们耐心地解释报道流程、答疑解惑。"小萌新们"在迎新志愿者的帮助和引导下，独立完成各项报到手续，体验独立成长的喜悦与成就感。

英才荟萃　不断完善选拔体系

　　2020 年，清华大学共录取内地学生 3500 余人，港澳台学生 60 余人。内地学生中，理工类考生占比 62.2%；文史类考生占比 7.2%；艺术类考生占比 6.9%；来自高考综合改革省份的考生（不分文理）占比 23.6%；通过强基计划录取新生 939 人。另录取了来自全球 49 个国家的国际学生 300 余人。新生共来自全国 1100 多所中学，其中，来自西部地区省份的学生约占 26.6%，农村及贫困地区生源占 20.2%，少数民族考生占 9.7%，男女生比例约 2:1。年龄最小的新生尚未满 15 周岁，"00 后"们自信满满，朝气蓬勃，将为新百年的清华注入新的活力。

　　今年，清华大学在全面推行大类招生、培养和管理改革的基础上，结合国家新一轮高招制度改革和强基计划，不断完善招生选材体系，充分尊重和满足学生的自主选择权，打破学科界限，促进交叉型、复合型、高素质人才的选拔和培养。

　　清华大学围绕"为国选材、厚植强基、拔尖领军、创新未来"的强基计划人才选拔培养定位，精心设计，深度改革，全面推动，以书院制培养、理－工双学士学位、科教协同以及本－硕－博衔接等创新型培养模式，打通评价、选拔、培养和后续发展多个关键环节，最终选拔出了 939 位有志向、有兴趣、有天赋的优秀学子，其中不乏诸多高考高分考生和在基础学科方面有突出特长和天赋的学生。

　　9 月 7 日，强基计划新生入校报到。上午，校长邱勇、副校长杨斌、校党委副书记过勇、副校长彭刚一行人来到学生区迎新点检查工作，看望前来报到的新生并慰问参与迎新工作的师生。邱勇在报到点分别向致理、日新、未央、探微、行健五个书院的院长李艳梅、王中忱、梁曦东、刘铮、李俊峰询问新生报到情况和书院筹备工作，并对参与书院建设工作的各位导师、班主任与辅导员表示感谢。

　　来自广东的刘洋高考发挥出色，取得了 716 分的好成绩。在志愿填报时，他有众多选项，但他毅然选择了清华大学的强基计划致理书院。谈起自己的选择，他说："作为在中国发展上升期出生长大的新一代青年，我肩负着'少年强则国强'的责任和担当，我必须为国家基础学科和重大战略领域作出自己的努力。我一定会像许多同龄人一样，不负青春，做'强基一代',努力建功新时代!"

今年,清华大学首次设立计算机与金融双学士学位项目,以促进学科交叉基础上复合型、创新型的人才培养。经过二次选拔综合考核,共有来自17个省份的30名考生即将入读该双学位项目。来自甘肃的赵西麟如愿被该项目录取,他激动地说:"我既可以深入学习最感兴趣的经济与金融知识,提升组织与管理能力;又能培养计算机领域中的必备技能和思维,提升在数字经济时代中的核心竞争力;更可以在二者的交叉地带全面考量、综合判断,以不同于传统的崭新姿态加入到推动中国金融发展的行列中。"

爱心护航 点亮每一个梦想

在本科新生报到现场,来自浙江丽水的徐倩正在向学生资助管理中心的老师询问绿色通道爱心大礼包中自行车卡的使用方法。徐倩是全村首位清华学子,由于家庭经济条件困难,学校为她提供了从报到前到入学后的全方位资助和支持,为她免除后顾之忧。"未来几年我要努力学习,争取拿到奖学金!"对于即将开始的大学生活,徐倩说:"期待加入学校的勤工俭学项目,用自己的劳动挣生活费,减轻家里的负担。"徐倩的笑容一如今天的阳光,干净、纯粹。

8日上午,校党委书记陈旭,常务副校长王希勤,副校长吉俊民、彭刚等来到东北门、学生服务中心(C楼)迎新点、学生公寓检查迎新工作,看望前来报到的本科新同学,并慰问参加迎新工作的师生员工。在"绿色通道"办理处,陈旭仔细询问了2020级家庭经济困难新生的报到情况和绿色通道申请情况,并与正在绿色通道办理手续的新生亲切交流,询问他们的报到情况。

面对突如其来的疫情、灾情,清华大学学生资助体系稳中求进,主动送温暖、给资助,确保每一名新生都能无忧入学,享有一流的成长与发展机会。春季学期,疫情导致部分学生家庭经济收入下降,居家线上学习存在困难。清华大学及时帮助受疫情影响的学生解决经济、网络等各类临时困难。疫情期间,404名本科生获得临时困难补助、在线教学网络补助共计72.54万,清华大学对学生的特殊困难补助持续受理,做到了"随时审批、随时发放",把学校的关怀和温暖第一时间送到需要帮助的学生手中。同时,学校积极关注被录取的本科新生中是否有受洪水影响导致家庭经济困难的情况,帮助同学们无阻入学。

早在新生入学前,《家庭经济状况调查表》、资助政策介绍就随着录取通知书一同到达新生手中,帮助新生了解学校能够提供的各类帮助。学校资助中心通过院系主动出击,确保"点对点"联系到每一位新生,积极了解新生的家庭经济情况。

清华大学多措并举力促教育公平,为寒门学子点亮希望之灯。今年,来自全国28个省份268所中学的317名农村学子获得了清华大学自强计划降分录取优惠认定,最终共有197人成功考入清华大学,认定人数及录取人数均创历史新高。

除了自强计划之外,清华大学还通过国家专项计划录取农村贫困学子。今年共通过国家专项计划录取新生275名,连续多年超额完成国家专项招生计划,激励更多当地学子坚信知识的力量,决心用知识改变命运,为更多家庭带去希望。

为了帮助更多国家贫困地区专项招生计划实施区域的高三学生克服不利条件、全力冲刺高考,3月12日,清华大学联合上海交通大学、南京大学、浙江大学、武汉大学、西安交通大学五校共同发起春霖抗疫助学行动(简称"春霖行动"),向国家专项计划实施区域的高三学生提供学业提升、政策咨询和硬件帮扶三方面助学行动。经过报名及资格审核,2884名高三学生获得春霖行动帮扶。在获帮扶的学生中,共有71人成功考入清华大学,201人成功考入上海交通大学、南京大学、浙江大学、武汉大学、西安交通大学五校,帮扶效果显著。

贴心防护 构筑安全校园

"进入请扫码。"——"扫一扫"已成为清华师生的"常规动作"。这款清华版"绿码"(紫荆码)是清华大学面向疫情防控常态化要求设计的信息平台,为全方位做好师生员工、社区居民、临时入校人员和各类防控人员的个人服务、日常管理和应急处置工作奠定基础。

新生入校后,学生仍要求每日测温并使用"清华紫荆"小程序扫码出入宿舍、食堂、教学楼、图书馆等场所,新生领取入学密码封后,可以第一时间激活自己的账号密码,使用"清华紫荆"小程序,获得属于自己的紫荆码。校学生会还制作了"防疫小贴士"折页,在迎新时发放至新生手中,方便新生更快掌握校园防疫要求,帮助他们适应校园生活,养成良好的卫生习惯。

新生入校后会发现,校园里常会响起"请测温"的声音,这是清华大学机械系科研团队自主开发的"阿茶"智能测温机器人提供的测温服务,和"清华紫荆"系统、小程序实现了集成,快速查验"两证一码"和进行准确测温记录。目前,校内已经布置90余台"阿茶"站岗值守。此外,学校在全面部署测温设备的同时,也注重设备选型的适用性和经济性,选配具备二维码扫描和测温功能的智能手持测温仪,与"清华紫荆"系统实现对接。

在踏入校门的那一刻起,新生们便要完成独立入校报到的必修课。在疫情防控常态化要求下,送新生的车辆和亲友不能入校,首先迎接他们的便是学生志愿者。不论是接站服务,还是完成报到手续,不论是行李搬运,还是食堂就餐,到处都有学长学姐们热情的身影。

麻辣香锅、西北面食、川湘美食等清华特色风味窗口也纷纷准备就绪,等待新同学前来品尝。为给师生提供更加多元化的就餐选择,目前校内所有教工和学生食堂均已开放。饮食服务中心坚持"五专"防疫措施,做到专人落实、专人检查、专用表格、专用物资和专用工具，加强食品安全监管和人员管控，坚持防疫要求和师生需求两手抓。新生入校后食堂就餐座位仍采取隔档方式；鼓励分批错峰就餐、就近就餐；在食堂增设打包处，推出适合打包外带的营养套餐，并经常更换食谱。

助力成长　打造温馨港湾

终于抵达梦想的彼岸，2020 级新同学即将开启新的学习生活。新学期，清华大学将全方位推进线下线上融合式教学，按照教学日历开课，所有应上、能上的课"一门也不能少"，身在校内外、国内外的所有师生"一个都不能少"。清华大学通过建立高质量、有韧性的融合式教学体系，既为疫情防控时期的教学方式提供解答思路，也是基于教学模式的全新思考。

线下线上融合式教学是有组织、成建制、全体系的课堂教学，是全体师生共同参与的一项整体性活动。在同一课堂中，学生既可以在教室现场，也可以远程线上接入参与教学活动。融合式教学既能保持与教室内学生的良好教学状态，又具备直播、回放、弹幕、在线做题、实时互动、多地多校同步教学、教学资源共享等多种多层次功能，实现远端学生同样的教学效果。融合式教学模式让教师能够同时与教室内学生、线上远端学生进行实时互动，也能够实现教室内学生和远端学生之间的实时交互。

除了精心、悉心、用心的教学设计，各类精彩的文体活动也向新生们发出诚挚的邀请。为帮助新生尽快了解校园生活及清华历史文化，清华大学紫荆志愿者服务总队讲解志愿服务团特面向新生组织专题校园讲解活动，开设新生校园讲解专场，可覆盖 112 个新生班级，3000 余名本科新生。新生入校后，还将举办迎新晚会、赤足运动会等特色活动，展现清华深厚的文化底蕴和多彩的校园生活，帮助同学们在体育锻炼中享受乐趣、增强体质、健全人格、锤炼意志。

在迎新现场，《乡土中国》这本书也成为新生们讨论的热门话题。这是校长邱勇早早为同学们准备的礼物，随录取通知书一起寄到新生们的手中，并寄语新生"植根家国热土，砥砺成长担当"。电子信息大类新生吴国华说："作为一个农村长大的孩子，这本书带给了我很深的感触。乡村在飞速进步，相信未来会有越来越多的乡村孩子走向时代的中央。"同学们纷纷表示，作为一本经典力作，《乡土中国》通俗易懂，深入浅出，读来受益匪浅。

这一天，来自五湖四海的莘莘学子有了一个共同的新家园——清华园。"清华欢迎你"的展板鲜艳明目，红色的气球拱桥和紫操上五彩斑斓的气球随风舞动，迎新现场四处洋溢着欢乐的氛围。一张张热情洋溢的笑脸，一声声耐心温暖的引导，只为让新生们感受到家的温暖。

早在新生入学前，为帮助新生更快速地了解疫情防控常态化要求下的迎新流程，熟悉清华校园，融入大一新生活，校团委、学生会依托校园新媒体平台，以图文及视频等方式，制作发布一系列有用、有趣、有料的迎新信息。校园里，以"'零'云之志，点亮未来"为主题的多项现场迎新活动纷至沓来，帮助新生快速熟悉清华环境。新生们在心愿墙上写下自己的心愿与志向，迎新处的趣味创作小游戏和"清华 2020"系列主题盲盒抽取活动让同学们眼前一亮。

逐梦新征程，青春再出发。在不平凡的 2020 年，经历共同的波折后，"零字班"新生在清华园正式掀开人生崭新的一页。他们将更加笃定、更加智慧地迎接全新的挑战，不负韶华，乘风破浪！

清华大学举行 2020—2021 学年度
升国旗仪式

文字 | 吕婷　田姬熔　冯哲盈　曾宪雯　詹萌

图片 | 贺茂藤

　　秋光澄澈，朝露盈盈。9 月 14 日，新学期上课的第一天，清华大学在主楼前举行 2020—2021 学年度升国旗仪式，激励全校师生以更加昂扬的士气、更加饱满的精神，开启新学年的新征程。校党委书记陈旭发表题为《怀拳拳赤子心，扬青云报国志》的国旗下讲话，校长邱勇主持仪式。校领导姜胜耀、王希勤、吉俊民、尤政、过勇、向波涛、彭刚，校党委常委王岩、许庆红，学校老领导方惠坚，过增元、谢道昕等院士，"全国教书育人楷模"、清华附小校长窦桂梅，持续奋战在抗疫一线的医务工作者、科研工作者和学生志愿者代表，校先进工作者、学术新人奖、"标杆课程"教师、教学优秀奖、优秀班主任、在线教学优秀教师获奖者代表，党外人士代表，离退休老教师老同志代表，新入职青年教职工、校机关和后勤教职工代表，男女篮队员代表，退伍老兵代表，在鄂临时党支部的学生党员代表，各院系、各书院的本科生和研究生学生代表，以及清华附中和附小的学生代表参加仪式。仪式通过清华大学微博平台进行直播。

　　清晨七时整，升国旗仪式正式开始。国旗仪仗队的同学们英姿飒爽，步伐矫健，护送着鲜艳的五星红旗正步走向旗杆。全体师生面向国旗肃立致礼。军乐队奏响激昂的《义勇军进行曲》，鲜艳的五星红旗冉冉升起，迎风飘扬。

　　校党委书记陈旭在国旗下讲话中，首先带领大家回顾了优秀的清华儿女尽其一生为祖国和人民的利益不懈奋斗的历程。陈旭强调，在不平凡的 2020 年，党中央团结带领全国人民取得抗击新冠肺炎疫情斗争重大战略成果，铸就了"生命至上、举国同心、舍生忘死、尊重科学、命运与共"的伟大抗疫精神。全校师生坚持疫情防控不松懈、教学科研不停步、改革发展不放松，交出了一份合格答卷。许多清华人在各条抗疫战线上忘我拼搏，大家用坚定、坚守和坚韧履行了责任、彰显了品格，激发了不惧风雨、勇往直前的强大精神力量。

　　陈旭说，2020 年是实现"两个一百年"奋斗目标的历史交汇之年，也是学校"十三五"规划、综合改革、"三个九年，分三步走"总体战略收官之年。明年，我们将迎来建党 100 周年、建校 110 周年，向 2030 迈入世界一流大学前列的目标挺进，蓝图宏伟、使命光荣、重任在肩。我们要大力弘扬伟大抗疫精神，毫不放松抓好常态化疫情防控，全面推进学校改革发展事业，全身心投入到新学年的学习工作中，不忘立德树人初心，牢记为党育人为国育才使命，以攻坚克难、争创一流的实际行动向国旗敬礼、为国旗增辉！我们要大力弘扬爱国主义精神，继承清华优良传统，坚持爱国和爱党、爱社会主义高度统一，树牢"四个意识"、坚定"四个自信"、做到"两个维护"，怀拳拳赤子心，扬青云报国志，凝心聚力拥抱新时代，砥砺奋进续写新篇章！

　　邱勇表示，2020 年是不平凡的一年，更是催人奋进的一年。面对疫情，在党中央的坚强领导下，全国人民众志成城，疫情防控取得重大战略成果，铸就伟大抗疫精神，再一次昭示了五千年中华民族不畏艰难、勇于开拓的坚强伟大，再一次体现了 14 亿中国人民万众一心、同甘共苦的团结伟力。面对疫情挑战，清华大学勇担重任，坚守教书育人职责，以高度的责任感和使命感经受住了严峻考验。全校师生同舟共济、迎难而上，以实际行动诠释了清华人自强不息的精神，向国家和人民交出了一份合格的答卷。

邱勇说，此时此刻，仰望五星红旗在清华园冉冉升起，相信我们每一个人都无比激动、无比自豪。国旗是中华人民共和国的标志，代表着祖国的形象。举行升国旗仪式，向国旗敬礼致意，将激励我们进一步增强国家观念、发扬爱国主义精神，团结奋斗、众志成城，砥砺前行、为国争光。

"千千万万颗心／把你映成鲜红……我要把我的心跳、我的呼吸、我的全部都赋予你／我愿永远作你光华中淡淡的一笔！"师生与医务工作者代表带来配乐诗朗诵《清晨，国旗从这里升起》，深情讲述自己护卫国旗、援鄂战"疫"、教书育人的亲身经历，表达对国旗的崇高敬意。一字一句，都昭示着沉甸甸的信仰，凝聚着勇往直前的力量。

"五星红旗迎风飘扬／胜利歌声多么嘹亮／歌唱我们亲爱的祖国／从今走向繁荣富强……"全体师生挥舞着手中鲜艳的国旗，共同唱响《歌唱祖国》。歌声伴朝阳，水木湛清华，全体师生将以百倍的信心、十足的干劲开启新学年。

向国旗敬礼，以崇高敬意，以无限深情。仰望冉冉升起的五星红旗，清华长庚医院护士孙姝妍心情格外激动。这是她从武汉支援抗疫前线回来后，第一次参加升旗仪式。孙姝妍是北京援鄂医疗队中年龄最小的一名成员，武汉的经历仿佛一剂强心针，赋予她无所畏惧、从容地面对一切的信心。"好像以后再遇到什么，我都不会再害怕了。"作为一名入党积极分子，孙姝妍在疫情前线火线入党。"我发自内心地感叹党的伟大和祖国的强大，当五星红旗冉冉升起的时候，我为自己是一名中国人而感到骄傲自豪。"

医学院基础医学系副研究员史宣玲作为抗疫科研人员代表参加升旗仪式。"2020年上半年国家经受住了严峻的疫情考验，清华园又重新焕发了生机。我作为参与新冠疫苗和抗体药物研发的科研人员，也深感责任重大。"史宣玲介绍，在课题负责人张林琦教授的带领下，他们团队研发的抗体药物正在进行临床试验，疫苗也将在年底开展Ⅰ期临床试验。"我们一定加倍努力工作，尽快将研究成果运用于抗疫一线，为新冠肺炎疫情的防控作贡献。"

材料学院2020级本科生李晨宇作为新生骨干代表参加升旗仪式。李晨宇激动地说："在这个特殊的年份，我们的相聚来之不易。陈旭老师希望我们'怀拳拳赤子心，立爱国青云志'，令我感慨万千。我们青年应该把自己所学和国家的命运紧密联系在一起，为祖国发展尽一份微薄之力。我希望在清华园与大家一起进步，拥抱更美好的明天！"

今天，我们致敬五星红旗，与国旗一同升起的，还有对新时代、新学年的无限向往。未来，我们继续谱写青春华章，在金秋的清华园重新出发，以优异的成绩为国旗增辉！

脱贫攻坚中的清华足迹

南涧，与你心手相牵！

文字｜李婧

动图｜贺茂藤　方炳焜　姚智皓

　　澜沧江畔、无量山间，初冬绽放樱花谷。说起大理白族自治州南涧彝族自治县，很多清华人都不陌生——净土生态，这里风光独好，99.3% 面积是山区；全国 8 个彝族自治县之一，国家级贫困县，2013 年年底全县贫困发生率 28.05%。熟识的理由，也是帮扶的信念——携手攻坚，清华义不容辞。

　　2013 年 4 月起，根据国务院扶贫办和教育部安排，清华大学对口帮扶南涧县，全面助力其脱贫攻坚事业。殷勤唤起，无量清华，八年帮扶情。清华人不断读懂南涧这本书，也以"行胜于言"的笔墨共写南涧发展的新篇章。

为你奏弦歌

　　"我知道能来北京，是在很多好心人帮助下促成的。10 年之后，我也要成为那样的人。"2018 年，结束"西山学子北京行"爱心活动回校后，六年级秦红香小朋友的发言感动全场。

　　同样的场景，出现在清华附中创新实验班（以下简称"创新实验班"）"清华之旅"研学活动后。"我不该被出生和背景所定义，这个世界很精彩，我应该有属于我的未来。"考入首届南涧一中创新实验班的李建萍，称自己"何其幸运"。

　　2020 年，秦红香考上了南涧镇中学创新实验班；李建萍，则成了高三创新班踏实能干的班长。2018 年 9 月起，清华附中每年在南涧一中高一年级和南涧镇中学七年级开设两个创新实验班，至今 8 个班级已经招收学生 280 人，先后有10 名清华大学研究生支教团学生到两个中学服务。清华大学校长邱勇就曾到创新实验班英语展示活动观摩，并鼓励同学们："你们代表南涧的未来，欢迎你们考入清华，成为真正的清华人。"

　　阻断贫困代际传递，教育当是应有之义。基础设施建设、捐资助学、教师培训、网络资源辅助教学……清华派出的帮扶干部们不亦乐乎。各任挂职南涧县人民政府副县长，纷纷筹措资金解心头之患。刘宇引入实施"山村幼儿园计划"，一年内新建山村幼教点 56 个，全县学前教育三年毛入园率提升超过 10%。金峰牵头架起县域内的第一座人行天桥——"日新桥"，为拥翠乡中学 600 余学生解决了日均 6 次横穿公路、往返教学区和住宿区的安全隐患。正在履职的瞿福平则着力解决了小湾东镇中学、无量山镇中心幼儿园、宝华镇中心幼儿园和南涧镇西山小学四所县域内学校围墙、大门、挡墙等附属设施配套问题。

　　服务于南涧镇西山村的挂职第一书记兼驻村扶贫工作队长们，也继续着西山小学暖心接力。送来"睡前故事"广播的王风潇，是"只要来学校，总有一群小朋友围上去问这问那"的大哥哥；带着西山学子到北京的沈正波，因孩子们折成各种可爱形状送来的信件热泪盈眶，更坚定传递教育的力量；而刚履职一年的俞逸晨，则找来研究生支教团"外援"，为高年级孩子讲解趣味奥数，增强创新实验班遴选考察的竞争力。

　　"南涧县骨干教师培训班""教育扶贫现代远程教学南涧县双向站""慕华－南涧互联网学校"相继开启，从面授培训与交流，到线上学习社区逐步完善，助力南涧教师拓展学习方式。"带不走"的帮扶从不断线，学校累计培训南涧县基层干部 3630 人次，培训教师、医护人员等专业技术人员 9474 人次。

为你纾民困

"手术后的第 8 个年头，全国疫情防控常态化之后，清华一附院的专家到我家进行了回访。当我从电话那头听到北京专家的声音，那一刻我抑制不住自己的泪水，在电话里几度哽咽……"

2013 年秋天，清华大学第一附属医院（以下简称"一附院"）心脏中心吴清玉团队在大理州人民医院，为一位名叫周小琼的小朋友完成手术。此前，因为先天性心脏病，小琼家里已经欠下十几万外债。2020 年，已是一名护理专业学生的小琼给团队写了一封信，讲述了自己再遇恩人的激动，以及职业选择的毅然。

"无私奉献的精神和救死扶伤的'初心'已经在我的身体里定植、发芽、成长，我一定将自己的这份爱心、耐心、信心、责任心，传递给有需要的每一个人。"

周小琼，是南涧的第一位受益者。

南涧县处于海拔较高的偏远山区，受地理环境、经济状况、卫生保健水平等因素的影响，先心病的发病率相对较高。为最大限度减轻贫困家庭治疗费用的问题，一附院与当地政府、基金会通力合作，实现了"医疗服务一条龙，患者看病零负担"的三方联合成批救助的医疗帮扶"大理模式"。

8 次确诊筛查，义诊筛查累计减免挂号、检查费用 20.41 万元；78 名患者完成手术，争取基金救助 100 余万元。患者中的 2 名建档立卡贫困户，通过手术恢复劳动能力，家庭摆脱贫困。

短期驻点专家手把手带教、"互联网 +"远程学习，业务学习逐渐常态化后，依托"互联网 +"和远程诊断平台，一附院帮助当地医疗机构成立了新生儿科，并设立"清华大学第一附属医院先天性心脏病筛查基地"，为看病难、看病贵提供解决方案。

今年 6 月，通过"雨课堂"直播平台，一附院还为南涧举办"突发公共卫生事件应急能力提升培训"系列讲座，南涧县卫健系统 500 余人同时在线听课，近 2000 人次参加。

没有全民健康，就没有全面小康。目前，"大理模式"发展到 28 个省（区、市），涉及近 50 个国家级贫困县，并延伸到"一带一路"国家。截至 2019 年年底，获得慈善基金支持 7000 余万元，累计 4000 余名复杂先心病患者获得救治。

为你变金山

"想了解清华大学定点帮扶南涧县的扶贫事迹吗？想看看清华大学乡村振兴工作站的运营情况吗？想听听公益项目'奶奶的鸡汤'背后的暖心故事吗？"

一场在线"带货"，清华大学乡村振兴工作站南涧站（以下简称"工作站"）两名站长程正雨、俞逸晨如数家珍。

"奶奶的鸡汤"，是工作站联合南涧启迪农业科技有限公司发起的公益扶贫鸡苗发放项目。项目针对有养殖意愿但缺乏养殖技术、初始资金和销售渠道的贫困户，形成"鸡苗免费发放 + 养殖技术帮扶 + 成鸡统一回购"增收模式。首批发放的 1020 只 60 日龄无量山乌骨鸡苗，价值近 3 万元，共帮扶养殖户 21 户。

今年 5 月，西山小学三年级学生李晓彤，和相依为命的爷爷奶奶收到了项目发放的 60 只乌骨鸡苗。9 月下旬，到奶奶家回访的挂职干部们欣喜地看到，晓彤家成鸡存活率接近 80%。"奶奶的鸡汤"这一命名，寄托着清华挂职干部和助学教师们对晓彤一家的牵挂。

而鸡汤本身，则是南涧县"一只鸡"产业蓬勃发展的缩影。做大"一杯茶"，做强"一只鸡"，是南涧"六个一"高原特色生态产业发展的重要支撑。

南涧这两件宝，清华人已然熟知。2018 年，以"黑凤凰"无量山乌骨鸡和启迪无量山茶语系列产品为代表的清华对口帮扶南涧五周年农特产品展销活动，在校内引发关注。紫荆园食堂四层，也一直供应南涧乌骨鸡汤。在南涧县建立"清华大学绿色食品基地"并积极开展消费扶贫，清华集中购买南涧特色农产品 1057 万元，帮助销售贫困地区农产品逾 1 亿元。

从"土林凤凰"茶厂并购到登记乌骨鸡"黑凤凰"商标，清华控股在当地注册成立无量山启迪大健康科技有限公司和南涧启迪农业科技有限公司，助力茶产业和乌骨鸡产业转型升级。自成立以来，实现销售额 3358 万元，采购原材料 6607 万元，直接帮助 27 名建档立卡贫困户长期就业，帮助 1500 余户贫困户增收。今年 7 月，为实现各类要素的有机整合，由清华控股出资的无量山清云汇秾实业有限公司揭牌成立。

持续"造血"，也在激发学生和校友的活力。清华学子不断通过寒暑期实践热忱地为当地发展支招。能源与动力工程系"彩云之南暖心行动"实践支队结合南涧光热资源丰富的地域特点，募集近 2 万元启动资金，为当地百姓安装调试了 50 口太阳能灶。美术学院的同学们组建的"清华大学艺术点亮乡村实践支队"在南涧用心感受民间艺术，参与"六个一"特色农产品推介。清华大学校友会考察团积极出力，找寻帮扶合作的契合点，与南涧签订了 3 个框架合作协议。

如今，成果更进一步。2019 年 5 月，南涧成为由建筑学院联合开展的乡村振兴主题公益活动——清华大学乡村振兴工作站第三批签约建站站点。工作站旨在为基层乡村振兴相关工作提供规划设计、策划运营、知识服务等支持。

"90 后"站长程正雨和俞逸晨信心满满："我们希望尽快完成乡村振兴工作站二期、三期的建设，进一步建好西山村为民服务中心和农民学校，为西山村脱贫攻坚与乡村振兴的有序衔接做好布局。"

助你筑堡垒

2017 年 11 月 15—17 日，南涧。从县委党校到乡村院落，清华大学社会科学学院副院长赵可金教授和马克思主义学院 2015 级研究生金哲第一时间将党的十九大精神带到彝乡村寨。

17 日，一场特殊的学习十九大精神联合组织生活会，连结起南涧县驻村扶贫工作队员、大学生村官代表和相隔两千多公里之外的清华大学学生党员代表。通过清华大学在南涧县设立的教育扶贫现代远程教学双向站，大家就十九大精神、脱贫攻坚及乡村振兴战略等议题热烈开展讨论。

南涧县城南面郊区，西山村。依托"党建＋"的引领作用，在精准扶贫过程中，挂职干部沈正波摸索出一套"党支部＋龙头企业＋合作社"的发展模式。

"西山村，我家园，建设好，靠大家。"沈正波创办的"西山讲堂"与组织编写的村规民约三字经、脱贫攻坚顺口溜，为"扶志"和"扶智"凝聚共识。西山村，则总结形成了"小康不小康，关键看老乡；老乡富不富，关键在支部；支部强不强，全靠车头带"的党建发展理念。

多年来，清华大学投入 400 万元支持南涧县基层党组织开展党建提升和脱贫攻坚"双推进"工作，通过建强基层党组织，筑牢脱贫攻坚的战斗堡垒。重点支持建设南涧镇城区、小湾线、公郎线、樱花谷线"一点三线"党建示范带，覆盖 18 个基层党组织、26 个项目点，多个党建项目获省州级表彰。

用心、用情、用力参与脱贫攻坚是清华大学建设世界一流大学服务国家发展的重要内容，八年来，陈旭、邱勇、姜胜耀等学校领导先后 14 次赴南涧县调研推进，党委组织部、校团委、研工部、校工会、饮食服务中心、继续教育学院、一附院、清华控股、清华附中、建筑学院等校内 10 余家单位协同参与。在国务院扶贫开发领导小组 2018 年、2019 年定点扶贫工作成效考核中，学校两年均获评为"好"。

8 年来，清华大学累计直接投入无偿帮扶资金 2156 万元，帮助引进无偿帮扶资金 2146 万元，突出教育、医疗、智力"三个重点"，深化产业、企业"两项帮扶"，坚持党建引领"一条主线"，一套帮扶"3+2+1"模式推行开来。

8 年来，清华大学选派向辉、郭勋、刘宇、金峰、瞿福平、王风潇、沈正波、俞逸晨 8 名优秀干部到南涧县挂职帮扶。作为主要出行工具，一辆在挂职干部间几经转赠的白色摩托车显出不少岁月的痕迹，不变的，是脱贫攻坚的底气和成色。

至 2018 年年底，南涧县累计减贫 13732 户 54712 人，所有贫困乡、村全部出列。2019 年 4 月 30 日，南涧县正式退出贫困县序列，成功实现提前一年脱贫摘帽。至 2019 年年底，剩余贫困人口全部退出清零。2020 年 8 月，高质量通过国家脱贫攻坚普查。

说起与清华的结缘，县委书记吉向阳这样形容："清华情深与南涧梦圆，巍巍无量山，滔滔澜沧江。清华帮扶情，山高水长间。"

面向未来，清华大学党委书记陈旭指出，学校要在更高的起点上积极谋划助力南涧县，做好脱贫攻坚与乡村振兴有效衔接，探索清华大学帮扶南涧发展的新领域和新举措。

清华乡村振兴工作站文登站
——在实践的田野上永葆热忱

文字 | 李一安
图片 | 任帅

2020年8月29日，清华大学乡村振兴工作站山东文登站落成仪式暨"清华学子山东行"总结交流会在山东省威海市文登区大水泊镇举行。在这天的活动开始前，校方站长、建筑学院2020级博士生张姝铭的心里，始终压着一块沉甸甸的石头。

"文登站的后期建设恰好赶上了当地的雨季，导致部分工程不得不延期。"但在施工排后的过程中，工作站的建设团队一直在有序推进其他相关工作——完善策划、协调时间。"虽然施工工期相对紧张，但文登站最终的呈现效果还是比较圆满的。"张姝铭说。

改造利用乡村的闲置建筑物，将设计美学与实用功能巧妙结合，依托学生社会实践基地建设乡村振兴工作站，并通过校方、地方、校友站长的"三方站长制"实现校地联动。2019年1月，清华大学乡村振兴工作站山东文登站设计完成，由建筑学院2018级博士生黄杰等学生团队承担方案设计。同年7月，文登站开始施工建设。

文登站的外观设计颇具特色。根据两侧原有建筑物的特点，延续其屋脊设计，在中部建造了新的实体空间，使工作站呈现出"连绵不绝"之感。此外，还加入了大小庭院，室内外空间贯通融合，并以充满自然气息的水景、绿植点缀。

与形象设计相适应，山东文登站以一个主题院落为建筑核心，向心性较强。核心广场除引入自然景观外，还可以作为小型户外集会场所。

工作站首层主要分为北侧多功能区、中部工作区以及南部宿舍区三大板块。由北侧老旧房屋改造而成的多功能区主要包括阶梯教室、展厅与活动室，充分考虑了工作站的日常活动需要。

空中连廊，是文登站建设中小巧精致的特色空间。在连廊上，除了能够与庭院亲密接触，还可以欣赏工作站学生策展团队精心设计的文化展览，内容包括清华大学校园风光、人文历史以及清华同学暑期实践成果等，更加凸显了这一空间的精神内涵。

"建设乡村振兴工作站最核心的目的，就是希望能搭建一个开放、公益、长效的平台，吸引更多的清华师生、校友、社会公益团体以及其他高校学子参与到国家的乡村振兴战略中来。"建筑学院的张弘老师说。相较于以往后续成果推进不足的短期社会实践，乡村振兴工作站通过驻点的长效机制，为创造更大、更切实的改变提供了平台保障。

今年新冠肺炎疫情期间，山东文登站的建设曾陷入短期停滞，远程的沟通交流也为设计团队与施工团队带来了新的挑战。建筑施工能否达到设计预期？误差问题如何解决？经济成本如何保持在合理区间？这些在普通的课堂设计中并不需要同学们过多考虑的问题，却是工作站实际建设中必须面对且做出合理选择的难题。张姝铭坦言，"的确很棘手"。在实际的工程项目中解决这些难题，一定程度上也是对同学们专业学习的一次检验和锻炼。

实践育人是清华大学的优良传统。在建筑学院张弘老师看来，学生参与乡村振兴工作站的建设实践，能够受教育、长才干、作贡献。"只有扎根乡村、深入乡村，真正地了解它，才能对症下药，助力乡村振兴。"他说。在课堂教学之外，通过这些社会实践，同学们能够了解乡村的实际状况，积累宝贵的实践经验，在未来努力成为为国家、社会作出贡献的建设者。

"山中习静观朝槿，松下清斋折露葵"是一千多年前诗人王维隐居山林、回归自然的物我相宜。而如今，清华学子在广阔的乡村实践田野，在工作站的一隅，静心沉淀实践成果，以热忱的付出和踏实的行动，在乡村振兴的篇章里书写着自己的故事。

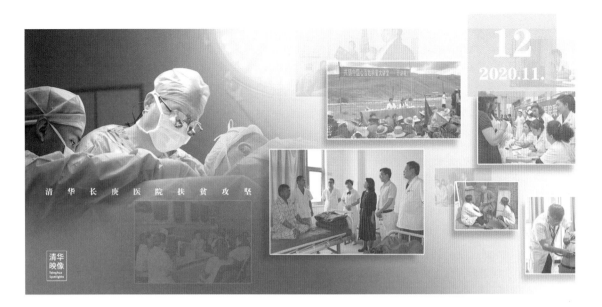

北京清华长庚医院：
以"造血"推动贫困地区医疗能力可持续发展

文字｜詹萌　韩冬野
图片｜梁晨

2020 年是全面建成小康社会目标实现之年，也是全面打赢脱贫攻坚战收官之年。对于清华大学附属北京清华长庚医院而言，这已经是投身脱贫攻坚任务的第六年。2015 年 7 月，北京清华长庚医院开业仅半年，为响应国家脱贫攻坚决策部署，便开始派出医师、技师、行政管理人员分赴新疆、西藏等地进行医疗支援。

单纯的支援和帮扶犹如"输血"，虽能满足一时之需，却无法解决当地医疗水平落后的现状。坚持"输血"与"造血"并行，北京清华长庚医院在广泛开展帮扶和义诊的同时，积极组织当地医护进修、培训等事宜，切实提高贫困地区医师的临床诊疗能力。

组团进修　建立"带不走的医疗队"

自 2016 年起，北京清华长庚医院开始实施对新疆喀什贫困地区麦盖提县人民医院的对点帮扶工作。帮扶主要采取"组团式"进修的形式：新疆方面选派医师、护理骨干组成 10 人小团，到北京清华长庚医院各临床科室进行学习训练；北京方面根据来京进修人员所在的科室、专业、进修学习意向，组织相关科室、部门选派经验丰富的骨干组成师资团队，并由教学经验丰富的骨干师资一对一带教。

为了保证组团进修和定点帮扶的实际效果，进修人员返疆前需接受由培训科室组织的严格的出科考核，合格者才能获得"结业证书"。此外，北京清华长庚医院定期进疆进行"回头看"工作，赴麦盖提县实地考察，调研进修医师在所在单位的表现、工作业绩以及医院今后的进修需求，以期帮扶到点、帮扶有成效。进疆骨干同时在当地开展教学查房、培训班、义诊、健康宣教等医疗帮扶及健康科普活动，有效扩展了帮扶的形式和范围。

帮扶工作开展至今，麦盖提县人民医院已有近十分之一的医护人员参加了进修。随着医护人员个人业务能力的提高，全院整体医疗水平得到有效提升，为新技术新方法的引进铺平了道路。对于麦盖提县，北京清华长庚医院的帮扶不止于"帮"，而更注重"扶"，为当地建立起了一支水平不断提升的"带不走的医疗队"。

迎难而上　与包虫病奋战到底

包虫病是由棘球蚴寄生于人或动物体内引起的人兽共患寄生虫病。该疾病潜伏期长，特别是泡型包虫病，因其致死率高又被称为"虫癌"，成为我国西部农牧民因病致贫、因病返贫的主要原因之一。2012 年全国包虫病流调显示 27 个省、自治区有包虫病病例报告，受威胁人口超过 5000 万，98.2% 的病例分布在西部的七个省和自治区（青海、西藏、新疆、内蒙古、四川、甘肃、宁夏）。其中三江源地区（青海南部，四川北部）人群包虫病患病率达 8.93%～12.83%，是公认的世界上"海拔最高、感染率最高、病情最为严重、防治最为复杂"的包虫病流行地区。

北京清华长庚医院董家鸿院士十余年前便开始关注肝包虫病，每年至少一次前往青海、四川、西藏等包虫病高发的牧区进行义诊、做公益手术和培训当地医师。

2017年7月，董家鸿按例前往青海巡回义诊。在此前的筛查中，一位青海省果洛州达日县满掌乡的藏族女孩梅朵（化名）被发现是包虫病高危患者。"属于囊性包虫病Ⅰ型，生长活跃度最高的一种，已经侵犯了门静脉、胆管等器官，核心瘤体又位于肝门的要害处。"果洛州人民医院包虫病诊疗中心主任才旦说。尽管国家卫健委、青海省政府、各州县人民医院都在积极努力，逐级减免包虫病治疗费用，百姓基本不需要负担医疗费，但梅朵面临着另一个更加棘手的难题——全省没有人能治好她的病。

就在梅朵已经放弃希望准备出院回到孤儿院时，她获知北京的董家鸿院士要来了。这个消息无论是对于这个13岁的小姑娘还是当地医生们而言，都仿若绝望的黑暗中突然闪现的光亮。但在接触到病例后，董家鸿的眉头也紧锁了起来："娃娃的体质太差了，心态也消极，这么大创伤的手术害怕她扛不住。年龄小，瘤体大，又是在肝门这么核心的位置，对技术挑战太大了。"

但董家鸿最终还是决定做。手术进行了7个多小时，董家鸿精准地切除了直径近9厘米的瘤体。术中的精准操作大大降低了术后的监护压力，梅朵的恢复良好，不到两周就顺利出院，之后复查的情况也非常乐观，至今没有任何复发迹象。

恢复了健康的梅朵渐渐变成一个活泼开朗的小姑娘，被孤儿院院长称为班里的尖子生。在2019年的安多藏区作文比赛中，她把自己的故事写到了文章中，并用藏语写道："感谢董家鸿爷爷给了我第二次生命。"

在治疗包虫病、挽救牧区病患生命的工作中，北京清华长庚医院肝胆胰中心成绩斐然。为了让更多患者和家庭摆脱痛苦和负担，2019年8月20日，北京清华长庚医院在青海正式启动"健康中国，医师行动"——健康扶贫包虫病攻坚计划，打响攻坚包虫病大会战，目标是2030年在我国基本消除包虫病。

今年9月，在疫情防控进入常态化后，董家鸿第四次带队前往青海。此次的支援队伍集结了中国医师协会包虫病防治联盟中来自北京、重庆、成都、新疆、军队系统的五路肝胆外科医师、麻醉医师、手术室护师，一同赴青，"抢冬"推进青海省肝包虫病手术患者清零目标，助力青海打赢脱贫攻坚战。

医疗帮扶 全科大夫基层深耕

王仲，北京清华长庚医院全科与健康医学部部长、全科医学科主任，一直专注于基层社区医疗帮扶。"只有基层的医疗业务扎实了，老百姓对基层医疗信任了，才能实现真正的分级诊疗。"王仲说这是他一直坚信的事。

2010年，作为中国医师协会急诊医师分会副会长，王仲带队到青海海西州调研医疗帮扶需求。"这里最缺的是什么？"考察、座谈的整个过程中，这个问题一直揣在王仲心里。调研结束后，他明白这里首要缺乏的是知识。于是，在王仲号召下，全国急诊同仁踊跃捐献书籍，为海西州人民医院捐建了一个小型图书馆。同时，通过与急诊医师协会及相关医院协调，当地医生免费参加学术年会及免费来京进修的机制建立了起来。

作为贵州省全科医学专业的"援黔专家"，王仲每年至少两次往返贵州，前往最基层的地区进行临床理论与业务技能培训。"顶着支援专家的头衔，就得给当地办点实事。"王仲说。为了扩大医疗帮扶的范围，2018年，王仲与贵阳市第二人民医院院长梁显泉教授一拍即合，联手设立了"清华长庚－金阳基层医生培训基地"，专门面向贵州省内的基层医师进行无偿培训与技能指导，收获良好效果。

随后，王仲利用清华的全科临床优势，针对广大乡村医生举办了"清华全科临床能力提升项目"，全面培养合格的基层医生，包括临床分析能力、临床操作能力以及医学人文精神。该项目至今已举办了12期，足迹踏至郑州、四川、福州、北京等地，得到当地医科大学的积极响应。"我们培训的乡村医师先后有9人给我反馈，他们已经运用培训的心肺复苏技能在社会上救人了。"王仲说，基层医师的学习热情很高，每场报名都很火爆，"大学会议室的过道上也常坐满人听课"。如今，接受培训的乡村医生已达2000余名。

不仅"输血"，更"造血"，北京清华长庚医院为贫困地区源源不断地注入新鲜的能量和动力。我们相信，把先进知识和经验分享给每一个乡村和贫困地区、每一个乡镇卫生所和医院的医生，受益的便是他们所能辐射到的所有老百姓。

清华师生纪念"一二·九"运动 85 周年

供稿 | 校团委
图片 | 梁晨

　　12 月 5 日晚，新清华学堂灯火通明，歌声悠扬，清华大学本科生"一二·九"歌咏比赛举行。在"一二·九"学生爱国运动 85 周年之际，由全校所有本科院系同学组成的 17 支队伍齐聚一堂，展示近两个月的排练成果，用昂扬的面貌和深情的歌声向爱国先辈致敬。校党委副书记过勇、校团委书记张婷、校党委学生部副部长耿睿等出席活动。

　　比赛评委由中国交响乐团职业歌唱家、国家一级演员李初建，中国音乐学院指挥系教授娅伦格日勒，中央戏剧学院歌剧系教授、声乐教研室主任刘珊，国家一级演员、中国歌剧舞剧院歌剧团团长田彦，首都师范大学合唱艺术与文化研究中心主任、音乐学院作曲理论指挥系教授邵晓勇，中国歌剧舞剧院歌剧艺术家张卓，北京歌剧舞剧院院长助理、国家一级演员吴春燕，北京阿卡贝拉联盟创始人、北京青年合唱团艺术总监邢珊珊，莫斯科国立柴可夫斯基音乐学院指挥博士、国家级指挥李卷，清华大学艺术教育中心作曲讲师谢鹏等担任。

　　本次本科生"一二·九"歌咏比赛以"唱响青年志，奋进新征程"为主题，分为"星火燎原""日出东方"和"继往开来"三幕。第一幕选取反映革命历史的歌曲，追忆先辈峥嵘岁月；第二幕选取庆祝新中国成立的歌曲，抒发满腔爱国热忱；第三幕选取新时期建设祖国的歌曲，表达青年学子报国之志。各支队伍依次登场，带来了《游子情思》《在灿烂阳光下》《不忘初心》等动人歌曲。

　　演出开始前，由"一二·九"运动亲历者的子女讲述父辈们当时的故事，朗诵《告全国民众书》，感人至深。

　　由话剧队和学生代表带来的朗诵《选择》，讲述了《马兰花开》剧组、支教团、学生志愿者等群体的动人故事，表达青年人砥砺奋进、攻坚克难的志向。

　　最后是由校学生艺术团合唱队带来的《马兰花开》《教我如何不想她》，高水准的演唱和热情洋溢的歌声给全场带来了视听享受。

　　赛后，李初建对本次歌咏比赛进行了总结点评，回顾了整场晚会中各队伍的表现，对同学们的演唱予以充分肯定，强调艺术教育能够带来的重要意义，并为同学们讲解了部分合唱技巧。

　　综合现场评委打分、前期组织和主题教育分数，新雅航院联队、经管学院队获得甲组综合优秀一等奖；社科车辆联队、土木法学联队获得乙组综合优秀一等奖。现场还颁发了艺术水准奖、组织育人奖、主题教育奖、精神风貌奖等单项奖。

　　今年的新冠肺炎疫情，给"一二·九"系列活动的筹备带来了不小挑战，组织者与参与者严格贯彻防疫要求，确保活动顺利进行。在前期调研座谈的基础之上，本次"一二·九"系列活动进一步改革创新，突出赛制公平原则，更加注重育人实效，服务于学生成长成才。在赛前的两个月中，各参赛队开展了展览、长跑、朗读坊、快闪、定向越野等主题活动，丰富课余生活的同时，凝聚思想力量，继承与弘扬"一二·九"精神。

　　85 年前，一大批清华学子走出校门，为祖国兴亡振臂疾呼；85 年后，无数清华学子走向祖国与世界的各个角落，为民族复兴竭力奉献。2020 年"一二·九"歌咏比赛画上圆满句号，但清华人践行"一二·九"精神、勇担时代使命的脚步，永远不会停止。

西海固的清华故事

文字 ｜ 李晨晖 苍立楠
视频、动图 ｜ 视频中心

在宁夏隆德县一个偏僻的山村，上小学二年级的贤佳（化名）精气神儿十足，只是比同龄孩子消瘦些。

去年，7 岁的贤佳动了心脏手术，"室间隔缺损"——这个从出生就伴随他的不定时炸弹终于被顺利拆除。手术后的他最期待的就是去学校，几里远的上学路他自己一溜烟儿就跑到了。

贤佳的堂妹在 1 岁半的时候接受了先天性心脏病（简称"先心病"）手术，手术后的她再也不用整个冬天都待在医院里了。

服务一条龙，看病零负担

西海固，是宁夏回族自治区南部山区的代称。这里群山绵亘，沟壑纵横，曾被联合国粮食开发署评价为"最不适宜人类生存的地区之一"。它是革命老区、贫困山区和少数民族聚居区，是国家确定的 14 个集中连片特困地区之一，也是宁夏脱贫攻坚的主战场和核心区。

根据国务院扶贫办 2016 年全国建档立卡统计显示，因病致贫、返贫的贫困户占到贫困户总数的 42.6%。贫穷和疾病在西海固地区几乎相伴而生。

贤佳和堂妹是两个在最佳治疗时间通过手术恢复健康的幸运儿。"看病的花费一共十多万，"身为隆德县玉平村普通村民的贤佳爸爸说，"因为这个项目，我们一分钱也没掏，孩子现在身体好得很。"贤佳爸爸提到的这个"项目"是清华大学第一附属医院（简称"一附院"）源于云南大理州南涧彝族自治县的先心病三方联合救助项目。

2013 年，清华大学启动定点帮扶国家级贫困县云南省大理州南涧彝族自治县的工作。为解决贫困地区群众因病致贫、因病返贫问题，这年 5 月，一附院医生团队赴南涧县进行先心病患儿确诊筛查工作。

在此后多年的实践摸索中，一附院创造性地提出了"农合（医保）报销一部分，基金救助一部分，医院减免一部分"，三方（政府、基金会、一附院）联合救助的"大理模式"，手术后统一结算费用，实现了贫困家庭患儿救治基本零负担。

"边远山区，特别是高原地区，先心病发病率高。由于认知有限，不仅老百姓，连医务人员都以为先心病不能救治。受制于医疗资源和技术资源，很多患儿错失了手术机会。"一附院副院长张东亚介绍道。

"服务一条龙，看病零负担"，经过多年的探索和发展，一附院先心病救助项目已经从最初的云南大理辐射到周边地区并走向全国。

仅在隆德县，就有 40 多名像杨河村这对兄妹一样的患者，顺利接受了一附院先心病手术治疗，开启了崭新的人生。

"经过多年的合作，当地医院对于先心病初筛的准确率有了明显提升。我们希望通过项目合作，带动当地医疗水平的提升，使更多边远山区的老百姓享受高水平的医疗服务，有更好的就医体验。"张东亚说道。

做扶贫路上的"赶路人"

从隆德县城东侧出发，向东穿越青兰高速六盘山特长隧道，便来到了固原市泾源县。

10 月 23 日一大早，泾源县人民医院彩超室门口排起了长队。这一天是一附院专家来县里义务筛查先心病的日子，闻讯赶来的先天性心脏病疑似患儿及其家属早早来到县医院，焦急地等待着专家的诊断。

经验丰富的专家们认真询问患儿情况，对患儿进行详细的彩超诊断，并耐心地解答家属的问题，安抚他们的焦虑情绪。

县医院彩超科医生于红主动参与了筛查工作，这对于已经 10 年没机会进修的她来说，是特别难得的学习机会。筛查过程中，碰上较为复杂的病例，一附院心脏中心彩超室的崔建医生就把诊断思路解释给她听。

结束筛查后，崔建主动添加了于红的微信："遇到复杂少见的病例可以把影像传给我，一定要是动态的。"每到一处地方医院，像这样的业务指导，崔建总是毫无保留。

这支由一附院心外科、超声科专家组成的医疗队是扶贫路上的"赶路人"，孜孜不倦，他们的足迹已遍布全国 28 个省份，涉及近 50 个国家级贫困县。

自 2006 年以来，一附院专家在全国开展义诊，覆盖人群达 8 万余人次。其中，针对贫困家庭累计完成先心病手术 4000 余例，申请基金捐助达 7000 余万元。

医疗帮扶的"大理模式"也从最初单一的疾病治疗，逐步扩展为立体化、全方位帮扶。支持带动地方医院科室建设发展，提升贫困地区医院的医务人员职业技能，为当地打造"带不走"的医疗队伍；救助范围也进一步拓宽，从单一病种、限制年龄拓展到多病种、全年龄段；从救治费用帮扶拓展到康复后对其家庭脱贫的立体化帮扶。

在中国，有许许多多类似于云南大理州和宁夏西海固这样医疗资源极度匮乏的地方，"小病忍、大病拖"，一场疾病就可能拖垮一个家庭，成为他们脱贫路上的拦路虎。

找到一个又一个先心病救助的"盲区"，改善当地的医疗条件和老百姓的健康状况，不仅能提高当地人民的生活质量，更是赢得脱贫攻坚战的有力保障。

"孩子，去看大海的广"

"清华的老师把我们的娃娃引向了大海，只有见过大海的广，才能知道小河的细。"隆德二中党总支副书记陈玉军回想起与清华师生共度的那个难忘夏天，依旧感动满满。

2018 年清华大学教育扶贫中外师生暑期社会实践的一个支队来到了宁夏隆德县第二中学。在暑期实践中，来自清华的师生为这里的孩子们带来了一堂堂别开生面的文化素质课程——"趣味历史""奇妙的动物行为""摄影技术与实践"……

"在有限的时间里我们要做的不仅仅是知识的分享，更要分享外面世界的模样，带给孩子们希望。"这是实践支队师生的共同愿景，为当地的孩子尤其是留守儿童带来关爱与新知，帮助他们拥有改变命运、走出贫困的勇气与内生力量。

"六盘山上高峰，红旗漫卷西风"。这座黄土高原腹地上形似长龙、南北迤逦的山脉，曾是红军长征时翻越的最后一座大山。

脱贫路上，中国攻克了无数"高山"。在决战决胜的关键阶段，清华人把扶贫足迹留在这片土地，帮助西海固人民翻越脱贫攻坚的这座高山。

再见，2020，你好，2021！

文字｜郭艺博
图片｜刘雨田

岁月不居，时节如流。

送别 2020，拥抱 2021。

这一年，我们一路奔跑，一路绽放。中华民族千百年来的绝对贫困问题历史性地画上句号，14 多亿人口的大国实现全面小康，书写了人类减贫史上前所未有的奇迹；"十三五"规划圆满收官，共享改革开放的累累硕果。同样是这一年，我们拉开"十四五"规划的帷幕，为实现第二个百年奋斗目标打好基础，乘势而上迎接新的朝阳。在新时代勇进的激流中，清华始终积极响应国家号召，实现了"三个九年，分三步走"的战略目标和综合改革的圆满完成。清华大学率先启动强基计划，落实书院制改革，推动完善本科教育体系，力争为国家培养更多可堪大任的领军人才。

这一年，我们一路闯关，一路担当。面对新冠肺炎疫情这场"大考"，清华人与全国人民一道众志成城、共克时艰，以实际行动展现自强不息、厚德载物的清华精神。无数清华人逆流而上、主动担当、奋发作为，全身心投入这场立体战"疫"。清华大学附属北京清华长庚医院医护团队驰援武汉；科研战线上的清华人春节留守岗位，全力投入针对新型冠状病毒的药物研发，加快推进应对疫情的科研攻关；清华团队研发新冠肺炎自测评估系统，助力全球抗疫鏖战；清华海内外学子踊跃参与抗疫，或祝福加油，或捐赠物资、力行倡议；各行各业的清华人肩负着光荣使命奋战在一线，在不同的岗位贡献着自己的力量。

这一年，我们一路相伴，一路向前。各种意外冲击着我们的生活，而我们始终站在一起，携手并进。清华成立的学堂在线平台免费向全球开放 1900 多门课程，为华中科技大学、武汉大学等国内高校开设网上 147 个"克隆班"，与 126 所湖北高校举行线上联合就业招聘会。2 月 3 日，5 万余名清华大学师生通过线上"雨课堂"同上一堂课。4 月 2 日，清华大学成立万科公共卫生与健康学院，努力为国家疫病防控和公共卫生应急体系建设提供有力支撑，为守护全人类的生命健康贡献清华力量。纵然远隔山海无法相见，我们的心始终紧紧相连。我们共同调整云端上课的节奏，通过网线交流探讨学术奥义；我们思念着师友的音容笑貌，在内心真诚祝愿彼此的安康；最终，在山川澄澈、风月疏朗的时节，我们在园子里迎来了久别重逢的喜悦。这一年里，我们培养着面对挫折的坦然心态，也培养着心怀天下的宽广胸怀。

2021 年是建党 100 周年，也是清华大学建校 110 周年，学校新百年的发展将进入新的历史阶段。与祖国共命运、同风雨，是一代代清华人用青春和智慧践行的诺言。面向 2021 年，清华把握时代脉搏，迈出"十四五"规划的矫健步伐；将争取获得更多突破性的学术成果，展现一流大学的精神气质、目标追求和办学境界；将继续肩负起时代使命，付出更为艰苦的努力，作出新的更大贡献。

祝福新一年，祝福清华园。

海内外清华人云端相聚　共同迎接 2021 年

供稿 ｜ 校团委
图片 ｜ 贺茂藤

　　歌声飞扬，舞姿翩跹，回顾不平凡的过去，展望满载希冀的未来，海内外清华人云端相聚，共同迎接 2021 年的到来。

　　2020 年 12 月 31 日晚，为保障全校师生员工的健康安全，清华大学 2021 年"云上"新年联欢晚会"ONE TO START·从新出发"首次采用双语云端演出的方式，邀请来自世界各地的清华校友、关心支持清华的各界人士与全校师生员工一起，同步观看晚会，以饱满的精神面貌共同迎接建党 100 周年和建校 110 周年。

　　晚会上，校长邱勇、校党委书记陈旭分别发表新年致辞，代表学校为大家送上新年祝福。

　　晚会以丰富多元的节目全方位展现了清华人的才艺与风采，表达了全体清华人总结过往、砥砺奋进、共同成长的美好愿望。在空无一人的观众席中，荧光棒组成"THU"和"110"字样，为清华建校 110 周年庆生。

　　本次晚会通过清华大学微博、抖音号、哔哩哔哩号和 Facebook 进行全球双语转播，在云端分享清华喜悦，共迎美好新年。

2020 年，清华人的这些话铿锵有力！

文字 | 周襄楠 刘蔚如
图片 | 梁晨

2020 年是不平凡的一年。面对新冠肺炎疫情这场"大考"，清华人同全国人民一道迎难而上、共克时艰，坚守教书育人职责，积极开展抗疫科研攻关，助力全国和全球抗疫，统筹推进疫情防控和改革发展，交出了一份合格答卷。2020 年是脱贫攻坚决胜之年，是学校完成综合改革任务、"双一流"建设取得阶段性成果、实现"三个九年，分三步走"战略部署的收官之年，也是完成"十三五"规划、启动制定"十四五"规划，迎接中国共产党成立 100 周年、清华大学建校 110 周年的关键一年。值此新年伊始，我们选取 2020 年那些铿锵有力、温暖人心的"金句"，与读者共同重温 2020 年的难忘瞬间，共同期许 2021 年更美好！

——编者

"自强成就卓越，创新塑造未来。"

——校长邱勇

9 月 1 日上午 9 时，全校师生以"主会场＋荷塘雨课堂"的方式再次同上一堂课。校长邱勇在会上宣布，清华大学庆祝建校 110 周年的主题是：自强成就卓越，创新塑造未来。自强的清华人将以创新为矢志不渝的追求，为建设更加美好的中国与世界作出新的更大的贡献。

"学术评价制度和评价体系的完善是管长远、管根本的。学术评价、学术评价标准体现了一所学校的学术品位，也决定了一个学校的办学品位。"

——校长邱勇

清华大学认真落实习近平总书记重要讲话精神，推动建立符合中国特色世界一流大学治理体系和价值追求的学术评价制度，在全国高校中率先启动学术评价"破五唯"改革。3 月 4 日，清华大学在主楼接待厅召开完善学术评价制度工作协调推进会。校长邱勇强调，全校各单位要进一步统一认识、凝聚共识，确保完善学术评价制度相关工作按照学校统一部署全面推进、整体到位。

"'不忘初心、牢记使命'只有进行时，没有休止符，永远在路上。"

——校党委书记陈旭

1 月 10 日，清华大学在主楼后厅举行"不忘初心、牢记使命"主题教育总结大会，校党委书记陈旭作主题教育总结报告。会议认真学习贯彻习近平总书记在中央主题教育总结大会上的重要讲话精神，梳理盘点主题教育四个月来的重要收获体会，动员干部师生把主题教育激发的坚定理想信念和勇于进取精神转化为干事创业、攻坚克难的实际行动。

"在这次综合战'疫'中，各级党组织和全校党员、师生迎难而上、忘我拼搏，在磨砺中显本色，于坚守中见境界，绘就了一幅践行初心的生动画卷，谱写了一曲勇担使命的感人乐章，交出了一份来之不易的合格答卷。"

——校党委书记陈旭

7月1日，清华大学举行纪念中国共产党成立99周年暨新党员宣誓大会，校党委书记陈旭在大会上发表讲话，回顾过去一年学校党的建设和事业发展，总结疫情防控阶段性工作，动员全校党员坚守初心使命、砥砺担当作为，为迈向世界一流大学前列不懈奋斗。

"疫情拉开了师生间的物理距离，但慕课与在线教育的广泛普及却拉近了师生间的心灵距离，教育传递着最有温度的爱、最有穿透力的爱，温暖世界，给人希望。"

——《慕课发展北京宣言》

12月11日晚，世界慕课联盟在世界慕课大会主会议上正式发布成立，清华大学担任联盟首届主席单位，清华大学校长邱勇任联盟创始主席。《慕课发展北京宣言》同期发布，面向世界发出关于慕课与在线教育的四项共识、四点主要经验和发展愿景。

"我们所从事的工作不仅仅是一个纸面上的概念性的工作，而且能够直接应用到国家复兴主战场，解决'卡脖子'问题，提供变革性的技术创新。"

——核能与新能源技术研究院院长张作义

2020年，清华大学核能与新能源技术研究院迎来建院60周年。1955年党中央决定建设原子能工业，1958年清华大学党委与蒋南翔同志研究建设原子能科学实验基地，1960年清华大学原子能科学实验基地（工程代号"200号"）在北京昌平南口开工建设。核研院为国而生、为国而长，秉持"建堆报国、建堆育人"的初心使命和"知难而进、众志成城"的"200号精神"，取得了一批国内首创、世界先进的科研成果。

"回想五个月，这不是一个人的战斗，而是所有人的'刚毅坚卓'。这五个月的坚持也很值得。从一开始的危机应对到后来的主动变革，再到成为线上教育的领跑者，清华实实在在地在迎接一次教育范式革命的到来！"

——公共管理学院副教授梅赐琪

2020年年初，新冠肺炎疫情突如其来。面对疫情大考，全校师生秉持"课堂就是一线"的理念，用坚定的信念、坚决的行动、坚韧的力量，用心用情奏响了教书育人的精彩乐章。7月3日上午，清华大学"云上学堂——在线教学总结、分享与展望"大会举行，清华师生围绕在线教学工作总结成果、分享经验、展望未来。

"我不是什么英雄，只想做一名平凡的医生，能把这一件事做好，就是这辈子的一大成功了。"

——北京清华长庚医院呼吸与危重症医学科副主任医师、内科部第二党支部书记、清华长庚支援武汉医疗队队长、"全国抗击新冠肺炎疫情先进个人"郭军

1月27日晚22点40分，农历大年初三，载有北京市属医院136名援鄂医护人员的飞机落地武汉，其中包括来自北京清华长庚医院的11名医护人员，他们在接到命令后不到24小时的时间里迅速集结。北京清华长庚医院呼吸与危重症医学科副主任医师、清华长庚支援武汉医疗队队长郭军被授予"全国抗击新冠肺炎疫情先进个人"荣誉称号。

"四辆校园巴士一天在校园里来回17圈，上午9圈，下午8圈，每圈7.3公里，我要保障的就是这124公里不会出现任何安全隐患。"

——校车车队副队长付海滨

从小卡车、小轿车再到巴士车，付海滨在28年的驾驶职责中积累起丰富的经验，用对最优路线、安全驾驶、准点到达的极致追求诠释着"匠人精神"，而在后视镜中远去的岁月里，清华园的日新月异也成为付海滨一路上美妙的风景。

"清华给了我们选择的勇气和底气。泥球鞋留下的脚印仿佛是一串语不尽的省略号，那是令人向往的革新村乡村振兴的希望和明天。"

——清华大学经管学院毕业生、四川省广安市广安区龙安乡革新村党支部副书记陈诗慧

2020年是决战决胜脱贫攻坚收官之年，经管学院毕业生陈诗慧于2019年从商务部到国家级贫困县四川省广安市广安区担任龙安乡革新村党支部副书记，开始为期两年的扶贫工作。越来越多的清华大学毕业生选择扎根基层、奔赴脱贫攻坚主战场，在实践中经风雨、见世面、长才干，为全面建成小康社会贡献青春力量。

"我们需要做很多的功能验证，需要上千次不停重复这个动作，有时候手都僵了。枯燥、重复，但也让人充满期待。"

——医学院博士生单思思

新冠肺炎疫情暴发后，单思思大半年无休，在科研战疫一线争分夺秒、攻坚克难。为了早日研发出新冠病毒疫苗，她每天都泡在实验室里进行高密度的实验。她说，以"硬核"成果降服病魔，维护人民的生命安全，青年科研工作者责无旁贷。目前，单思思所在的医学院张林琦教授团队研发的腺病毒疫苗正在进行质检，接下来将进行临床试验。

2021 全国两会，清华代表委员们准备好了！

供稿 | 统战部
图片 | 贺茂藤

　　乘风破浪开新篇，砥砺奋进正当时。全国政协十三届四次会议于 3 月 4 日在北京召开，十三届全国人大四次会议将于 3 月 5 日在京开幕。2021 年是中国共产党成立 100 周年，"十四五"开局之年。清华大学也即将迎来建校 110 周年。

　　新征程开启之年，全国"两会"的召开意义非凡。今年，清华大学有 9 位全国人大代表、15 位全国政协委员参会。他们分别是全国人大代表王小云、江小涓、何福胜、邱勇、周光权、周建军、袁驷、程京、蔡继明，全国政协委员王光谦、王梅祥、白重恩、朴英、李稻葵、吴国祯、陈来、陈冯富珍、罗永章、欧阳明高、孟安明、饶子和、施一公、钱颖一、曾成钢（按姓氏笔画排序）。

　　站在具有历史性意义的节点上，清华的代表委员们将以高度的政治责任感和使命感，建真言、谋良策、出实招，发挥专业优势，反映师生心声，展现清华风采。清华大学各媒体平台将推出两会系列报道，及时报道清华代表委员提案议案，多角度呈现 2021 两会热点，为国家发展建设贡献智慧和力量。

1分钟，110部！带你看遍别样的清华

文字丨方锶
视频、动图丨视频中心 赵存存

你是否想知道 35 年前的清华课堂与今日有何不同？你是否体验过清华园春夏秋冬的万千变幻？你是否曾听过"从我做起，从现在做起"的嘹亮口号？今天距离清华大学 110 周年校庆还有 50 天，由党委宣传部精心策划推出的 110 部《清华映像》微视频如约而至与你会面。

遇见清华、创新清华、学在清华、多彩清华、写意清华、岁月清华、金句清华、党在清华八个主题，每个视频时长均在 1 分钟以内，这一系列微视频以"小而美"的形式生动立体地展现了清华大学百余年的文化积淀与独特风貌，带你全方位多角度认识一个独特而富有魅力的清华。即日起，该系列视频将在清华大学微博、抖音、快手、B 站等平台陆续发布。

倾听清华声音，品味清华故事，110 个微视频满载希冀穿越时空与你相遇。新时代新征程再出发，我们愿与你携手共进，更加昂扬地走向未来与卓越。

在清华，寻找独一无二的你

文字｜李一安

视频、动图｜全球传播办　赵存存

风雪住，春期至。岁月汩汩滔滔地奔流，却从未让这片园子蒙尘，反而在历史的洗礼中历久弥新。

"世界回荡着声音，你如何倾听？人生写满了预言，你如何改变？生命刻画着边界，你如何超越？"由清华大学全球传播办公室出品的校庆英文宣传片《独一无二的你》于近日上线。

1911 年 4 月 29 日，清华学堂在清华园开学，迄今已走过一百一十个年头。"莘莘学子来远方，春风化雨乐未央，行健不息须自强。"怀着对未来人生的憧憬，带着勇立时代潮头的信念，清华园见证着一批又一批学子在这里不断成长。

探寻技术变迁的规律，积累科学进步的硕果，研究社会运行的法则，思索良善生活的奥义。无论是在严谨的学术训练中日渐精进专业知识，还是在丰富多彩的校园生活中勇敢尝试未知的可能，他们逐渐靠近最真实的自己，雕琢出自己独特的清华记忆和人生经历。更重要的是，这片园子本身所承载的历史和时代意义，让清华人在做出每一次选择之时，都能够深刻地感知到自己肩负的责任与使命。

是烽火硝烟的年代，"华北之大，已经安放不得一张平静的书桌了"的呐喊；是新中国百废待兴之时，大漠戈壁深处倔强的马兰花开；是新时代，面对百年未有之大变局的自强创新。

从扎根脱贫攻坚一线的基层干部，到科学战疫中迎难而上的医护人员、科研专家，从坚守教书育人职责的老师，到时代考验中各行各业的清华人，他们在不同的岗位上默默耕耘，一点点的光和热汇聚，终成灿烂与辉煌的篇章。

星霜屡移，历史静默，故事仍然鲜活。"清华"，或许是一种标签，但更是一种担当，正如清华大学庆祝建校 110 周年的主题所言——自强成就卓越，创新塑造未来。它沉甸甸，却能够让人在纷繁复杂的世界坚守被这片园子所赋予的精神特质，把握时代的机会，将自己独一无二的人生融入国家、民族的壮阔征程。

25
2021.03.

倒计时一个月！遇见更好的清华

文字 | 潘懿锟　周襄楠
图片 | 刘雨田

听，春风来了。看，万物苏醒。

再过一个月，这座园子就将迎来建校 110 周年的华诞。

一百一十载，自强奋进的清华人在危机中坚守、在变局中开拓。八十余年前，有清华学子发出"华北之大，已经安放不得一张平静的书桌了"的口号，振聋发聩。面对新冠肺炎疫情，清华人坚持疫情防控不松懈、教学科研不停步、改革发展不放松，将教书育人作为不可放弃的职责，展现一流大学的责任担当。

一百一十载，我们奋勇向前。110 年前，留美生肩负家国重任，远渡重洋求学报国；在今天，无数像张利兴、朱凤蓉夫妇一样的清华人，投身到伟大的事业中，将自己的理想追求同国家民族的命运结合起来。

一百一十载，我们阔步高歌。110 周年校史展浓缩了清华 110 年的历史，大学校长全球论坛纵论全球教育，学生系列科技赛事展现学子创新风貌，校友创新论坛意气风发……这些丰富多彩的活动，准备在这个春天最美好的时刻为清华园增添浓墨重彩。

建校 110 周年的主题铿锵有力——"自强成就卓越，创新塑造未来"。"自强"来自校训"自强不息，厚德载物"，"卓越"来自清华精神"爱国奉献，追求卓越"，"创新"来自清华学风"严谨、勤奋、求实、创新"，自强是清华人的精神底色，在自强精神的引领下，清华大学走过了 110 年的光荣历程，在爱国奉献的砥砺奋进中行健不息、追求卓越。21 世纪无处不在的创新正在塑造人类共有的未来。要自强，必创新；唯创新，才自强。自强的清华人将以创新为矢志不渝的追求，为建设更加美好的中国与世界作出新的更大的贡献！

自强成就卓越　创新塑造未来
——清华大学 110 周年校庆献辞

图片｜顾纭绯　贺茂藤
摄影｜霍元东

　　清和四月，树木华滋。在清华大学即将迎来 110 周年华诞的喜庆时刻，我们代表学校向全校师生员工和海内外校友致以节日的问候！向长期关心支持学校事业发展的各级领导部门、各单位和各界朋友表示衷心的感谢！

　　西山苍苍，东海茫茫。110 年前，清华诞生于中国内忧外患、山河破碎的深重苦难中。自建校起，自强不息的民族精神、"耻不如人"的不屈品格就深深融入清华人的血脉里。清华人秉持科学救国理想，将清华从一所留美预备学校建设成为一所人民的大学、一所实现了教育与学术自立自强的现代大学。从"一二·九"运动的一声呐喊到西南联大的"八音合奏"，从新中国成立后建设多科性工业大学的积极探索到乘着改革开放春风吹响创建世界一流大学的号角，清华大学在长期办学实践中形成了深厚的文化积淀和光荣的革命传统。"自强不息、厚德载物"的校训，"行胜于言"的校风，"严谨、勤奋、求实、创新"的学风，"爱国奉献、追求卓越"的精神，塑造了清华人的意志品质，涵养了清华人的气度风范。一代代清华人接续奋斗，为祖国、为人民、为民族建立了突出功绩，走出了一条扎根中国大地建设世界一流大学之路。

　　春风化雨，其乐未央。清华始终将育人置于最重要、最根本的位置。1911 年，《清华学堂章程》中规定"以培植全材，增进国力为宗旨"。梅贻琦校长提出"从游论"，强调"发展全人格""通识为本"。新中国成立后，蒋南翔校长倡导"又红又专、全面发展""因材施教"的教育理念，大力推进政治辅导员、科学登山队、文艺与体育"三支学生代表队"的建设。改革开放后，学校坚持高素质、高层次、多样化、创造性的人才培养目标，致力于培养学生具备健全人格、宽厚基础、创新思维、全球视野和社会责任感，引导学生成长为肩负使命、追求卓越的时代新人。来自五湖四海的莘莘学子在宁静优美、生机勃勃、昂扬向上的清华园里度过了难忘的青春时光并奔向"祖国最需要的地方"，从中涌现出了一大批治学、兴业、治国的优秀人才。

　　致知穷理，学问笃实。1925 年，清华成立大学部并设国学研究院，欲"建设最高等学术"。无论是开创融会中西、古今、文理的学术风格，还是确立"顶天、立地、树人"的科研宗旨；无论是参与"两弹一星"、密云水库等重大工程，承担国徽、人民英雄纪念碑等重要设计，还是创造高温气冷堆、大型集装箱检测系统等重要成果；无论是开辟中国现代诸多科学技术与文化艺术学术领域，兴办一批国家现代化建设亟需的新兴专业，还是明确综合性、研究型、开放式的总体办学思路，清华大学面向世界学术前沿和国家重大战略需求，填补了一项又一项空白，取得了一个又一个突破，发展成为我国科学技术和思想文化创新的重要基地。

　　人文日新，行健不息。进入新时代，清华大学开启了一场使命驱动的改革。学校坚持和加强党的全面领导，将世界一流、中国特色、清华风格统一在办学实践中。以教师队伍人事制度改革为突破口，深入实施人才强校核心战略。深化教育教学改革，确立价值塑造、能力培养、知识传授"三位一体"教育理念，完善全员、全过程、全方位的育人体系。健全学科分类建设机制，不断增强学术创新能力，加快哲学社会科学繁荣发展，在低维量子物理、结构生物学、密码学、类脑计算芯片、量子计算等领域取得一系列国际领先成果。改革社会服务体制机制，扎实做好对口支援和定点帮扶工作。制定实施全球战略，成立全球创新学院、中意设计创新基地、东南亚中心、拉美中心，创办苏世民书院、深圳国际研究生院，发起亚洲大学联盟、世界大学气候变化联盟、世界慕课联盟并担任主席单位，全球声誉显著提升。学校深入推进"双一流"建设，"三个九年，分三步走"总体战略目标如期实现，创建世界一流大学取得历史性跨越。

在让我们刻骨铭心的2020年，清华大学始终把师生的生命安全和身体健康放在首位，坚持疫情防控不松懈、教学科研不停步、改革发展不放松，引领在线教育变革，全力推进抗疫科研攻关，加强抗疫国际交流合作，展现了面对危机和挑战时一所大学应有的责任担当，铸就了新时代教书育人的新气象。

大同爰跻，祖国以光。习近平总书记指出："办好高等教育，事关国家发展、事关民族未来。"在奋力迈向世界一流大学前列的新阶段，清华大学将以习近平新时代中国特色社会主义思想为指导，牢牢把握学校改革发展的最好历史时期，坚持正确办学方向，落实立德树人根本任务，完善教育评价制度，打造一流创新体系，构建良好学术生态，全面深化改革，不断提升治理能力，努力实现新的引领，力争为国家发展和人类进步作出新的更大贡献。

"一国之大学，当有其对于一国之任务；一代之大学，当有其处于一代之特点。"自强成就卓越，创新塑造未来。在全面建设社会主义现代化国家的新征程上，自强的清华人永远以创新为矢志不渝的追求，永远保持奋进的姿态，努力开拓学校发展新格局，更自信、更从容地续写新的清韵华章，以优异成绩献礼建党100周年！

校长　邱勇

校党委书记　陈旭

3 分钟，100 集！献礼建党百年！

文字 | 高原
视频、动图 | 视频中心

1926 年初冬，清华三院的一个房间里，一场重要的会议秘密召开，清华第一个党支部由此诞生，星星之火刺破冬日的肃杀蔓延向中华大地。

沐浴着信仰之光，鲜红的党旗映照清华园。无论何时，无论多大的惊涛骇浪，清华党组织的活动从未中断过，并在斗争中不断发展壮大。九十五载峥嵘岁月，党领导下的清华大学无惧风雨，砥砺前行，在整个中华民族寻路、崛起、复兴的道路上始终与国家和人民同命运、共呼吸。施滉、张甲洲、杨学诚、陆璀、姚依林、蒋南翔……一个个闪着光辉的名字镌刻在中国革命的历史丰碑上，他们用自己的青春年华和生命热血践行着中国共产党人的初心和使命，成为清华最宝贵的精神财富。这些故事不会随时间褪色，闪光的精神必将历久弥坚。

今年是中国共产党成立 100 周年，是清华党组织建立 95 周年，由清华大学党委宣传部策划出品的百集微纪录片《党在清华园》即日起将在清华大学微博、抖音、快手、B 站等平台陆续发布。8 个主题，每集 3 分钟，采取短小精炼的短视频形式，撷取不同历史时期的重要事件和先进典型；100 集，100 个故事，展现清华党组织的光荣历史、革命传统、红色文化、党建成就。

向中国共产党百年华诞献礼！

筚路蓝缕，高歌奋进，党旗下的一代代清华人不忘初心、砥砺前行，把理想信念镌刻得愈加深邃夺目。《党在清华园》100 集微纪录片用影像去记录和见证，时间从不停步，旗帜永不褪色。敬请关注！

第九届世界和平论坛聚焦后疫情时代的
国际安全合作

供稿丨世界和平论坛秘书处
图片丨任左莉

　　第九届世界和平论坛将于 7 月 2—4 日在清华大学举行，主题为"后疫情时代的国际安全合作：维护和践行多边主义"。多国前政要、驻华使节、智库负责人将针对世纪疫情以及逆全球化等新形势下的危机进行讨论，从困难中抓住机遇，提出创造性应对方案，推动国际社会的多领域、多层次合作。

　　2021 年上半年，全球新冠疫情态势与防疫成效呈现不平衡发展，这给各国经济发展、社会稳定带来诸多挑战。本届论坛以维护和践行多边主义为主题，讨论当下核心国际关切，就如何促进各国防疫合作、如何使科技进步对于国际安全形成正面影响、如何管控大国分歧展开深度对话。

　　本届论坛将采取多种形式，包括线上会议、线上线下融合会议、线下会议。截至 6 月 25 日，7 名外国前政要已确定通过线上方式出席本届论坛，69 国驻华使馆已接受论坛邀请，其中 58 位使馆馆长或临时馆长将出席线下开幕式，来自 12 个国家的 106 位智库学者将通过线上线下融合方式参与讨论。

　　世界和平论坛坚持开放、包容、自由、平等的原则，为各国与会嘉宾表达各自的观点、思想、方案提供平台。本届论坛将设 2 场演讲大会、2 场大会讨论、1 场午餐演讲、21 场小组讨论，涵盖全球性、地区性和专题性三类安全问题。在全球性问题中，有中美关系对于国际秩序影响、数字时代下的地缘政治、"一带一路"与全球经济恢复等；在地区性问题中，有亚太安全合作、中印重建互信、金砖国家与全球治理等；在专题讨论中，有削减战略武器、人工智能与国际安全、科技脱钩的全球影响等。

　　世界和平论坛创办于 2012 年，是由清华大学主办、中国人民外交学会协办的非官方年度国际安全论坛，至今已举办过 8 届线下会议，2020 年因新冠肺炎疫情举办了视频特别会议。

这枚纪念章，光荣！

文字｜李晨晖

摄影｜李派

　　入党一生一次，在党一生一世。为了从政治上激励、精神上鼓舞广大党员，进一步增强党员的荣誉感、归属感、使命感，党中央决定，2021年首次颁发"光荣在党50年"纪念章，这是中国共产党成立100周年庆祝活动的重要组成部分。清华大学共有1495名老党员获得"光荣在党50年"纪念章。初心不改，使命不移，今天我们一起重温誓词，齐唱红歌，但愿夕阳无限好，奉献终身志不移！

　　6月16日上午，清华大学"光荣在党50年"纪念章集中颁发仪式在综合体育馆举行。校党委书记陈旭发表讲话，校党委副书记、校长邱勇主持仪式。学校领导班子全体成员、674名"光荣在党50年"老党员代表等出席仪式。

　　陈旭代表学校党委向所有获得纪念章的党员同志表示热烈的祝贺和崇高的敬意！陈旭指出，在庆祝中国共产党成立100周年的重要时刻，党中央今年首次向党龄达到50周年、一贯表现良好的党员颁发"光荣在党50年"纪念章，这充分体现了以习近平同志为核心的党中央对老党员们的高度重视和亲切关怀，体现了党和人民对710多万名老党员历史贡献的充分肯定，体现了坚定不移加强党的建设、团结一心奋进新时代的坚强决心。

　　陈旭表示，今年是清华大学建校110周年，也是清华党组织建立95周年。当前，学校已经开启了迈向世界一流大学前列的新征程。全体党员同志要立足"两个大局"、心怀"国之大者"，不断增强"四个意识"、坚定"四个自信"、做到"两个维护"，把立德树人作为根本任务，把服务国家作为最高追求，把学科建设作为发展根基，把深化改革作为强大动力，把加强党的建设作为坚强保证，着力提升办学质量，努力为实现第二个百年奋斗目标、实现中华民族伟大复兴的中国梦、推动人类文明进步作出新的更大的贡献。

　　陈旭指出，广大老党员是党和国家的宝贵财富，是学校推进中国特色世界一流大学建设的重要力量。学校党委将持续做好老党员和离退休老同志各方面工作，坚持做到"政治上尊重、思想上关心、感情上贴近、生活上照顾"，始终保持敬重之心、倾注关爱之情、多做务实之事，努力为老党员、老同志安享晚年创造更好的条件。希望各位老党员老同志在照顾好自己身体、生活的同时，一如既往地关心支持参与学校的改革发展和党的建设。当前，全党正在集中开展党史学习教育，各位老党员的奋斗历程和光辉事迹是我们学好党史、用好党史的珍贵资源。希望各位老党员以亲身经历讲好革命传统和清华精神，赓续红色血脉，继续为党育人、为国育才。

　　最后，陈旭强调，全校师生员工特别是青年一代要以广大老党员为榜样，从他们的事迹和精神中汲取力量，筑牢理想信念，践行初心使命，让红色基因、革命薪火代代相传，在持续奋斗中努力书写清华人永远跟党走、奋进新时代的崭新篇章。

　　邱勇在主持大会时指出，在中国共产党成立100周年即将到来之际，根据党中央部署要求，清华大学举行全校"光荣在党50年"纪念章颁发仪式。这既是学校党委庆祝建党100周年系列活动的重要组成部分，更是致敬老党员、礼赞对党忠诚精神的重要活动。颁发"光荣在党50年"纪念章充分体现了党对老党员忠诚党的事业、践行党的宗旨，听党话、跟党走，为祖国繁荣昌盛、为民族伟大复兴倾力奉献的肯定和最高褒扬，体现了党对老党员的亲切关怀。

　　邱勇强调，希望全校各级党组织和广大党员以颁发"光荣在党50年"纪念章为契机，结合正在开展的党史学习教育，以老党员为榜样，学习他们信念坚定、矢志不渝的政治品格，不畏困难、艰苦奋斗的精神风范，胸怀大局、无私奉献的家国情怀，艰苦朴素、谦逊平实的高尚品德，激发不断前进的动力，凝聚更加有为的力量，不忘来时路、薪火永相传。我们要更加紧密地团结在以习近平同志为核心的党中央周围，深入学习贯彻习近平新时代中国特色社会主义思想，增强"四个意识"，坚定"四个自信"，做到"两个维护"，在中国特色社会主义现代化强国的新征程和清华大学迈向世界一流大学前列的新阶段中，继承传统、开拓创新，作出新贡献，谱写新篇章！

校党委常务副书记姜胜耀简要介绍了"光荣在党50年"纪念章颁发安排及清华美术学院参与设计纪念章的有关情况。

据悉，"光荣在党50年"纪念章的设计是由清华大学美术学院视觉传达设计系、雕塑系、工艺美术系师生组成的团队完成的。他们精益求精、不断优化，圆满完成设计任务，为庆祝建党百年贡献清华力量。

仪式现场，校领导为在场老党员逐一颁发"光荣在党50年"纪念章。伴着铿锵有力的进行曲，党旗飘飘，老党员们胸前的纪念章和红花是对他们坚守政治信念、砥砺党性本色、筑牢理想追求的高度认可和最好嘉奖。

现场老党员，平均年龄81岁。年龄最大的是我国著名建筑学家、城乡规划学家和教育家，来自建筑学院的吴良镛先生，已满99周岁。吴良镛先生在1960年入党志愿书中写道："我感到投身到这伟大的共产主义事业中是最大的幸福，我愿意为这人类最伟大的理想贡献出我的全部力量，不惜在必要时付出我的生命！"吴先生用实际行动兑现了当初的诺言。吴先生和清华老党员是全校师生员工的楷模，是清华永远的骄傲！

"但得夕阳无限好，奉献终身志不移！"89岁高龄的离休干部、原副校长张慕葏深情回顾了光荣在党的故事。他说道："带上这个纪念章，它标志着我已经为党工作了67年，它更说明了67年来我没有辜负共产党员的光荣称号，始终不忘初心，为共产主义事业奋斗终身。"

中国科学院院士、计算机系张钹院士是一位党龄60年的老党员。他表示，作为一名共产党员，现在仍要根据自身的身体条件努力为党多做一些工作，参加研究所和课题组的活动，从事力所能及的教学与科研。希望在有生之年，能继续为我国人工智能的发展作贡献。

仪式现场，在校党委原书记方惠坚的领誓下，年逾古稀的老党员们在党旗的见证下重温入党誓词。誓言铿锵、不绝回响，入党一生一次、在党一生一世，光辉的纪念章代表着以习近平同志为核心的党中央的关怀和温暖，映照着老党员为共产主义事业奋斗终身的庄严承诺。

光荣授章、重温入党誓词、齐声高唱《没有共产党就没有新中国》……纪念章颁发仪式庄重而简朴。

抚摸着胸前的纪念章，老党员们难掩内心的激动。来自图书馆的侯竹筠老师和校党委宣传部的曹习光老师都是党龄64年的老党员，他们表达了坚定不移跟党走的信心和决心，要力所能及地发挥老党员的余热，用实际行动践行共产党员的责任与使命。"我已经光荣在党56年了！"经管学院的张德老师喜悦的心情溢于言表。他说，能参加这么有意义的活动，是对自己的肯定和激励，希望自己老有所为，继续为党的事业奋斗终身。"初心不改，使命不移，永远跟党走！"来自建筑学院的孙凤岐和张复合老师用朴实的言辞表达了对祖国繁荣昌盛的自豪和骄傲，展现了共产党员昂扬的精神风貌。

党员光荣在党的故事是最生动的教科书，是激励后辈爱国爱党、不断奋进的宝贵精神财富，老党员老前辈们的奋斗历程和光辉事迹深深触动着青年党员的心。作为新一代的共产党员有责任接过时代的交接棒，不忘初心、砥砺前行，向老党员同志看齐，在党爱党，忠诚一辈子，奉献一辈子。

清华与格拉斯哥两地连线
共贺全球青年气候行动新成果

供稿｜气候变化与可持续发展研究院
图片｜任帅

　　11 月 5 日，正值《联合国气候变化框架公约》第 26 次缔约方会议（COP26）青年与公众行动日，全球青年零碳未来峰会暨第三届世界大学气候变化联盟研究生论坛（以下简称"峰会"）颁奖典礼成功举办。清华大学校长、世界大学气候变化联盟创始主席邱勇，清华大学副校长兼教务长、世界大学气候变化联盟执行委员会主席杨斌，在位于清华大学主楼接待厅的会场，同位于 COP26 主会场的海内外嘉宾现场连线，一道为在峰会中取得优异成绩的全球青年颁奖。与此同时，世界大学气候变化联盟 15 所成员高校代表从六大洲九个国家接入云端，共同见证全球青年在应对气候变化问题上取得的新思考、新发现、新行动。

　　"未来十年是人类历史上的关键时期，将会决定我们能否实现零碳未来。年轻人是实现这一目标的中坚力量。"邱勇在致辞中指出，"正因如此，世界大学气候变化联盟于今年将研究生论坛升级为全球青年零碳未来峰会。经过四个多月、逾百场会议的紧张筹备，汇聚位于六大洲九个国家成员高校的力量，助力第 26 届联合国气候变化大会（COP26）成功举办。"邱勇对峰会给予了高度肯定。"本次峰会取得的成果让人备受鼓舞。在峰会的感召下，联盟青年代表还将在本次活动中宣读全球青年气候宣言，以实际行动持续贡献青年力量。"最后，邱勇向联盟成员高校及支持本次峰会的全球合作伙伴表达了感谢，希望各方形成密切合作的团队，面向共同的未来继续开展工作。

　　本次峰会由清华大学发起成立的世界大学气候变化联盟主办。在 15 校共同努力下，跨越 18 个时区，共组织 30 场活动，吸引了全球逾 125 万人参与。其中，由"学术赛道""声音赛道""行动赛道"组成的峰会核心活动共吸引全球六大洲近 400 名青年提交作品。此外，本峰会还包括由七所成员高校自发策划的 12 场"盟校自主贡献"活动以及由联盟合作伙伴组织的两场"伙伴贡献活动"。

　　联盟秘书长、清华大学气候变化与可持续发展研究院常务副院长李政于 COP26 主会场发表开场致辞。李政回顾了峰会筹备历程，代表联盟秘书处向出席典礼的各界代表和全球青年表示欢迎。李政表示，本峰会汇聚 15 所盟校全力贡献，各校校长、教授倾情参与，共同托举青年一代登上零碳未来的舞台。

　　中国气候变化事务特使解振华为获奖学生发来贺词："祝贺获奖的同学们！我们今天谈判和追求的'美丽世界绿色地球'愿望和目标靠你们年轻人来实现！我期待那一天的到来！"

　　英国外交部气候变化事务特别代表尼克·布瑞奇（Nick Bridge）表示，世界经济社会需要实现能源系统、金融系统等全面转型，以不同程度地实现气候适应、自然和城市的融合。他说："很高兴看到联盟在过去几个月持续的努力，峰会作为联盟重要活动体现了合作和参与的精神。青年参与是所有努力中的一部分，联盟成员高校致力于推动青年参与，实现未来愿景。"

　　世界大学气候变化联盟学术委员会主席、伦敦政治经济学院教授尼古拉斯·斯特恩（Nicolas Stern）勋爵首先代表联盟欢迎所有与会者和参与者。他回顾了 COP21 达成的《巴黎协定》所确定的目标和强有力的全球议程，提出 COP26

是促使其实施的有利时机。"大学基于科研使命和拥有青年学生群体等优势在这一行动中发挥特殊重要作用和价值，联盟将为此继续努力。"

盟校代表、耶鲁大学气候传播项目主任安东尼·莱斯维茨（Anthony Leiserowitz）教授强调，面对气候变化这一复杂议题，教育、交流和公共参与至关重要。耶鲁大学和清华大学将在全球开展宣传，吸引青年参与解决方案，希望改变经济社会生产生活和互动模式。安东尼表示，世界大学气候变化联盟是集智创新的全球合作网络，能够实现知识的快速交换和行动。

盟校代表、巴西里约热内卢大学苏珊娜·坎·内倍罗（Suzana Kahn Ribeiro）教授表示，联盟的这场峰会促进了很多新颖想法和创新技术的讨论，有助于克服气候变化面临的诸多障碍和挑战。

杨斌介绍，学术赛道由清华大学、牛津大学、哥伦比亚大学、耶鲁大学联合协办，面向全球研究生展开气候领域科研成果评比。来自 12 个国家的 56 所大学参与学术赛道，70 余位青年科研人员从 150 余位提交作品的研究生中脱颖而出。最终，来自联盟成员高校内外的十位研究生斩获学术赛道"最佳论文奖"，来自清华大学的获奖学生代表邓铸汇报了学术成果。而作为"学术赛道"的校园行动，清华气候周在一周内进行了 15 场线上线下会议，吸引 24 个研究机构和院系参与，超过八万人参与讨论。

"声音赛道"共征集六大洲青年的 140 逾份短视频投稿，最终制作成"Act Now Film"短片，将于 COP26 期间向出席大会的全球气候政策制定者展映，传达青年在气候危机前的行动与诉求。

剑桥大学净零中心（Cambridge Zero）主任艾米丽·沙克伯勒（Emily Shuckburgh）表示，在联盟和 COP26 英国大学网络的支持下，青年在全球范围内展开合作。青年人希望能够描述出气候变化对他们的影响，他们使用社交媒体等途径传递想法，尤其希望能够传递给气候变化磋商专家。

帝国理工学院代表、格兰瑟姆研究所主任马丁·塞格特（Martin Siegert）宣读"行动赛道"优胜队伍名单。该赛道由帝国理工大学承办，面向联盟成员高校公开征集。来自 7 所高校的 36 位学生，组成了跨学科、跨文化背景的 7 支队伍参赛。经过工作坊培训和小组讨论，名为 Adaptables（适应性）的团队凭借其富有创意的商业解决方案荣登榜首，获得"Climate x Hackathon"奖。优胜队伍随后汇报了成果。马丁·塞格特对参与赛道的学生给予了高度评价。"他们的成绩强调了创新思路发展在可行性商业方案中发挥的重要作用。"他介绍了联盟过去几年开展的通力合作，启发学生参与应对气候变化的事业，"我们只需要敞开大门，联盟的学生就可以参与到相关工作当中来，这十分令人自豪。"

随后联盟青年代表宣读了《全球青年气候变化宣言》。该宣言发起于 2021 年 10 月，由参与清华大学组织的中美青年气候对话的中美青年联合倡议，在联合国《生物多样性公约》缔约方大会第十五次会议（COP15）上滚动形成宣言，经过峰会集思广益深化为全球青年 Climate x 联合宣言。

峰会得到了彭博有限合伙企业（Bloomberg）、万科公益基金会、斯普林格出版集团 (Springer-Verlag)、爱思唯尔出版集团 (Elsevier)、世界慕课联盟、中央广播电视总台（CMG）等诸多全球合作伙伴的支持。

峰会特约伙伴、联合国气候雄心与行动特使、彭博有限合伙企业和彭博慈善基金会创始人迈克尔·布隆伯格（Michael Bloomberg）先生于峰会前发来贺词。他表示："全球青年深知如果我们未能采取有效的行动，他们将会承担气候变化引起的严重后果。这就是为什么他们正在积极地行动起来，而不是等到上了年纪才开始发挥领导作用。今年的峰会为有不同见解的青年提供了一个重要的交流平台，他们制定了一项计划，将有望对应对气候变化产生重要影响。"

万科集团创始人王石作为合作伙伴代表致辞。"很高兴与联盟的青年学生们度过了一整天，让我看到了青年一代在共同解决困难，展现了他们的思考和态度。"王石接着阐述了企业应对气候变化的态度和行动。通过分享他个人参与 COP 的历程和亲历的生动故事，强调十余年来企业经历了观念的蜕变。他表示，今天年轻一代应对气候变化的态度使他相信未来。

典礼最后，承办本次峰会的英国高校代表马丁·塞格特将峰会旗帜交还联盟秘书处，李政宣布，2022 年，非洲埃及将作为下一届联合国气候变化大会的东道国承办 COP27，作为联盟非洲唯一盟校——南非斯坦陵布什大学将承办下一届峰会。

世界大学气候变化联盟由清华大学在 2019 年 1 月达沃斯世界经济论坛倡议发起，并于 2019 年 5 月正式成立。联盟成立以来聚焦气候领域联合研究、学生活动、人才培养、绿色校园及公众参与开展工作，得到包括联合国秘书长、联合国气候变化框架公约执行秘书、各国政要及社会各界的高度评价。2019 年 11 月，联盟举办了首届世界大学气候变化联盟研究生论坛，来自国内外 55 所高校的 150 余名研究生齐聚清华园开展学术交流。2020 年 1 月 6 日，习近平主席给联盟学生代表回信，对大家就关乎人类未来的问题给予的共同关切表示赞赏，期待同学们为呵护好全人类共同的地球家园积极作为。为全面推动全球青年沟通交流，世界大学气候变化联盟特将第三届世界大学气候变化联盟研究生论坛升级为全球青年零碳未来峰会，得到联盟成员高校及各界伙伴的大力支持，共同为实现碳中和培养青年一代领军人才。联盟成员高校有：清华大学、澳大利亚国立大学、巴黎政治学院、东京大学、帝国理工学院、哥伦比亚大学、印度科技学院、加州伯克利大学、剑桥大学、里约热内卢联邦大学、伦敦政治经济学院、牛津大学、斯坦陵布什大学、麻省理工学院、耶鲁大学。

世界卫生健康论坛：建设有韧性的公共卫生体系

文字 | 刘书田　黄斐　韩旭　刘琳
图片 | 刘雨田　宋晨

　　11 月 20 日上午，由清华大学主办、清华大学万科公共卫生与健康学院承办的首届世界卫生健康论坛隆重开幕。论坛以"建设有韧性的公共卫生体系"为主题，中外有关政要、国际组织负责人、专家学者等约 150 人通过视频连线深入交流研讨。论坛开幕式由清华大学副校长杨斌主持。

　　国务院副总理孙春兰在开幕式上发表视频致辞。孙春兰指出，疾病没有国界，应对疾病威胁是世界各国面临的共同挑战。当前全球新冠肺炎疫情防控形势依然严峻，人类健康和生命安全面临严重威胁。希望参加论坛的各界代表秉持人类卫生健康共同体理念，加强交流、凝聚共识，为深化国际疫情防控和卫生健康合作、共同守护人类健康美好未来作出更大贡献。

　　清华大学校长邱勇在致辞中代表清华大学向参加论坛的中外嘉宾表示热烈的欢迎和衷心的感谢。邱勇说，在关乎人类命运的重大挑战面前，大学要用科学精神担负起应有的责任；在推动人类文明进步的道路上，大学要以开放的胸怀撑起人类未来的一片蓝天。他提到，去年 3 月 2 日，习近平主席在清华大学医学院考察时指出，公共卫生安全是人类面临的共同挑战，需要各国携手应对。去年 4 月 2 日，清华大学万科公共卫生与健康学院正式成立，在陈冯富珍（Margaret Chan Fung Fu-chun）院长的领导下，卫健学院积极拓展全球合作，取得了阶段性的重要成果，在国内外产生了广泛而积极的影响，为守护人类生命健康贡献了清华力量。

　　邱勇指出，清华大学 110 周年校庆期间，清华大学举行了 2021 大学校长全球论坛并发布"清华共识"，主张大学应该更开放、更融合、更具韧性，承担更大社会责任。他表示，面向未来，清华大学将以更加开放的姿态与全球伙伴深化合作，努力为推动可持续发展、守护人类美好未来作出重要贡献。邱勇表示，防范应对全球疾病大流行，加强公共卫生体系是紧要之策，也是根本之策。首届世界卫生健康论坛的正式开幕，是我们携手推动构建人类卫生健康共同体迈出的重要一步。希望大家携手并肩，为建设有韧性的公共卫生体系、推动构建人类卫生健康共同体而共同努力。

　　世界卫生健康论坛主席、清华大学万科公共卫生与健康学院院长陈冯富珍在开幕式上致欢迎辞。她介绍了本次论坛即将开展的关于"建设有韧性的公共卫生体系"四场全体大会的议题。她表示，展望未来，需要认识到重大公共卫生危机的全球性，并明确全球卫生系统相互之间的关系和彼此影响，以保护人类生命，为世界各国人民带来良好的健康成果。陈冯富珍提到，在全球公共卫生网络的支持下，清华大学万科公共卫生与健康学院在新冠肺炎疫情全球大流行之际应运而生，学院肩负着汇聚全球健康智慧的紧迫责任。世界卫生健康论坛的创立，就是搭建对话与合作平台，共同探讨如何"建设有韧性的公共卫生体系"。

　　联合国前秘书长潘基文（Ban Ki-Moon）在视频致辞中高度评价了世界卫生健康论坛的创立。他表示，这一恰逢其时的盛会将成为深化未来公共卫生对话的优良传统。他呼吁，在当下这一重要的历史节点，公共卫生系统也应加强行动，巩固疫情预备能力和应对措施，创新运用大数据等高新技术，努力实现全球医疗保障全覆盖。他说："保护人类健康任重道远，但我相信通过大家的共同愿景，我们可以提高全球卫生水平，加强合作，不遗漏任何一个人。"

　　斯洛文尼亚前总统达尼洛·图尔克（Danilo Türk）在视频致辞中对陈冯富珍女士在世卫组织开展的领导工作表达了

敬意，肯定了世卫组织在全球公共健康领域的中心地位，并呼吁所有成员国与世卫组织加深合作。他强调了公共卫生对每个人、每个国家和整个世界的重要性，呼吁"全球公共卫生是一项全球性质的公益事业，因此必须开展全球规模的紧急合作"。

世界卫生组织西太平洋区域主任葛西健（Takeshi Kasai）在线发表致辞，从"健康、经济与社会福祉之间的关系""建立强大和有韧性的卫生系统""保护弱势群体，促进社会公平可及""卫健系统内外伙伴关系""国际交流与合作"五个方面分享了新冠肺炎疫情大流行带来的启示。他表示，"健康中国"战略与世界卫生组织全民健康覆盖的愿景高度一致，世界卫生组织非常期待继续与中国密切合作，实现这一愿景。

比尔及梅琳达·盖茨基金会首席执行官马克·苏斯曼（Mark Suzman）在视频致辞中围绕"应对全球卫生问题，我们应该主动防范而非被动应对"的观点进行了深入阐释。结合该基金会与中国长期的合作案例，马克·苏兹曼认为："在与中国合作的十余年中，无论是在消灭疟疾还是遏制新冠病毒的传播上，我们都学到很多。一个国家的卫生体系越健全，就越有能力战胜'宿敌'，应对新的威胁。"他表示，中国在应对公共卫生发展挑战方面的承诺令人鼓舞，在建立有韧性的公共卫生体系方面的成果正在全球扩大其影响力，应该加强跨国家、跨部门之间的合作，携手努力实现共同目标。

《柳叶刀》主编理查德·霍顿（Richard Horton）在视频致辞中，对新冠肺炎疫情全球大流行、气候变化等人类面临的挑战所带来的启示进行了分享和总结。他认为，世界卫生健康论坛为共建有韧性的全球公共卫生体系带来了重要的契机，让全球各国重视合作、加强行动。他表示，建立一个由全人类共同维护的公共卫生体系刻不容缓，尤其在疫情信息误报、防疫极端政治化、世卫组织遭受攻击的当下，全人类更应该理清头绪、重申承诺、重启行动，健全全球卫生体系。

随后，国家卫生健康委员会副主任李斌，清华大学校长邱勇，世界卫生健康论坛秘书长、清华大学万科公共卫生与健康学院常务副院长梁万年和清华大学副校长杨斌上台，共同启动首届世界卫生健康论坛。

本届论坛采用线上直播的形式，将设四场全体大会、一场青年论坛。来自全球 20 多个国家和地区的 13 所中外知名高校、23 家公共组织机构、国际组织、非政府组织、企业的 50 余位全球知名学者、国际组织负责人、国际智库专家、优秀企业家将作为演讲嘉宾和讨论嘉宾，在为期两天的论坛中带来 32 场线上主旨报告，围绕"联合国 2030 可持续发展目标与全民健康覆盖""大流行应对准备""在快速变化的环境中确保人类健康""大数据时代的卫生健康——新技术、新方法、新趋势"等议题开展交流与讨论，共同探讨疫情影响之下全球公共卫生与健康事业的当下和未来，增进国际交流与合作，促进全球公共卫生治理，推动可持续发展目标与全民健康覆盖的实现。

过去一年多来，新冠肺炎病毒在全球大流行，病毒变异频繁，全球疫苗供给不足，疫情不断反复，严重威胁了人类的生命安全和身体健康，严重影响全球经济和社会发展，同时为联合国 2030 年可持续发展目标的实现带来巨大挑战。疫情促使国际社会更加重视卫生健康问题和公共卫生体系建设，也凸显出建设有韧性的公共卫生体系和加强全球公共卫生治理的紧迫性和必要性。在此形势下，清华大学于 2021 年发起世界卫生健康论坛，旨在为全球各界搭建学术交流、信息交流、经验分享的重要平台，凝聚共识，加强公共卫生领域国际交流，为加强全球公共卫生治理能力建设和体系建设、全球健康事业发展建言献策，为推动落实联合国 2030 年可持续发展议程、推动构建人类卫生健康共同体贡献智慧。

清华学子开展"一二·九"运动86周年主题纪念周系列活动

供稿 | 校团委文体部
图片 | 梁晨

12月，一场在清华校园举行的"一二·九"主题大型设计作品展，让探微书院2020级本科生忻若冰心潮澎湃。

近百名同学来到这场由建筑学院、电子系、化工系、探微书院、日新书院联合举办的"峥嵘'一二·九'，奋进新百年"主题创作展，在观看《飞夺泸定桥》《红军过草地》等一件件插画作品的过程中，感受战士们的峥嵘风采和不屈精神；在学习蒋南翔、陆璀等一位位清华前辈人生经历的思考中，体会他们动人的爱国情怀与家国担当……

"这场展览生动地讲述了一个又一个爱国故事，让我们共情至深又受益匪浅。在被先辈们无畏精神和牺牲精神打动的同时，我也愈发觉得重任在肩，进一步认识到清华与国家命运紧密相连。"忻若冰期待，自己能像先辈们一样，锐意进取，在努力奋斗中实现人生价值。

与这场展览类似的主题活动，还有很多。在"一二·九"抗日救亡运动86周年纪念日到来之际，清华大学把握时代特点、不断创新方法理念，举办了2021年清华大学本科生"一二·九"主题纪念周系列活动。从栩栩如生的主题展览、情景彩绘，到穿越历史时空的接力长跑、定向越野，清华学子将满腔热忱化作句句追念和承诺，向八十六年前的英雄儿女献上最诚挚的敬意，用行动传承植根清华半个多世纪的"一二·九"精神。

奋勇向前，在奔跑中"沉浸式"感知历史

清华素有将体育活动与纪念"一二·九"运动相结合的独特传统，在接力中传承使命，在奔跑中启航征程。

12月4日上午，建筑学院、电子系、化工系、探微书院、日新书院在西大操场举办了"峥嵘'一二·九'，奋进新百年"五院系联合跑步活动。活动中，每一位参与者都手持五星红旗，头戴束带。同学们于校园中奔跑，手中的五星红旗迎风飘扬，五彩的束带尽显青春本色。在途经西南联大纪念碑、闻亭、三院遗址等校内红色打卡点时，大家共同驻足学习百年党史与"一二·九"精神，深切缅怀革命先烈的家国担当。跑步结束后，同学们在西大操场热烈合唱《我和我的祖国》，共同唱响积极昂扬的奋斗之音与报国之志。

同日下午，生命学院、机械系、自动化系、环境学院、化学系五院系联合举办主题为"峥嵘奋进'一二·九'，风华正茂新百年"的定向越野活动。活动路线共分为"夺取新民主主义革命伟大胜利""完成社会主义革命和推进社会主义建设""改革开放""新世纪"和"开创中国特色社会主义新时代"五个篇章，在每个篇章打卡点的引导下，参赛选手们重温建党百年路，回顾建党百年以来党和国家曲折而又辉煌的探索历程。同学们在学习"一二·九"精神，增强爱国主义情怀的过程中，也践行着"无体育不清华"的精神传统。

12月5日上午，"传承'一二·九'，奋进新百年"长跑活动于大礼堂前广场拉开帷幕。本次长跑由土木系、水利系、能动系、社科学院、法学院、行健书院六院系联合举办，活动不仅将"一二·九"运动重要场景进行还原，还融入中国共产党成立100周年、辛亥革命110周年、校庆110周年、2022年北京冬奥会等诸多元素，将接力长跑棒次进程和国家

历史发展过程相结合。活动过程中，运动员们身披军大衣，在跑道上"沉浸式"感受历史前进的步伐；与此同时，沿线专题展板所呈现的党史故事和青年风采，也引得过路人们驻足观看。

12月9日下午，"'一二·九'薪火共传定向越野暨公益爱心跑捐赠仪式"于学生综合服务楼前广场举行。同学们积极参与定向越野，穿梭于校内各个地点，在校园内掀起了一阵全民运动的"青春风潮"。本次活动由车辆学院、工物系、航院、经管学院、新雅书院五所院系联合清华大学学生教育扶贫公益协会（SAEPA协会）举办，将纪念"一二·九"运动、体育与公益三者巧妙结合，报名爱心捐助的同学可以通过日常跑步积累里程，在指定小程序上获得"爱心点"来兑换生活物资，捐赠给教育欠发达地区的孩子们。在公益爱心跑的活动现场，报名队伍排成长龙，大家热情洋溢，在汗水的挥洒中践行着清华学子的社会责任。

向美而行，在艺术中厚植"一二·九"精神

与时俱进、创新突破是今年"一二·九"主题纪念周的又一大亮点。

在新媒体时代，针对大学生兴趣特点"量体裁衣"定制的"主题游戏"成为热门的宣传渠道。12月3日，由软件学院、医学院－药学院、材料学院设计的特色拼图游戏正式上线。该游戏以建党百年和"一二·九"运动中重大事件的历史图片为素材，采取类似数字华容道的形式，让同学们在有趣的游戏互动中重温历史场景、贴近史诗岁月。12月4日，由计算机系、美术学院设计的"'一二·九'人物志"小游戏正式推出。游戏还原了1935年"一二·九"运动爆发时青年所面临的动荡场景，通过人物的不同抉择，最终指向不同的时代角色。游戏界面朴素美观，将过去与现在的时空相交织，给人以身临其境之感。该游戏通过趣味测试，启示当代青年需铭记历史，以史为鉴，将自己磨砺成堪当民族复兴大任的时代新人。

12月4日，计算机系、美术学院、人文学院、电机系四院系举办的"歌声与画意"当代青年展开放线上作品参观通道。从一个个鲜活生动的革命烈士画像，到九万里壮丽浩荡的祖国山河，这些设计形式丰富、内容多样的作品，重现了"一二·九"运动的抗争实景，提炼、描绘了先辈们的不屈意志，给同学们带来了一场极其享受的视觉盛宴，也让同学们收获了思想上的荡涤和升华。

12月6日中午，同样由计算机系、美术学院、人文学院、电机系四院系举办的"百年回望忆故史，五育并举育新人""一二·九"主题路演活动于学生综合服务楼前开展。活动现场热闹非凡：在涂鸦展板前，同学们拿起画笔，共绘党史画卷，同书青春之诗，长卷实体共12.9米，寓意着精神传承，永不褪色；帆布包DIY处，同学们使用各色颜料，在美院同学的帮助下完成"一二·九"主题手绘帆布包；色彩明丽的"一二·九"明信片、文件夹等创意纪念品，也成为独特的风景线。

12月9日，由精密仪器系、未央书院、致理书院和工业工程系联合清华大学学生粉刷匠工作室协会举办的"一二·九"主题情景彩绘活动在学生综合服务楼前广场举行。活动现场气氛热烈，一张张黑白底稿展板，随着灵动画笔的移动，逐渐变得丰富多彩。同学们将自己的爱国热忱和理想抱负凝聚在笔尖，呈现出一幅幅或恢弘大气，或风趣可爱的画稿，"一二·九"运动的图景、革命年代的峥嵘岁月也跃然纸上。

同日，由清华大学党委武装部、国防教育与人才培养办公室主办的国防教育主题观影活动也在大礼堂顺利开展，三百余位校内师生共同观看了影片《铁道英雄》。观影过程中，疾驰火车上的惊险枪战、凛冽风雪中战士们慷慨赴死的身影，牵动着在场每一个人的心。随着影片情节进入高潮，现场的气氛也愈发紧张，现场观众无一不被战士们英勇抗战的精神感染，更为革命来之不易的胜利感到自豪。本次观影活动，进一步激发了师生们的爱国热情，激励大家牢记历史、缅怀先烈，珍惜来之不易的生活，为祖国建设而奋斗。

优秀的集体是青年成才的助推器。除院系主题活动之外，清华大学各班团支部也紧密围绕"一二·九"主题，开展了内容多元、形式多样的美育纪念活动，在艺术中厚植文化自信与家国情怀。一场面向同学们的美育工作坊和艺术小班课堂，一次次"一二·九"主题读书会和红色歌曲合唱活动，一个个因共同文艺兴趣而聚集的班级小组，都让同学们在亲身参与艺术创作或欣赏的过程中，更加深刻地感受到艺术的感召力，体会到美育的力量。同时，同学们也在相应的主题活动中凝聚青年家国理想，传承"一二·九"精神。

在"一二·九"运动86周年主题纪念周系列活动中，清华学子以丰富多彩的内容形式，创新性地表达了对历史的追思、对现在的思考和对未来的期待，也表达了清华学子自强不息、报效祖国的决心和信念。未来，清华学子也将传承"爱国、奉献、成长、担当"的"一二·九"精神，坚定理想信念，追随信仰脚步，走好奋斗征程，像86年前的先辈们一样，真正担负起实现中华民族伟大复兴的历史重任，用青春激荡出时代的铿锵之音。

2022 再赴未来

文字 | 李一安　周襄楠
图片 | 刘雨田

时光之河奔涌不息，高山之巅长风浩荡。

我们与即将过去的 2021 年道别，将奋进的故事写在回首这一年精彩征程的末尾，也写在无惧未来挑战和远方风雨的崭新起点上。

"自强成就卓越，创新塑造未来。"

110 年前，清华诞生于中国内忧外患、山河破碎的深重苦难中。一代代清华人将个人的成长融入国家发展的时代使命和历史篇章之中，在危机中坚守、于变局中开拓。

2021 年 4 月 19 日，在清华大学建校 110 周年校庆日即将来临之际，中共中央总书记、国家主席、中央军委主席习近平回到母校考察，主持召开师生代表座谈会并发表重要讲话，寄语清华：坚持中国特色世界一流大学建设目标方向，为服务国家富强民族复兴人民幸福贡献力量。

大同爱跻，祖国以光，自强的清华人更自信、更从容地续写着新的清韵华章。

脱贫路上，中国攻克了无数"高山"。在决战决胜的关键阶段，清华人依托教育优势，主动而为、服务社会，数十年如一日地为教育公平、基层治理、乡村发展提供支持。脱贫攻坚不是终点，新的发展才是翻山越海、久久为功的矢志追求。

"百年接力，强国有我！"

2021 年是中国共产党成立 100 周年。7 月 1 日，庆祝中国共产党成立 100 周年大会在北京天安门广场举行，清华师生以多种方式关注庆祝大会、收看直播。当天，清华大学召开师生座谈会，共同学习领会习近平总书记在庆祝中国共产党成立 100 周年大会上的重要讲话精神。一千余名清华师生积极参与演出和各项志愿服务，在庆祝中国共产党成立 100 周年系列活动中展现了清华人的风貌。

年轻的力量蓬勃向上，历史的使命赓续传承，是清华人自强不息、厚德载物的气度风范，是对民族、国家写下的青春答卷。在被称为航天界的"奥林匹克竞赛"——第 11 届国际空间探测轨迹优化大赛中，清华大学航天航空学院代表队勇于挑战"近乎不可能"的太空探索复杂任务，以绝对优势摘得桂冠；清华大学"天格计划"学生团队的卫星载荷探测到首个伽马射线暴，这也是国际上同类纳卫星伽马暴探测项目中，首例取得科学发现和论文发表的伽马暴事例。

光影在岁月中交错，我们积极思考大学的意义。在 2021 大学校长全球论坛中探讨更开放、更融合、更具韧性的大学愿景，在系列论坛中重思"大学"的价值和使命。成立集成电路学院，实现石岛湾高温气冷堆核电站示范工程首次并网发电，主动解决"卡脖子"难题，服务国家重大战略需求。迈向"碳中和"，为了更美好的人类家园，我们成立碳中和研究院，共同拥抱更绿色、更美好的未来；举办世界卫生健康论坛、世界慕课与在线教育大会，发起全球青年零碳未来峰会、全球融合式课堂项目，启迪青年智慧，携手应对全球挑战。

这一年春天，我们开启了党史学习教育，全力推进中央巡视整改；这一年夏天，在东京奥运会的赛场上，第一枚金牌诞生在清华人的刻苦训练与从容自信之中；这一年秋天，国家最高科学技术奖颁发给王大中院士，以表彰他对国家对人民的卓越贡献；这一年冬天，在与疫情赛跑的生命战场上，我国第一种抗新冠病毒特效药诞生在清华人勇攀科学前沿和服务国家战略需求的耕耘之中。一次次践行初心使命，一次次重大科研突破，闯过无数难关，助力社会发展。风吹过那些默默扎根的时光，在平凡而又不平凡的每一天里，滚烫着理想的星芒。

将所有的过往留存，把未来的时间交给明天。迈入新发展阶段的清华大学，制定实施学校事业发展"十四五"规划和新一轮"双一流"建设规划，深入实施人才强校核心战略，发布三个 2030 中长期战略规划，擘画了以内涵式高质量发展加快建设世界人才高地和创新高地的目标与路径。立足中国、面向世界、传承创新、卓越发展，铸就新时代教书育人的新气象。

2022 年，我们将迎来北京冬奥会。在爱国奉献的追求中，清华师生以先进科技为冬奥保驾护航，以志愿服务等多种形式为冬奥增添一抹亮色。

2022 年，我们将迎来党的二十大。在奋力迈向世界一流大学前列的新征程上，清华大学将以习近平新时代中国特色社会主义思想为指导，深入学习贯彻党的十九届六中全会精神，牢牢把握学校改革发展的最好历史时期，坚持正确办学方向，落实立德树人根本任务，完善教育评价制度，打造一流创新体系，构建良好学术生态，全面深化改革，不断提升治理能力，努力实现新的引领，力争为国家发展和人类进步作出新的更大贡献。

新的一年，生生不息。2022，祝福清华。

清华人物

【新当选院士】李景虹：当好科研"领路羊"

文字 | 万宁宁

图片 | 宋晨

摄影 | 李柱石

他把自己和学生比作羊群，而他则是队伍中的"领路羊"，为学生指引方向，带领大家一起向着科学高地努力奔跑。

他最熟悉的地方是位于何添楼的办公室和实验室，无论工作日还是周末，总会出现在这里。

他认为当选中国科学院院士只是科研过程中的一个阶段，没有带来任何特殊改变，仍忙碌穿梭于办公室与实验室之间。

"对于我而言，这意味着更多的责任和更高的要求，今后的科学研究不仅要有'高原'，更要出'高峰'。"

他就是李景虹。

"化学是培养高端人才的'高地'"

20 世纪 80 年代，在"学好数理化，走遍全天下"理念的影响下，李景虹对自然科学的兴趣愈发浓厚，从事科学研究的志向也愈发坚定。

李景虹最感兴趣的是化学实验，于是他报考了中国科学技术大学近代化学系的化学物理专业："夯实学科基础，以国家需求为导向，以科学发展为己任的精神始终鞭策着我。"

在李景虹看来，化学首先是一门基础学科——在近代科学发源中的作用不可磨灭，也是解决中国国家战略需求的重要学科。"我们常说，中国进口芯片的外汇花费最高，但其实高端化学品的外汇花费更多，自主化学品的生产仍然无法满足国家发展的需求。"

在清华大学的素质教育通选课程中，李景虹开设的"化学与社会"课程为不同院系、不同年级的本科生提供了认识化学的一种方式，强调培养多学科交叉视野，培养同学们的化学思维以及对于科学素养的认知。

"化学学科不仅对于科学研究有用，对丰富知识结构、完善思维方式、提升创新能力都大有裨益。"李景虹说，"化学学科所具有的基础性、前瞻性、多样性和包容性等特征，不仅能让大家了解未来科学发展前沿、夯实学生的坚实基础，还能培养学生踏实的科学精神和勇于克服困难的意志品质。"

他始终强调，基础学科就要有基础学科的地位。在 2018 年 12 月份召开的全国政协双周协商座谈会上，作为第十二、十三届全国政协委员，九三学社北京市委科技委员会主任，九三学社清华大学委员会主委，李景虹在发言中围绕某些省份高考改革中出现的理科选考人数少、高中课程教学难度大幅降低的现象提出了两个问题：

"如何避免学生对物理、化学等基础学科不愿意学、不愿意考？在高考改革中有没有这方面制度设计？"

"面对'卡脖子'技术瓶颈，怎样强调基础课程和基础学科的重要位置，才能避免人才培养和储备的空心化现象？"

李景虹认为，基础学科的长远发展，离不开高素质的理工科人才和全民科学素质的提高。清华的化学学科发展更为重要，他倡导加强本科生的基础学科培养，既要让学生夯实基础知识，又要有现代学科的交叉视野，才能让学生更好地迎接未来的科研挑战。他还强调："授课深度要更加坚持，尽管满足学生意愿是很重要的，但这并不是唯一标准，更要以课程需要和科学发展为前提。只有这样，才是对学生的未来负责。"

用"盲人摸象"的态度进行科研创新

治学严谨，是学生们对于李景虹最深刻的印象。

每次开小组会，李景虹都要拿出一整天的时间，按照课题和学生的不同特点分为4个小组，连续开4次小组会进行深入讨论。"发给学生的每一篇文献，我都读过。"他以严谨的科研态度身体力行地引导同学们。

他注重培养学生踏实向学的精神。对于新加入课题组的学生，李景虹要求在前两年内完整掌握"熟悉研究方向－阅读文献－设计实验方案－实验数据的获取与分析－撰写数据报告－发表文章－学术报告"的全部过程，在全链条式的过程中养成科学规范。

他讲究因材施教。"学生的多元化发展与阶段性成长是教育的关键。"李景虹说，"对不同的学生来说，A学生的优点可能就是B学生的缺点，培养人才要区别对待；对同一名学生来说，昨天的优点可能会变成未来登高的制约点，要在学生不同发展阶段，及时提出不同要求并给予相应的帮助和支持。"

他还强调创新性思维的培养，"这是人才培养最难的地方，也是最关键的所在，科学最重要的价值在于创新、在于发现，而创新思维的培养则是一个长期的过程。"李景虹说，"我愿意在创新的道路上永远陪伴着学生。"

他常常用"盲人摸象"和"田忌赛马"的故事鼓励大家打破思维定式，对客观现象进行再思考。"我们接受的教育一直都是对'盲人摸象'的批评和对'田忌赛马'的认可，但我认为恰恰相反。"他进一步解释说，"盲人摸象"是探索科学规律、认识客观存在的必然方式，体现出实事求是的精神，从不同角度一点点探索才能画出"大象"。因此，科学研究具有探索性、片面性和阶段性的特点，具有多视野、长期坚持以及团队合作的特点。而"田忌赛马"看起来是聪明的，但是不具有持续性，如果大家都效仿田忌的做法，就会导致信誉缺失、规则不被遵守、能力无法提高等后果，长此以往，最终失败的将会是自己。通过这样的故事，李景虹希望同学们能够去伪存真，从经典故事中汲取力量，踏踏实实做科研。

"学生毕业离开课题组时，希望他们能带走两样东西：一份是光鲜的简历，一份是思考问题和解决问题的能力。"李景虹认为，传授知识是最低级的要求，而高级教育要能引起思考——对自己、对知识、对社会、对创造的思考，高等教育的核心就是思考问题和解决问题的能力，这一直都是李景虹培养学生的核心准则。

李景虹还十分关心学生的生活和成长，他提出的"建议研究生生活补助全面免征个人所得税"全国政协提案已经得到国家政府部门的高度重视，并予以落实。能够为全国研究生做一件实事，他感到很欣慰。

"最希望看到的，是学生超越我"

"一辆自行车，如果刹车坏了仍然可以骑；一辆汽车，如果刹车出问题了就不敢上路；一列高铁，若有一个零件坏了都不敢用；一艘宇宙飞船，一个小小的螺丝帽没拧紧都不行。越到科学前沿，越要有严格的要求。"李景虹经常勉励学生说，"现阶段的中国不需要我们做一个哐哐响的'自行车'，而是需要一艘能够安全起航并返程的'宇宙飞船'。"

李景虹认为，在正态分布的客观规律下，能做的事情就是把峰值提高。他把自己的课题组比作羊群，他扮演的角色并非"牧羊人"，而是"领路羊"——如果一味拿着鞭子往前赶，前面的好学生就跑不动了；只有他跑在前面，带着学生一起往前冲，伸手拉一把掉队的同学，好学生才能跑得更快，所有人都不掉队。

他一直坚信，清华需要培养顶尖的学生，要在培养高端人才上重点发力。因此，李景虹十分重视研究生培养过程中的实验教学，以及科学素养的长期培养。同时，他也感到十分欣慰："在清华工作非常有干劲，因为我和同学们互相学习、教学相长。科学研究需要讨论，需要质疑，更需要交流与合作。"

今年当选中国科学院院士后，李景虹说："这一称号对我提出了更高的要求，意味着更多的责任。"李景虹希望自己能够成为学生们的榜样，通过自己的不断努力和追求，激励同学们不断进取。

对于李景虹而言，科研探索永无止境。他始终以国家需求为方向，以一流学术价值为要求，带领着同学们一路向前。"作为一名教师，我最希望看到的是学生能够超越我，最期待的是学生的美好未来。"

"清华园是人才的聚集地，也是科学创新的发源地，更是一个能产生长远烙印的精神家园。身为清华教师，我将贡献自己所有的力量，在高原之上再建高峰。"面对未来，李景虹心中充满憧憬和期待，还有一如既往的踏实与坚定。

【学生故事】

李老师永远是我们课题组来得最早、走得最晚的。他三楼的办公室离实验室并不远，常常在科研间隙望见办公室里的灯光，就像黑暗大海上的灯塔一样，明亮又温暖。

他总是教导我们要思考——要有"思"，有深入有创新；还要有"考"，有求证有实践。这是李老师教给我们最宝贵的财富，也是我们最爱老师的地方。

——王颖

我至今仍清晰记得，当第一次拿到李老师对我文章纸质修改手稿时的震惊，手稿上"满目疮痍"，到处是补丁，那是我在博士期间准备发表的第一篇文章，不管是写作功底还是对前沿的把握都不够成熟，但李老师却耐心地逐字逐句修改，大到框架结构、小到标点符号，所有问题都一一标明。后来，我才知道，对于实验室的每一篇文章，李老师均是如此。

毕业后，李老师一如既往地关心着我的成长和事业发展，每当我因各种问题请教李老师时，总是能得到他的及时回复和解答，这种无微不至的关爱，持续地影响着他每一个学生的发展。

——张开翔

BAI
MING

白明：瓷石之间　大道成器

文字 | 崔杨臻
图片 | 宋晨

　　白明教授，清华大学陶瓷艺术设计系主任、清华大学美术学院美术馆执行副馆长、中国美术家协会陶瓷艺术委员会主任、联合国教科文组织国际陶协 IAC 会员。20 世纪 90 年代至今，他多次于国内外举办具有国际影响力的个人展，作品被大英博物馆、中国国家博物馆等国内外几十家重要艺术机构收藏；出版个人作品集、专著二十余种，建立了中国现当代陶艺的理论基础；他致力于推广中国现当代陶艺和青年艺术家，参与组织、策划"中国白"等国际型赛事和展览，在国内外艺术和学术界屡获殊荣。2020 年 4 月，由《国家美术》杂志举办的"第十一届全球华人金星奖"评选结果出炉，白明教授因在比利时凯拉米斯陶瓷博物馆举办具有国际性影响的大型个展"大地和鸣"、持续的艺术创作以及对中国现当代陶艺的推动与贡献获评"年度焦点人物"，这也是白明教授第六次入选该系列奖项。

是学生，也是年轻的艺术家

　　2018 年 9 月，白明来到意大利威尼斯，在奎里尼·斯坦帕利亚基金会博物馆举办了威尼斯的第一个中国现当代陶瓷艺术展。这是一次联合展览，但与之前不同，与白明一同来到威尼斯的，是他曾经或正在指导的清华美院陶瓷艺术设计系的学生们。

　　这场名为"对话——白明与他的学生陶瓷作品展"受到了威尼斯政府和威尼斯博物馆联盟的重视。博物馆为此专门设计展览画册，并将其永久收藏于威尼斯最大的公民图书馆——奎里尼·斯坦帕利亚图书馆中，这也是该博物馆第一次为中国主题展览印制画册。

　　为优秀的学生搭建参加国际展览的平台一直是白明的心愿。回忆策展过程，白明说："艺术的教育不完全在课堂，也不等于教师的理论传述，艺术家更需要在创作、展览的经历与环境中成长。20 世纪末的中国艺术家缺乏对世界的了解，但今天中国年轻一代艺术家已有机会在国际上发声，以更宏观的视角和心胸思考艺术与自我的关系。这个展览令我能够以他人的目光看待我的学生，我惊喜地发现，中国的陶瓷艺术在今天的年青一代人身上表现出的勃勃生机。他们拥有良好的技术，有极为敏锐的角度，有丰富而充满才情的表达，在共同的教育方式中寻找着各自的不同，是这些不同让所有的'对话'充满意义。"

　　白明总会称学生们为"年轻的艺术家"，鼓励他们摆脱学生思维的定式，大胆探索人格上的独立和意识上的自主性，成长为有思想、有情感、有个人风格建立的艺术家。对他而言，威尼斯的这场"对话"也是展示中国现当代的高等院校陶瓷艺术教育理念的绝佳机会。"此次展览让我们借助他者的目光，重新审视我们的教育、我们的师承与传统和今天的中国与世界的关系。"

　　当年参展的学生，如今也都学有所成：有的人即将博士毕业，有的人已经在全国美展上获奖。白明的学生孙月，也已学成归来，加入美院的教师队伍中，成为陶瓷艺术设计系的年轻力量。

是创作者，也是为学生奔走的老师

陶瓷并不是白明唯一的创作方式。疫情期间，他完成了多件大幅水墨画的创作，将胸中的复杂心情借由手中的画笔尽情释放与抒发。

"忧伤、困惑、迷茫与无助的状态下，作品反而有了一种混沌的特殊质感。在一张纸上反反复复地画，好像能将时空的感觉与现实中自己的感觉真实地叠加进去。我有时想的好像都是很宏观的大问题，但本质是人性的，是生命的话题。"白明坦言。

创作之外，白明也牵挂着他的学生们。疫情的隔离极大地冲击了以实践为主的陶瓷艺术设计系教学，也让学生的毕业创作和毕业展面临巨大挑战。"为了毕业班工作的顺利进行，陶瓷系师生在保证健康安全的前提下做了大量付出与调整。"春节一过，白明就和陶瓷系的老师们忙碌了起来。他们组织了多个微信工作群，全面了解毕业生的身体状况、出行状况、毕业进度等信息；另一方面，白明也开始和学院以及学校协商，为学生争取去产区完成毕业作品的机会。"我跟各位导师们联系好，一定要保证学生们在产区创作的生活条件和健康安全。"

经过大家的共同努力，陶瓷系毕业班的作品完成量和效果丝毫没有受到疫情的影响，尤其是艺术质量几乎没有任何损失。对此，白明说："我相信这将是能够带来别样精彩的一届毕业生。"

是艺术家，也是陶瓷教育的实践者

除了学生的毕业创作，白明还在教授"世界现当代陶艺理论及创作"这门研究生公选课程。谈到教学理念，白明说："研究生教学不能停留在基本概念和技艺的层面。作为中国现当代陶艺理论的奠基者，身兼艺术家、作家和教师三重不同的身份，我希望能够更多引导学生梳理并建立现代陶艺理论体系观，深入地分享一些宝贵的艺术创作体会。"

在白明看来，所有的文明都依赖着可触及的实物来找到坚实的落点，陶瓷艺术恰恰是这种具有永恒感的、人类发明的艺术形式。无论今天的当代艺术如何发展，都是与整个文明史、艺术史形成上下文关系的"一环"，无法割裂与传统的渊源联系。现代陶艺传承的是中国人独特的对待物、对待造器、对待手艺的朴素、真诚的情感，是借助于物、手艺来理解自然和人的关系，尽精微，而至广大，这一点从古到今都没有改变，改变的是我们看待形式的角度及这些形式与个人的关系。如何在艺术史的发展脉络和理论源流之中，摸索出符合当下的个人情感与思考的特殊视觉表达，是白明想传授给学生的最重要的东西。

这种对知识体系和个人表达的要求也渗透到了课程教学中。在"世界现当代陶艺理论及创作"课堂上，学生不仅要完成现当代陶艺风格作品的实践创作，还要针对那些对个人创作有重要启发的思想和艺术家进行阐释，即"用视觉语言和文字逻辑表达对于陶瓷材料和艺术的理解"。

教学过程不总是一帆风顺，但是看到学生们的成绩，白明总感到非常欣慰："在学科建设的过程中，我们遇到了很多挑战，但陶瓷能够培养这么多的好学生，吸引这么多的好老师，我觉得是非常值得自豪的一件事。"

瓷石之间，大道成器。作为创作者的白明，仍然在创作中感受着陶瓷艺术之美；作为艺术家的白明，仍然在陶瓷艺术的历史长河上下求索；而作为教师的白明，仍然在陶瓷艺术的求学之路上，为年轻的学子指引前路的方向。

【清华园的守望者】付海滨：驶过清华园的 28 年

文字 | 王子凯
摄影 | 李派

自 1992 年进入清华以来，付海滨一直在车队里兢兢业业、任劳任怨地工作着，2016 年接任了车队副队长。从小卡车、小轿车再到巴士车，付海滨在 28 年的驾驶职责中积累起丰富的经验，用对最优路线、安全驾驶、准点到达的极致追求诠释着"匠人精神"，而在后视镜中远去的岁月里，清华园的日新月异也成为付海滨一路上美妙的风景。

"绝不允许一辆病车上路"，这样的执着来自付海滨多年以来积累的驾驶和专业经验。"四辆校园巴士一天在校园里来回 17 圈，上午 9 圈，下午 8 圈，每圈 7.3 千米"，付海滨每天都要排查 124 千米中可能的安全隐患。为了让全队牢牢上紧一根安全的弦，付海滨为所有的驾驶员制作了车辆安全日查表和月查表。日查表上事无巨细，制动、转向、灯光、冷却水、车身外观……付海滨要求每位驾驶员在每天出车之前必须按照表上的要求一项项自查，并向自己汇报。月查表除了要求每位司机自查外，还要求进行复查。

28 年的精益求精让付海滨练就了一身过硬的维修技术，"闻过"就能判定故障原因。车队同事在一次出行任务中遭遇了全车没电的故障，第一时间打电话给付海滨。通过驾驶员的简单描述，付海滨初步判断是电源总开关的问题，他迅速在电话里教驾驶员如何排查故障，在确认不是电瓶和电瓶桩头的问题后，付海滨指导驾驶员把电源总开关处电线插头重新插紧，车辆最终恢复了正常，并顺利地完成了出行任务。

为了提升整个车队的专业素养和安全意识，付海滨每月会在车队里召开安全例会，及时发现并总结车队当月的安全事务，并通过组织专项培训，引导司机们都能掌握一些基本的车辆运行原理和维修知识，提高驾驶能力。对于一些安全意识不够强的驾驶员，他也会毫不留情地批评。凭借对驾驶安全和专业能力的极致追求，付海滨获得了"清华园地区交通安全积极分子"称号，并带领车队连续四年被海淀区交通委员会评为"海淀区交通安全先进单位"。

"在驾驶这个事上，没了安全，那什么都没有了。"付海滨自嘲"开车时太严肃"，接送师生的时候，时常有乘客和付海滨闲聊，但付海滨很少去回应他们，他两眼直盯着前方，全心地关注着路况，根本听不到师生们聊些什么。在清华园待了 28 年，付海滨能准确地辨识出乘客是不是清华师生："有的人一上车就聊校园的事，听多了你就能从他们上车的神态和语言观察他是不是学校里的师生。"遇见有师生忘记带校园卡了，付海滨也能认出他们的身份。

在平常的日子里，清华师生们几乎每天都会有集体乘车需求，付海滨需要提前两到三天从车队的 39 个驾驶员、43 辆车中协调人手、车辆和时间，准时准点地匹配给师生们。付海滨的手机几乎是 24 小时开机，遇到有紧急用车需求，付海滨必须在最短的时间内联系到可以出车的司机，并调配车辆到约定的地点。

在付海滨看来，车队所有的工作都是围绕为清华师生服务展开的，协调车辆和线路时必须充分考虑师生们的实际需求。从学校有关部门了解到部分清华退休教职工们需要定期早晨到校医院拿药的需求后，付海滨和同事们增开了两班早晨从荷清苑开往校医院的校车，这两班清晨开往校医院的校车，更是成为老职工们闲聊自己青春往事、家长里短的惬意空间。

在 7.3 千米的校园巴士线路上，付海滨透过车窗看见了路边日益清秀的河流与树木；转过老图书馆，曾经尘土飞扬的西大操场变成了眼前一抹靓丽的蓝色跑道。付海滨最喜欢的还是清华路——晚秋之时，银杏叶摇曳着曼妙的身姿自枝间飘落，校园交通车行驶在铺满秋色的路上，窗外的景色在后视镜里不断倒退。他紧盯着前方，守望着这座可爱的园子，也是属于他的惬意空间。

【清华园的守望者】叶彬彬：用四季雕刻清华最美校园

文字 | 曾宪雯

摄影 | 李派

夏日的清华园，浓密林荫也抵挡不住席卷而来的热浪。和往常一样，叶彬彬骑车穿梭于各个正在种植或移栽植物的工地之间，和工人商量着怎样把树移走，移至什么地方。烈日之下，她的脸上渗出一层细密的汗珠。

作为亚洲唯一上榜《福布斯》全球最美大学校园的高校，清华园里的每一处风景都离不开许多人辛勤的汗水与无私的付出。笑容甜美的叶彬彬便是其中一位，而她仿佛是一位妙手画师，在她手中，四季流转皆颜色，移步易景皆诗情。

2017年，作为专业技术人才，叶彬彬成为清华大学修缮中心园林科的一名园艺工程师，她熟知植物学系统理论和园林规划设计理论，并拥有四年设计施工经验。在外行人看来，这是一个专业性较强的工作，但叶彬彬却有不一样的体会："很多实际工作都需要踏踏实实扑在繁忙脏乱的工地上才能成行。"

叶彬彬的工作涵盖设计项目图纸、确定施工方案、指导现场种植、种植后养护管理等，这其中的每一步都不简单，图纸设计和落地过程尤其麻烦。施工开始前，为了取得更好的视觉效果，她会多次到实地考察，站在将要施工的起点，用手机"咔擦"拍下一张照片，然后在脑海中想象要呈现怎样的画面，营造怎样的氛围，给人怎样的感觉。

设计图纸并不总是顺利。快的话一天能完成好几张，但很多时候需要反复推翻自己的构思。哪怕是到现场种植这一环节，一株植物一个坑，只有摆放到位置才知道合不合适，如果不合适，则需要重新调整，每次出现这种情况，叶彬彬都不免对园艺工人们感到歉意。

春秋是植物种植季，叶彬彬常常忙得精疲力竭。尤其在春天，当种植季遇上校庆，她可能一两个月都没法好好休息。为了给远道而来的校友呈现更美好的校园，所有项目都需要在校庆前结束施工。三四个项目同时进行，她白天要往返于多个工地之间，定点、放线、修剪、调位置……每一个环节她都与园艺工人紧密合作，晚上下班后再仔细思考下一步的种植工作。

生物医学馆旁边的平斋小院里，几棵大树遮挡住了强烈的阳光，树下蓝色、紫色的无尽夏绣球开得正盛，再往里走，花圃中点缀着红色的月季，墙根有橙黄的小花镶边，缤纷的色彩为沉闷的午后添了几分活力。但在去年，这里还是一个荒废的园子。

叶彬彬对工作有着自己的追求，她希望自己的作品可以兼具艺术性与科学性，种植的植物不仅要给人美的感受，也要符合不同场地特有的调性和植物的生长习性。"平斋小院比较特殊，大家有时间才进去走走，停留的时间会长一些，因此种植要丰富一点。"而对于新民路上刚刚完成种植的一段步道，她解释道："这块场地是以运动功能为主的，种植搭配上不能过于复杂，选的植物也是白色跟紫色为主色调，整体要给人干净的感觉。"

来到清华工作后，为使绿地养护管理有更好的参照标准，叶彬彬起草编制了《清华大学校园绿化养护等级标准及技术措施》。为了使制定的标准和养护实际更契合，叶彬彬需要将从事一线养护管理的同事们的知识经验汇集起来，"我写完一稿就请大家看，逐条研究是否合适，不合适就反复修改。"直到今天，随着校园景观改造的推进、不同区域绿地等级的更新，叶彬彬还在不断完善和修订这份标准，力求为清华园的绿化养护提供更好的指导。

在清华的三年，叶彬彬参与过许多校园景观的改造工作，如校河沿线绿地、世纪林北侧、主楼周边绿地等。许多曾经略显破败的地段，如今花草树木相映成趣。黄色的赛菊芋、蓝色的无尽夏绣球、红色的月季和紫色的鼠尾草在绿荫下争奇斗艳，好不热闹。

"能来清华工作是我的幸运，清华的植物品种和场地类型都十分丰富，对我来说有很大的成长与发挥空间。每当结束一天的工作，走在校园的路上，看到老师和同学们穿行在自己的'作品'里，我由衷地感到自豪与快乐。"叶彬彬说。

张洪杰：结缘稀土　深耕一生

文字 | 吕婷
图片 | 贺茂藤
摄影 | 李派

　　张洪杰，无机化学家，中国科学院院士，发展中国家科学院院士，清华大学化学系教授，博士生导师。1953年9月生，吉林榆树人。1978年毕业于北京大学化学系，同年分配到中科院长春应用化学研究所工作，1985年在研究所获理学硕士学位。1993年在法国波尔多第一大学获固体化学、材料科学博士学位后回所工作，1994年被聘为研究员。现担任国家基金委重大项目负责人、中国稀土行业协会理事长、英国皇家化学会会士。历任中科院长春分院院长、中科院长春应化所党委书记、中科院稀土化学与物理重点实验室主任、稀土资源利用国家重点实验室主任、中科院长春应用化学研究所主任。

　　张洪杰长期致力于稀土功能材料的研究，以材料的结构与功能关系为研究重点，着重解决影响学科发展的关键科学和技术问题，发展了系列材料制备的新方法和技术。他将基础、高技术及应用研究有机结合，研制出的稀土新材料已成功应用于稀土交流LED照明、稀土环保着色剂、航天航空高超风洞测温、稀土镁合金汽车零部件、国防军工兵器等领域，满足了国家的战略需求。发表学术论文500多篇，被他人引用36000多次，获授权发明专利72项。撰写专著1部，编著3部。曾获国家杰出青年基金，入选中科院"百人计划"、国家基金委创新群体学术带头人，担任国家973项目首席科学家。以第一完成人获得国家自然科学二等奖、中科院杰出科技成就奖、吉林省特殊贡献奖、吉林省科学技术发明一等奖、吉林省科技进步一等奖、吉林省学术成果特别奖、香港"求是"基金会杰出青年学者奖、澳大利亚金袋鼠世界创新奖等奖项。

　　稀土被称为"工业黄金""新材料之母"。但这些美誉，或许已经不能完全说明稀土在当下和未来对于人类经济社会发展的重要性和影响力。小到手机、照相机、计算机，大到飞机、导弹、卫星的制造都离不开它。

　　稀土在张洪杰看来，是闪闪发光的神奇宝库。谈起心爱的稀土研究时，张洪杰的眼中也闪烁着光芒。他的计划表里还有许多项新奇而富有挑战的研究等待他——突破。

　　与稀土结缘，张洪杰找到了一生挚爱的研究方向，也找到了科研报国的创新之路。

　　这条路充满着艰难险阻。在"板凳一坐十年冷"的基础研究领域，张洪杰时刻思考着如何将基础研究与实际应用紧密结合。

　　成为对社会有用的人，是张洪杰年少时一个单纯的理想。如今，他作出了对国家战略发展领域有卓越贡献的研究成果，研发出的稀土新型材料已广泛应用于经济社会的各个领域。

　　而对于科学探索，他却仍如少年般，永葆一颗纯真、好奇、赤诚和敬畏之心。

　　记者：您长期致力于稀土发光材料、稀土功能材料的研究，为什么选择稀土材料作为您深耕的方向？对于研究方向的选择，您有怎样的心得？

　　张洪杰：稀土是我国重要的战略资源，是高新技术材料的宝库。我国稀土资源丰富，且元素品种齐全，从事稀土材料研究得天独厚。稀土基础研究是国际前沿热点课题，稀土新材料具有十分广阔的应用前景，是改造传统产业、发展新兴产业的关键战略性基础材料。稀土在信息、能源、智能制造、电子芯片、机械钢铁、核电、光纤电缆、石油化工、航空航天、国防军工和兵器系统等 13 个领域 40 个行业得到了广泛的应用，对我国具有十分重要的战略意义。

我的导师苏锵院士 1952 年大学毕业后到应化所从事稀土分离研究，1972 年开始从事稀土发光材料的研究。我 1982 年考取了苏先生的硕士研究生，在苏先生的言传身教和精心培育下，我做出了一辈子从事稀土研究的选择。现在看来这个选择是正确的，因为稀土高端材料在国民经济发展、国防军工等国家安全领域，具有不可替代的战略地位。

记者： 稀土被称为"工业黄金"，我国稀土材料的研发创新能力在国际上处于什么水平？

张洪杰： 经过几十年的不懈努力，我国依靠自己的力量，建立了完整的稀土采、选、冶、用的工业体系，培养造就了一大批稀土科研、产业、管理人才，稀土应用基础研究和技术进步也取得了长足进展。

一直以来中国稀土占据四个世界第一：储量第一、产量第一、出口量第一和消费量第一。但是中国是稀土生产大国，不是稀土高科技强国，具有自主知识产权的高附加值稀土功能材料不多。我国在稀土功能材料的高端应用与世界先进水平还存在一定差距。美国、日本等发达国家把稀土列为战略元素，纷纷加大投入、优先发展，并拥有世界一流的稀土应用技术。因此，我们必须加倍努力，研制出大量自主创新高端稀土新材料，延伸产业链，为国民经济的可持续发展作出应有的贡献。

记者： 回顾您的科研生涯，如果请您谈谈您最引以为豪的一项研究，您觉得是什么？

张洪杰： 最让我引以为豪的是稀土环保着色剂的研究，从研发到产业化经历了一个漫长的过程。稀土环保着色剂可广泛应用于橡胶、塑胶、塑料、油漆、油墨、绘画、陶瓷、印泥、化妆品、皮革及涂料等领域，具有巨大社会意义和经济价值。由于可以替代目前市场广泛使用的有毒有害的有机着色剂和含镉、铬、铅等重金属离子的无机着色剂，稀土着色剂在 2016 年被列入科技部、工信部和环保部联合颁布的《国家鼓励的有毒有害原料产品替代品名录》。在稀土着色剂被列入名录后不久，我们就完成了研发，非常及时地解决了国家发展的技术瓶颈。

这项研究是我们遇到困难最多的一项研究。我带领团队从 2001 年开始从事这项研究，总共历时 16 年。国际上采用的着色剂传统制备方法，大多使用有毒有害或易燃易爆气体，生产过程能耗高，设备损耗大，产量低，成本高，不能实现产业化。我们团队在国际上首创稀土着色剂合成的新方法和技术，打通了连续化、规模化生产工艺技术瓶颈，于 2016 年年底在包头建成了世界首条稀土着色剂连续化、规模化隧道窑生产线，成功地实现了产业化。我们的成果入选 2017 年中国稀土十大科技新闻和中国科学院 2017 年度六项科技成果转移转化亮点工作之一。

往往一项研究历时越长，遇到困难越多。作为科研工作者，要有报效祖国的使命感，以及默默奉献持之以恒的精神，才能攻克种种技术难关，才会"山重水复疑无路，柳暗花明又一村"。如果中途遇到困难就轻言放弃，那么国家亟须解决的技术瓶颈就无法突破，坚持到底才能胜利。

记者： 化学是非常重要的基础学科，您觉得做基础研究有什么特别的地方，或者说更难的地方？您又是如何突破的？

张洪杰： 做基础研究最难的就是始终保持着饱满的热情，基础研究的过程往往很枯燥，可能即使付出了许多努力也得不到理想的结果，在遇到困难时就很容易失去信心。能在自己的研究一筹莫展时还保持着旺盛的精力，继续坚持自己的研究并能解决遇到的科学和技术问题才是最难能可贵的。

古人说"学以致用"，我觉得即使做基础研究，也要时刻想着如何与应用相结合。科研成果产业化遇到的问题与基础研究息息相关，基础研究做得越踏实，对应用研究越有利。我们在成果转化过程中如果要做原创型创新或者填补国内空白，会遇到许多意想不到的困难。我的体会是贵在坚持，持之以恒，"有所发现，有所发明，有所创造，有所前进"，才能实现从基础研究到产业化的跨越。

记者： 您和您的团队目前有哪些研究已经投入产业化应用并取得了成效？您对科研成果如何走出实验室、真正实现产业化有哪些心得？

张洪杰： 我们团队有 5 项成果实现了产业化，其中两项科研成果即高超风洞测温用稀土发光材料和航空航天及兵器用稀土镁合金材料，打破了西方发达国家的封锁和禁运，满足了国家重大战略需求。另外三项科研成果成功地用于国民经济领域，实现了产业化，包括稀土交流 LED 灯用产品、稀土环保着色剂、稀土镁合金汽车零部件，已累计创造产值超过 20 亿元。

举一个例子，我们团队聚焦最具发展前景的高效照明产业，研制出稀土交流 LED 发光材料与器件。我们与四川新力光源股份有限公司携手攻关，锁定稀土长余辉发光材料，从源头上解决了交流 LED 频闪的世界难题。我们着手解决的难题要填补国家的空白，在国际上也鲜有人解决，其难度可想而知。从调研、理论分析、方案设计到实验生产，每个环节都举步维艰。

经过近七年的协力开拓，新一代交流 LED 照明技术及产品终于问世。中科院鉴定专家组认为："该成果实现了从基础研究到产业化的跨越，达到国际领先水平，使中国成为世界上唯一一掌握通过稀土荧光粉生产低频闪交流 LED 产品的国家。"目前，研究成果已获得 4 项中国发明专利授权，27 项 PCT 专利获国际授权，构筑了自主知识产权体系。9 大系列室内外照明产品已通过国家及美国保险商实验室 (UL)、美国联邦通信委员会 (FCC)、欧洲统一 (CE) 和欧盟环保 (RoHS) 等认证，销往美国、加拿大、墨西哥、西班牙、巴西等多个国家，销货额已超 10 亿元，取得显著的经济和社会效益，荣获澳大利亚金袋鼠世界创新奖。

记者： 您博士毕业后就一直在中科院长春应用化学研究所工作，为什么选择来到清华？

张洪杰： 我对清华的印象非常好，清华不仅是国内外顶尖的学府，也是管理一流的大学，不仅充满创新活力，也是温馨的家园。清华大学建校至今，已经形成了独特的魅力和深厚的文化底蕴。清华秉承着"厚德载物、自强不息"的校训，百余年来，它的精神滋养着一代代清华人，也在不同的时代背景中被赋予了新的内涵，其中不变的是爱国奉献、追求卓越的精神。所以当清华邀请我加盟的时候，我毫不犹豫地选择了清华。我想借助清华的广阔平台，把我们的科研成果转化为生产力，为经济社会发展作出更大的贡献。

记者：您在清华已经进行了怎样的探索？未来有什么样的目标和规划？

张洪杰：最近我们团队在清华制备了新型稀土纳米晶的热致介晶相，在无溶剂下该介晶相具有长程有序行为，并获得了极化荧光性能，有望实现稀土纳米材料长程有序组装和柔性加工，在新一代微型智能光电器件领域将有潜在的应用前景。

未来，我们计划开展稀土与生物领域交叉基础与应用研究，聚焦稀土发光材料在脑重大疾病诊疗中的应用探索，推动轻质高强稀土生物蛋白纤维材料的基础研究与应用，发展形态和结构可控的稀土基生物用黏合剂和皮肤修复材料，结合稀土元素与 DNA 发展新型协同信息编码和存储材料的研究。

另外有 4 项科研成果拟借助清华的平台实现产业化，包括稀土交流 LED 补光灯（应用于培育蔬菜、水果、农作物等），稀土环保着色剂，高黏合生物医用稀土蛋白胶水，以及用于国家安全的稀土高端材料。

记者：您是稀土资源利用国家重点实验室的主要创建人，并集合了非常优秀的团队。在团队建设方面您有哪些体会和规划？

张洪杰：1996 年我担任中科院稀土化学与物理重点实验室主任，2007 年我们成功地进入国家重点实验室的行列。二十多年来培养和引进了一大批优秀的年轻人。当今世界科技进步日新月异，人才竞争日趋激烈，世界科技大国的竞争归根到底是人才的竞争。只有全面提升队伍建设和人才培养水平，才能推动科教兴国，才能真正实现从中国制造向中国创造的转变，进而为中华民族伟大复兴和人类文明进步作出更大的贡献。

来到清华后，希望能招聘 3~5 名优秀人才，成立稀土功能材料研究中心。在加强基础研究的同时，注重科研成果转化，与校企强强联合，实现产业化，为经济社会贡献力量。

记者：之前采访了您的团队成员，在他们心中，您是一位对学生和蔼可亲但是要求严格的老师，经常鼓励大家开展跨学科的研究。您觉得培养学生哪些方面的能力最重要？在培养学生方面您有哪些心得？

张洪杰：培养学生最重要的还是独立思考能力、动手能力、交流能力。在研究生阶段，论文题目选定之后，就需要提出自己的看法和想法，对遇到的科学问题提出可能的解决方法，这都需要独立思考能力以及良好动手能力来实现。交流能力也很重要，从事科学研究需要相互交流，相互学习，相互借鉴，共同提高。在交流中，大家通过思维碰撞，发现自己的问题，为自己的研究进一步开展提供新的想法。

培养学生要注重因材施教，不同的学生因为成长环境、接受的家庭教育和学校教育不同，养成了不同的性格，也具备不同的能力。在培养学生独当一面地解决科学问题的过程中，不要抹去他们身上原有的闪光点，不要把所有学生都进行模式化培养，而是要让每位学生发挥最大潜能，展现出最好的自己。人尽其才，才能培养出人才。作为一名老师，要有社会责任感，不仅要把好学生培养得更加优秀，还要把相对落后的学生培养好，让他们成为有用的人才。

记者：您会如何向想要进入化学学科学习研究的学生或年轻学者描述当下化学学科？

张洪杰：化学学科已经有 200 多年的发展历史，在发展中逐渐完备，形成如无机化学、有机化学、分析化学、物理化学、高分子化学与物理、化学生物学等众多二级学科，成为科学体系中不可或缺的重要一环。化学是研究物质变化的科学，在变化中创造出新物质，改造丰富了现有的物质世界，化学学科的成果已经走进日常生活的方方面面。当前各学科都在快速发展中，化学学科也日益彰显出与其他学科之间的联系。只有在学科交叉中借鉴发展出化学学科的新方向、新理论，才能把握化学学科发展的新机遇。

记者：您对有志从事科学研究工作的年轻人有什么建议？

张洪杰：从事科学研究要保持严谨的态度，做科研是一件十分严肃的工作，容不得半点的马虎，一处小小的不注意，可能就会导致最终结果的准确性出现偏差，所以做研究要兢兢业业。对于新问题不要畏惧，要敢于去尝试，有解决问题战胜困难的信心，就像学习游泳一样，不下水永远也学不会。同时，科学研究并不会一直顺利，要保持平和的心态，遇到困难时不要气馁，不要因为一时的失败就选择放弃，要静下心来分析原因、解决困难。另外，还要做好规划，设立长期目标与阶段目标，长期目标可以是未来几年科研工作的规划，阶段目标可以是对某一课题或某一想法的实施方案。明确了目标就有了努力的方向，在开展研究工作时，向着自己的既定目标前进，不被其他事所分心，持之以恒，定能成功。

单思思：分秒必争　科研战"疫"

图文提供｜医学院

单思思，2015 年进入清华大学医学院攻读博士学位，师从张林琦教授，从事传染病与免疫相关研究，包括新型冠状病毒、艾滋病病毒、埃博拉病毒等病毒抗体和疫苗的研发，以及病毒入侵机制的研究，在《自然》（Nature）等国际学术期刊发表了有关新冠病毒的研究成果，得到国际同行的高度关注和认可。

学业之余，单思思发挥专业特长，担任"科学企业家""健康中国－产业领袖"等项目的博士团助教，积极推动研究成果向实际应用的转化。秉承清华大学"又红又专，全面发展"的理念，单思思还担任了清华大学研究生德育工作助理（研究生辅导员），主动服务同学，发挥党员的思想引领作用。

青春由磨砺而出彩，人生因奋斗而升华。

新冠肺炎疫情暴发后，她大半年无休，在科研战疫一线争分夺秒、攻坚克难。她说，以"硬核"成果降服病魔，维护人民的生命安全，青年科研工作者责无旁贷。

从 2020 年 1 月 20 日以来，单思思每天都泡在实验室里，生产抗体，检测抗体功能，进行动物实验，这样高密度的实验，已经持续了近 200 天。

当单思思手边的一个闹铃声响起的时候，单思思说："这个是提醒我抗体结合显色的时间到了。我们现在都是同时做好几个实验，时间的要求上不一样，所以会设置不同的计时提醒。"

单思思所在的张林琦教授科研团队长期从事病毒与免疫系统相互作用关系的研究，新冠肺炎疫情暴发后，张林琦教授迅速组建科研攻关团队，刚放寒假回家一天的单思思第一个报名参加。

在科技部公布的五条疫苗技术路线中，他们团队选择了三条开展研究，其中一个被科技部立项。在清华大学医学楼里，单思思他们实验室的灯整晚亮着，大家全力推进各项实验。2020 年的除夕夜，单思思就是捧着师姐送来的饺子在实验室里度过的。

对于这样的工作状态，单思思说："每天早上来实验室的路上听新闻，听到那些不断增长的数字，我感到从未有过的紧迫感，大家都恨不得 24 小时连轴转。"

让单思思倍感振奋的是，2020 年 3 月 2 日那天，习近平总书记来学校考察新冠肺炎防控科研攻关工作，她作为团队代表为总书记做实验演示。

"总书记问了我两个问题，是不是可以表明这些抗体是一个好的功能？这些课题是不是你们博士生来做的？我回答是的。我当时既紧张，又感到自豪。总书记说人类同疾病较量最有力的武器就是科学技术。这是对我们科研工作者的高度肯定，也是对我们寄予的厚望。"单思思说。

如果把病毒进入细胞的过程比喻成钥匙开锁，单思思他们所要做的就是解析它们结合时的结构和相互作用机制，从康复患者的血清中分离出抗体，筛选出其中能够成功阻断病毒进入细胞的抗体来进行治疗药物研制。

对此，她说："每一个步骤都是非常庞杂和精细的，比如说我们已经分离出 200 多个抗体，但要进一步筛选哪一个更有效。我们需要做很多的功能验证，需要上千次不停地重复这个动作，有时候手都僵了。枯燥、重复，但也让人充满期待。"

张林琦教授介绍，现在实验室的主力军，都是"90 后""00 后"。科学就是攻山头就是炸碉堡，需要毅力，长久的坚守，单思思他们做到了。张林琦觉得，这也体现了勇于担当、敢于担当。

在经历了无数次的失败后，单思思和团队成员已经解析了病毒与蛋白结合的关键结构，成功分离出 200 多株抗新冠病毒的单克隆抗体及其编码基因，进行了体内和体外的功能实验，目前正在进行临床试验。他们团队的腺病毒疫苗也进入公司生产阶段，接下来将进行临床试验。

对于团队的研究成果，单思思充满期待："总书记给予了我们很大的期望，我们受到了非常大的激励和鼓舞。我们要与医务工作者并肩作战，在我们科研的战场上争分夺秒，尽早用我们的研究成果为患者为百姓服务。"

（本文部分内容引自中央电视台新闻频道）

曹德志：立足清华热土，飞向浩瀚宇宙

文字｜王蕴霏
图片｜贺茂藤
摄影｜李派

对于大多数人来说，看卫星发射与观赏绚丽烟花无甚分别：震撼、感慨，却遥不可及。而今来到 2020 年，不知不觉，从前科幻小说中才会出现的"太空经济""太空工业"，却已经悄然来到身边，开始了民营化的进程。正在经历"大航海"时代般的快速发展的商业卫星行业，或许即将影响我们每一个人的生活。

26 岁的清华工物系博士生曹德志，已经为探索宇宙和遥观全球的目标，奋斗了将近两年。

曹德志曾担任清华大学学生创协主席，校团委科创中心、创业中心辅导员。在负责学生创协期间，他组织同学研读业界时讯，观察、分析中国产业的发展趋势，注意到很多创业风口的爆发，也因此结识了许多创业者。作为主要负责人参与承办第 20 届清华大学创业大赛时，许多精彩项目都给他留下深刻印象，创业的种子就此种在了曹德志的心中。

2019 年 4 月，同一个实验室的师兄仓基荣即将毕业。师兄弟之间常常交流，偶然间谈及未来的发展，曹德志透露了创业的念头，仓基荣提出"卫星载荷"将拥有极大的商业前景。积蓄许久的火苗似乎突然遇到了氧气——两人一拍即合，创业之旅就此拉开了序幕。

被称作"小众蓝海"的商业航天领域，门槛高，要求拥有足够的技术深度。曹德志的团队主要研发针对微纳卫星和空间用的功能化载荷（安放在卫星、飞船、太空舱等航天器上的搭载设备），起到在太空或行星表面提供采集数据的传感器节点作用。如果将微纳卫星比作一艘船，功能化载荷就是置于其上的货物："太空对于人类来说，就像是一片黑暗的海洋，我们的载荷解决方案，便是为天文学家，为行星勘探公司，在太空中提供一支手电和一双眼睛。"

据曹德志介绍，我国国内航天产业的佼佼者们正在齐心协力打造全产业链闭环——不论是上游的火箭发射方，中游的卫星制造方，还是下游的卫星数据应用商，大家都在为这个产业作贡献。目前，我国航天产业在国家队层面水平与国外比较接近，而相对薄弱的是商业航天领域。因此，他的团队也在涉足遥感领域的实时预警服务，例如机场气象的卫星云图监控或林场的火情监控，"仰望星空"的同时，回望地球，兼顾"脚踏实地"。

团队的创新思维得到了学校的高度认可。2019 年 9 月，他们在团委下设的创新创业教育孵化平台"创＋"拿到了第一个无偿的种子基金；随后，又拿下清华大学创业大赛成果转化组的金奖。在 2020 年 9 月 27 日举行的第七届清华大学校长杯创新挑战赛决赛中，他所带领的团队获得"挑战奖"。在曹德志看来，在学校的各大平台上通过项目展示去阐述自己的商业逻辑，团队所收获的不仅仅是丰富的资金，更是一种珍贵的肯定，"大家会相信这个事情确实是能做的，确实会得到别人的支持"。

对于一个需要兼顾学业和事业的大学生创业团队，导师的支持必不可少。对此曹德志博士的导师一直保持开明的态度。"卫星载荷"的商业化，本身也是受到了科研专业方向的启发，在核心硬科技上攻坚克难，不仅能推进科研成果的产出，还能为新经济的发展添砖加瓦，所以导师非常鼓励曹德志追求自己的事业。

按原计划，今年年初本应有一次架构的在轨验证的机会，但由于新冠肺炎疫情，交付时间一再推迟，在版本迭代的过程中，团队内部的一些摩擦也由此浮出水面。对此，曹德志深刻体会到，科技创业团队不但要有过硬的技术，更要重视沟通。不论内部的协调还是与外部的交涉，都需要花大量的时间，只有这样才能把事情做成。

谈及清华的大环境，曹德志认为，学校对于创业者非常包容与开放，一方面提供制度上的支持，另一方面提供资源上的支持，比如团委的"创+"平台以及经管学院的"x-lab"平台，都让有志于创业的学生获益其中。

　　对于曹德志来说，选择创业，一定要考虑时代背景。从国家层面"新基建"的政策引领，到国际上"太空经济"的实力比较，"卫星载荷"都算是顺势而为。同时，清华的专业设置和培养模式都暗合未来几年"硬科技"创业的发展趋势。曹德志对清华学子的事业发展充满信心。

　　"人的一生就是一次伟大的创业。"这是曹德志在清华创协当辅导员期间常常提及的一句话，"你的整个生命都可以被理解为从零开始的创业这个事情本身，有的人可能会遇到很多挑战和挫折，会跌倒，也会再爬起来，我可能就是这样的人。"

　　在清华这片兼容并包的热土上，每一个人都能自由地探索自己的可能性。纵使裤脚沾满泥巴，也无法禁锢清华学子的好奇心和创造力。

　　人间沧海，你我皆有看向广阔天地的眼界和飞向无垠苍穹的勇气。

白雪石：妙笔绘山河，丹心铸匠心

文字｜韩瑞瑞
图片｜赵存存

一眼望去，漓江山水在烟雨中虚实交错，水墨晕染勾勒出的远山高耸入云，潺潺江水明澈无瑕，近处山石杂木枝桠虬劲，生意盎然。山清水秀、景致万千，一处空灵缥缈、静谧闲适的人间仙境就跃然纸上。这便是白雪石眼中的漓江。

这幅于 1989 年创作的水墨画《烟雨漓江》，如今悬挂于清华大学艺术博物馆的展厅里，成为"立象尽意——白雪石中国画作品展"的一部分。观赏此画，我们不仅能看到"白派山水"独具风貌的技法与风格，更能感受到这位一生勤勤恳恳的老艺术家对祖国河山质朴、深厚的热爱。

白雪石先生是中国当代著名山水画家，在其诞辰 105 周年之际，清华大学艺术博物馆经过近一年的筹备，展出白雪石的绘画作品 137 件，其中包含《生涩老辣写山川》《长城脚下幸福渠》《烟雨漓江》《蓖麻丰收》《桂山雨后》等代表作品。展览沿着历史轨迹，再现白雪石的绘画生涯、艺术作品和观念转变，呈现其艺术上的非凡造诣和社会贡献。

白雪石 1915 年出生于北京的平民家庭，自幼热爱绘画，先后拜赵梦朱、梁树年两位先生为师，在花鸟画、山水画方面都有建树。处于时代转型、变革创新的时局中，他深入社会实践，进行大胆探索，形成自己独特的中国画语言和形式特征。白雪石在 20 世纪 50 年代和 60 年代参与变革中国画的艺术实践，创作了一批反映农村新面貌和农民生产劳动及新生活的优秀作品。1972 年起他带着为北京重要国家机关创作壁画的任务，五次南下桂林写生，漓江之美使他印象极深。在此期间，他埋头苦干，以极大的热情和精力创作了数量可观的山水作品，或作为陈列品悬挂在人民大会堂、中南海等重要场所和艺术殿堂，或作为国礼无偿赠予外国领导人。这些作品不但显现山水画审美魅力，也为中外文化交流作出了重要贡献。

白雪石擅画山水，但他技艺之精，涉猎之广都属画坛罕见，无论是工笔花鸟，还是人物写实都造诣颇深。他在山水画上的成就，源自数十年如一日的苦心钻研。早年临习宋元，受北派山水影响较深，画风清健俊朗，严整明净，50 年代后，他的足迹遍布祖国名山大川，写生创作，深入自然。在漫长的技法雕琢和艺术积累中，他突破了旧的传统风格，形成了清婉俊秀、气象明丽的山水画特征，为画坛和社会所重，产生深远的影响。在他最具代表性的漓江山水系列画作中，山之俊逸，水之婉转，乡村风情，自然画卷徐徐展开，或气势雄浑，或空灵变幻；既有实景描绘，也有意象营造，匠心独具，给每个人留下解读和想象的空间。

在出神入化的功法之外，他对待艺术创作兢兢业业的态度令后辈叹服。无论题材熟悉与否，任务是轻是重，都认真探索，扎实推敲。他深入山野林间，亲身劳动，细致观察，每一副雅俗共赏的写生作品都是一场无声耕耘。

提起白雪石先生，令我们肃然起敬的纵然是其炉火纯青的笔墨功夫和勇攀艺术高峰的品质，更是职业艺术家所具有的社会责任感和奉献精神。他一生以画为笔，讴歌普通劳动者，描绘祖国河山，为时代发展中的中国作传。

80 年代后，在年逾古稀的高龄，他为北京和多个城市的大型公共场所创作了百余件丈二匹尺幅的山水画力作，以惊人的毅力完成了这样一批数量惊人的作品回馈社会。以《古塞春晖》为例，这幅高 5 米、长 9 米的作品创作于 1995 年，当时 80 岁的白雪石克服恐高症，登上六七米高的云梯修改作品，力求尽善尽美。

除了大量的艺术创作，白雪石先生长期投身于美术教育，立德树人，以身授教，为中国美术界培养中坚力量。他曾在中国工艺美术学院（清华美院前身）、清华美院任教，多次带学生到桂林、黄山、泰山等地写生，饱览名山大川，以自然造化为师，在传授技艺的同时打磨自己的艺术水平。他年轻时所受到的美术教育是非常传统的，却没有被传统所束缚，他推陈出新，博采众长，吸引西洋画的光影、透视和装饰画的形式感，这种创新精神给了学生们很大启发。今天，行走在展厅内，一幅幅丹青无声胜有声，正是先师留赠的谆谆教导。

时代在前进，审美意识在发展，但中国画历经千年沧桑变化仍得以立足，其源头活水正是画家的一片丹心。纵览白雪石的一生，他是中国画现代转型与创造的实践者。他的作品兼具传统笔墨之力和新时代精神，面向自然、面向时代，在他的笔下，意象开阔而朴实，自然景色传达着生命和热情，正是画家的真情实感最自然的外露。

清华大学举办刘仙洲先生诞辰 130 周年纪念会

文字 | 曾宪雯
图片 | 贺茂藤

　　10 月 17 日上午，刘仙洲先生诞辰 130 周年纪念会在清华大学李兆基科技大楼举行。副校长郑力，校党委原书记、校史编委会主任贺美英，校党委原常务副书记庄丽君，校党委原副书记胡显章，原副校长郑燕康，校纪委原书记孙道祥，中国科学院院士潘际銮，机械学院院长、中国科学院院士雒建斌，刘仙洲先生家属，以及机械学院各系、航天航空学院、校史馆、档案馆、图书馆、科学博物馆（筹）等单位的领导和师生代表出席纪念会。会议由机械学院党的工作领导小组组长、机械系党委书记吕志刚主持。

　　郑力代表学校致辞。郑力指出，刘仙洲先生从 1932 年起，一直任教于清华大学（抗战期间在西南联大），新中国成立后，任副校长、第一副校长等。20 世纪五六十年代，刘仙洲先生在学制改革、专业设置、教学管理、科学研究、学生工作、校园规划建设等方面事无巨细、亲力亲为，清华大学这一时期在人才培养和科学研究方面取得的进展和成绩与刘仙洲先生的努力工作有着密切联系；刘仙洲先生还为中国工程教育事业和机械工程的学科发展作出了巨大贡献，刘仙洲先生的奋斗精神和丰硕研究成果成就了他在机械学科领域和清华大学的崇高声望，他以无私的奉献精神和高尚的师德赢得了广大同行和师生的敬重与爱戴。郑力强调，在全力以赴建设世界一流大学的征程中，我们要学习传承并发扬刘仙洲先生的精神品质，坚持解放思想、实事求是、与时俱进；坚持以实现国家富强、民族振兴、人类进步为己任；坚持以人为本，遵循高等教育的发展规律，不断推进改革创新。在第二个一百年的征程中，清华大学应扎根于中国大地，努力改革创新，深度参与国家创新驱动发展战略，致力于培养祖国和人民需要的各类人才，使清华大学获得事业发展的强大动力，努力为我国制造业、为中国科技进步和民族复兴作出更大贡献。

　　刘仙洲 130 周年诞辰纪念活动得到了学校很多老领导、老同志的关心和支持，贺美英在会上讲话。贺美英指出，刘仙洲先生的教学严格、为人正派和他强烈的爱国主义精神给清华师生留下深刻印象。他在 65 岁高龄加入中国共产党，成为新中国最早入党的高级知识分子之一。蒋南翔校长当年在刘仙洲入党发展会上作了题为《共产党是先进知识分子的光荣归宿》的讲话，成为清华师资队伍建设中的宝贵精神财富，当前仍具有重要的现实指导意义。贺美英强调，纪念刘仙洲先生就是要认真总结他留下的精神遗产，传承他严谨的精神，并使之在今天的清华园发扬光大；就是要学习他的爱国主义精神，勤奋学习，积极工作，勇攀高峰，把对祖国的爱倾注于学习中、倾注于生活中、倾注于世界一流大学的建设实践中、倾注于中国特色社会主义的伟大事业当中。

　　雒建斌介绍了刘仙洲先生的生平，特别是在机械工程教育和研究中作出的突出贡献。雒建斌说，刘仙洲不仅是我国著名的机械工程学家、教育家，也是中国机械工程教育和农机事业的开拓者、中国机械史学科的奠基人；他在清华执教 40 余年，参与了工学院和机械工程系的创办和早期建设工作，把后半生都贡献给了清华大学的教育和科研事业；他长期关注致力于中国机械工程学科的本土化和独立发展，编写的机械学、蒸汽机、内燃机、机械原理、热工学等十几种中文教科书多次再版，有些被编入大学丛书，被国内工科大学和中等专业学校广泛采用，为发展我国机械工程教育事业作出了不可磨灭的贡献。雒建斌强调，我们应继承和发扬刘仙洲先生的育人思想和治学精神，进一步完善教学和课程体系，努力培养出为人正直、爱国奉献、开拓创新、勤勉实干、拥有国际视野和综合能力突出的各领域领军人才。雒建斌在发言中总结道，要想做好一件事，就要像刘仙洲先生那样自强不息、追求卓越、精益求精；要想做好一个人，就要像刘仙洲先生那样天真善良、以身作则；要想做好一个教育工作者，就要像刘仙洲先生那样有强烈的责任感和使命感，诲人不倦、脚踏实地地服务于国家和社会。

93 岁高龄的机械系教授潘际銮曾担任刘仙洲先生的助教，在纪念会上，他分享了自己心目中的刘仙洲先生。他说，刘仙洲先生为人正直，治学严谨，十分关心青年人的成长，自己能够留在清华工作并取得一定成就与刘仙洲先生的关怀与帮助有着密切联系。如今，70 多年过去了，恩师的谆谆教诲仍响在耳边。

作为教师的刘仙洲桃李满园。曾经作过刘仙洲学生的清华大学精仪系退休教师章燕申回忆了 70 年前师从刘仙洲先生的故事。他说，那时很多课程还没有中文教材，但刘仙洲先生坚持用全中文教学，自己编写中文教科书，是真正在为中国的工程教育做长远打算；刘仙洲先生非常专业地研究中国发明史、中国工程史、中国机械工程发展史，不仅是教课的老师，而且是做学问的老师；刘仙洲具有崇高的爱国精神，他的爱国思想源于对人民的关心，他思想明确，力求让机械工程服务于人民。

清华大学科技史暨古文献研究所所长冯立昇长期从事中国科技史科技典籍文献等领域的研究，他全面介绍了刘仙洲先生在机械史研究方面的工作、价值特点以及相关的学术贡献。他表示，缅怀刘仙洲先生的业绩和贡献，就是要传承他的学术思想、学习他的严谨治学精神、彰显他的高尚品格，以更好地推动教育进步和学科发展。

中国机械工程学会副秘书长陈超志、中国农业机械学会副秘书长张振新也分别介绍了刘仙洲先生参与发起建立中国机械工程学会和中国农业机械学会的经过，并认为，刘仙洲先生对中国机械工程学科建设和因地制宜发展中国农业机械的真知灼见值得永远牢记。

青年教师代表、车辆运载学院副教授徐梁飞在发言中表示，刘仙洲先生一生倡导理论与实践相结合、学校和工厂贯通的教育思想，与当前清华大学倡导的本科生工程实践教育、研究生专业教育不谋而合，是广大青年教师在教学中应该秉持的理念和目标，他结合国情进行科研攻关也为清华大学青年教师的发展提供了极好的榜样。

1988 年，清华大学设立刘仙洲奖学金以奖励机械工程等相关专业的优秀学生。第二届刘仙洲奖学金获得者、航天航空学院院长李路明到会发言。他说，当年获得刘仙洲奖学金，是对自己勤奋学习的肯定与激励；在成为一名清华教师后，刘仙洲先生的精神更是对自己产生了愈发重要的影响，要一生学习刘仙洲先生如何做一名好教师、做一名好的研究人员。他呼吁大家关注和支持刘仙洲奖学金，让刘仙洲先生的精神发扬光大。

纪念会上，举行了新一届刘仙洲奖学金颁奖仪式，郑力、雒建斌为获奖同学颁奖。颁奖仪式后，能源与动力工程系毕业生朱炫灿作为获奖人代表发言。

会上还举行了刘仙洲先生档案史料捐赠仪式。刘仙洲先生生前和过世后，其本人和家属多次向学校图书馆、档案馆等捐赠了图书、手稿、笔记、照片等，去年又把家中最后存留的友人赠送给刘仙洲的书画和刘仙洲用过的仪器设备、生活用品等，分别捐赠给学校档案馆和正在筹建的科学博物馆。档案馆馆长、校史馆馆长范宝龙介绍了相关捐赠情况，并向刘仙洲亲属代表颁发了捐赠证书。

随后，刘仙洲先生家属代表刘明在发言中对清华大学举办刘仙洲诞辰 130 周年纪念活动表示衷心感谢。他在会上还表示，今年 9 月，北京出版社以"大家小书"的形式用简体字再版发行了刘仙洲先生 1962 年出版的《中国机械工程发明史》，家人决定将所有版税全部捐献给刘仙洲奖学金。

纪念会现场，还举办了"先生之风 山高水长——纪念刘仙洲先生诞辰 130 周年史料图片展"。为更好地宣传和传承刘仙洲先生精神风范，纪念活动通过网络进行了现场直播。

魏少军：手摘星辰为日新　脚踏实地以致用

文字｜陶天野

图片｜李娜

摄影｜李派

　　二十年前，大额的算术运算通常需要借助计算器，街头时尚的青年兜里揣着 MP3，卡片相机里存满生活剪影。而今，一部手机便可实现上述所有功能，更不用说那些日益智能的、如同科幻电影一般的高科技设计。将众多专用领域融入一块高能效的通用人工智能芯片里，使人工智能计算顺利地从云端下沉到边缘设备和物联网节点，这是清华大学微电子所魏少军教授及其团队一直追求的目标。

　　今年，魏少军教授获得 2020 年度 IEEE（电气和电子工程师协会，是世界上最大的非营利性专业技术学会，致力于电气、电子、计算机工程等领域的开发和研究）产业先驱奖，这既是对他在当代计算机和通信系统智能芯片等领域开创性贡献的认可，也是对从设计到批量生产过程中产生的极高市场价值的肯定。魏少军表示，这一奖项是国际学术界对他所取得的成就和整个团队科研能力的认可。但科学永无止境，他与集成电路的故事未完待续。

　　魏少军认为，选择科研方向要注重"顶天立地，面向主流"。"顶天"，即在思维上站到世界最前沿。古语有云："不畏浮云遮望眼，自缘身在最高层。"科研的创新高度取决于眼界的高度，我们要有大刀阔斧改革的勇气，和时代并肩，此之谓断代式创新。"立地"和"主流"则对研究方向的实用性提出了更高的要求。人的社会属性决定了其所作所为不可能脱离现实生活，因此高悬云端的科研成果最终需要"落地"，在千家万户生根。

　　仅是确定这个"顶天立地，面向主流"的研究方向，魏少军及其团队就花了三年时间。从学术层面讲，芯片小型化有其物理和经济极限，且现有的芯片在计算效率、功耗和灵活性方面存在固有的缺陷。所以，架构创新可能是实现芯片智能化的唯一途径。从产业层面讲，当集成电路沿着摩尔定律指示的趋势变得越来越精细，研发成本将成为芯片设计和制造的最大阻力。此时，专用芯片已不足以满足日渐分化的市场需求，架构创新同样是突破瓶颈的必要条件。

　　魏少军提出的可重构计算架构（又名"软件定义芯片"）的原理在于：根据不同的应用或算法来配置硬件资源，并将不同硬件资源的互连形成一个相对固定的计算通路，随后在数据流的驱动下完成计算。通俗来讲，即通过软件实时、动态地定义硬件，更好地适应算法的演进和硬件功能的选择，从而把昂贵的研发费用摊销到不同的应用中去。价格降低后，此类芯片可以更容易地被市场接纳，遂得以形成良性循环。以往很多芯片在能效比和通用性上往往不能两全，而可重构计算架构试图实现的，是接近中央处理器（CPU）的灵活性和专用集成电路（ASIC）的执行效率的完美结合。

　　魏少军最初带领清华团队展开可重构技术研究时，整个集成电路行业正处在向纳米级迈进的前夜，既要面对技术突破的重重困难，更要克服捉襟见肘的人才资源。因此，在那时提出可重构技术的设想需要极大的定力和勇气。

　　现如今，一方面，经过团队多年的努力，前进道路上的技术难点逐渐得到解决，可重构芯片技术从概念走向成熟，成为诸多应用领域的重要技术手段，也逐渐成为当代集成电路设计领域的热点研究方向。近期，魏少军团队又率先将可重构多模态智能芯片从实验室引入市场，此举具有无可非议的前瞻性。另一方面，顶尖人才的培养仍然道阻且长。在清华的二十多年，魏少军也持续探索集成电路领域的教学方式。考虑到微纳电子的交叉性和实践性，他高度重视学习方法的传授，提倡由外部测试引渡内在原理。他将大部分思考的权力交由学生，给学生以必要的支持和适当的指导。他主张校园为社会提供具有深厚学科基础素质的学子，社会再将学生身上的"校园气"打磨成运筹千里的卓识。唯有如此，方可铸成科研需要的高层次领军型人才。他认为最优秀的学者必然会经历筚路蓝缕的跋涉，才能最终登顶、一览众山。

"学如逆水行舟，不进则退"，这句话对科学研究来说尤其准确。"很多人都会想，逆水行舟太累了，不如顺流而下更轻易。"魏少军笑道，"但其实，越往下游你的势能越小，随之转化的动能就越小，你人生发展的能力便会慢慢减弱。"

逆行的力量在于"敢为天下先"的勇气和"经世致用"的理想。从大唐电信科技产业集团到清华微电子研究所，魏少军不断求索着集成电路领域更多的可能性。智能卡芯片存储架构，使我国企业发展实现了飞跃；基于动态局部重构机制的芯片安全增强技术，为芯片硬件安全问题的解决提供了全新思路；从专用芯片到可变结构通用芯片的架构构想，解决了芯片灵活性与算力的问题。魏少军不断地将科幻变为现实。如他所言："每突破一个瓶颈，你都会看到更广阔的天地。"

创造来自智慧，又滋养了智慧。魏少军谈起设想中的通用人工智能芯片，如同家长谈起自己的孩子："我们盼望着今后的芯片能够自己学习、成长，实现真正的'人工智慧'。"

"去冲击人生的高度，也要去做有用的事。"这是魏少军给清华学生的寄语。"顶天立地，面向主流"的科研之路，也正等待着莘莘学子奔赴。

陈冯富珍
世界卫生组织荣誉总干事
清华大学万科公共卫生与健康学院首任院长

陈冯富珍：中国抗击疫情的经验弥足珍贵，我们需要更多在国际舞台上为国发声的人才

图文提供 | 教育基金会
文字 | 沈茹毅
图片 | 宁觉

　　她，是首位在联合国专门机构中担任最高职位的中国公民；她，历任香港卫生署署长、世界卫生组织人类环境保护局局长、世界卫生组织总干事，在公共卫生领域有着丰富的阅历和国际视野；她，曾参与应对"非典"、甲型 H1N1 流感、中东呼吸综合征、埃博拉病毒、塞卡病毒等一系列公共卫生危机，为全球卫生安全与人类卫生事业作出了重要的贡献。2020 年，清华大学万科公共卫生与健康学院成立，她作为首任院长，肩负着对公共卫生事业的强烈责任，抱持着对清华文化精神的高度认同，踏上新的征程。

　　她，就是陈冯富珍教授。

　　近日，陈冯富珍在清华大学教育基金会主办的"更好的清华"公益讲堂开讲，解读全球公共卫生安全和疫情下的高校使命。

　　陈冯富珍表示，新冠肺炎疫情的严重程度史无前例。只有当数量可观的民众可以接触到安全有效的疫苗，这场疫情才可以结束。她认为，当前，应该按照每个省份的自身条件制定相关预案。

　　陈冯富珍指出，中国抗击疫情的经验弥足珍贵。在抗疫战役中，中国充分展现了政治制度优势，"领导人有政治魄力"，"事情做得早"，"老百姓有责任担当"。

　　同时她也认为，此次疫情也暴露出我国公共卫生疾控体系和应急管理体系方面存在的短板与不足。在她看来，当前最大的问题就是"重治轻防"，因此，从现在开始，为"全民健康"这一目标的达成，政府、企业、学界、个人都应深入思考这个问题。

　　今年 4 月，正值新冠肺炎疫情在全球蔓延之时，清华大学宣布成立万科公共卫生与健康学院。作为学院首任院长，陈冯富珍在讲堂上分享了许多有关学院未来发展的想法。

　　陈冯富珍认为，此次新冠病毒是从大自然来的，那么很关键的问题便是如何实现绿色发展，怎样保护大自然，做到人与大自然和谐共处、共生、共融。基于此，谈及学院定位，她指出："我们的身体健康跟很多其他领域都有关系的，比如教育、食品卫生、环境卫生、环境保护等，这些领域之间都有很重要的关系，所以清华大学的公共卫生与健康学院虽然是独立于医学院的，但是不等于脱离医学院。"她认为，公共卫生与临床医学需要高度融合，作为一个全新的学院，卫健学院的攻坚之处便是要推动多学科、跨学科跨领域的合作达到共赢。在牢记学院成立历史背景的基础上，我们要与各高校开展合作，整合力量并找到合作方案。

　　在陈冯富珍看来，大学应有为国育才的使命担当："我们要以国家的利益为重要抓手，为国家的未来栽培第二、第三、第四梯队的年轻人。"她指出，学院将把有限的精力和资源放在高层次、国际化的人才培养上。

　　"中国现在已经是全球第二大经济体，必然将成为全球最大的经济体，和平发展是需要人才的。"谈及人才需要何等素质，陈冯富珍认为，国家需要能够在国际层面有领导力、能为国家发声的人才，同时也需要语言本领过硬、最好有发展中国家经验的人才。她援引了自己"多重身份转换"的亲身经历，总结了几条在人生道路上矢志不渝坚守的准则，与学子们共勉：持续奋斗、始终包容、充满信念感。

陈冯富珍认为，学院名称中的"健康"二字，代表了学院长远发展的系统性工作计划——让健康福祉惠及全民。"在40多年前，在咱们国家还没有改革开放的时候，老百姓能够吃饱穿暖就满足了；但是随着国家的进步富强，健康对于老百姓而言越来越重要。"

陈冯富珍认为，中国在逐步提高国家自主贡献力度，出台了许多重大、有力的政策和措施。她举例道："今年9月，习近平总书记在联合国大会上表示中国将'努力争取2060年前实现碳中和'，这是一个重要指标，也是一个对全球的重要承诺，更是一个对全球气候变化的重大贡献。"

"合作共赢，合作有利"，新冠肺炎疫情的发生，让我们对人类命运共同体理念有了更加深刻的认识；世界各国抗疫合作的实践，表明了人类命运共同体理念具有强大的生命力。"救治方案的分享、方舱医院的经验、医护的物资，我们都是不断地通过多边、双边来援助其他国家，这就体现了全球都是一个共同体，在全球化的大环境中，你中有我我中有你。"陈冯富珍如是说。

扈志明：手捧数学明珠　耕耘菁菁校园

文字 | 杨洋

图片 | 梁晨

素材提供 | 教务处

　　慈眉善目，憨态可掬，不管什么时候，他总是笑呵呵的样子，虽然还不到 60 岁，可学生都喊他"扈爷爷"。他就是清华大学数学系教授扈志明，他执教的课程"微积分 B(1)"被评为清华大学第二批标杆课程。

　　"微积分 B(1)"是一门名副其实的"大课"，每学期选课人数少则 200 多人，多则 400 多人，学生来自化学系、环境学院、生命学院、医学院、建筑学院、新雅学院等众多院系。按照常理而言，一门课程的学生越多，老师的教学压力越大，课程的测评结果也越不稳定。可是，扈志明的这门课程的教学评估结果却可以连续多年保持在全校同类课程的前 5%。这其中有什么诀窍？

　　因材施教，这个不能再简单的道理，却是扈志明的秘诀。对于老师而言，好像每学期都在重复讲述同样的内容。可对于每一个新生来说，这门课是全新的内容。"虽然是同一门课，但不同院系的学生，对微积分学习的内容和要求有很大区别，所以必须要针对不同基础的学生进行针对性教学。"扈志明说。

　　一堂 90 分钟的微积分课，就像是一堂精彩的演出，而"演出"的剧本，需要老师精心设计。作为一个拥有 27 年教学经验的老师，扈志明仍坚持每学期都重新备课。"每一节课都要有设计，有重点，就像写剧本一样。这就需要老师在备课时认真设计，而且要根据新情况，不断更新调整备课内容。"他设计课堂，注重有张有弛，松紧相宜，让学生在轻松愉快的氛围里把知识学通透。"一门课一定不能讲得太满，不要'填鸭'，而要'留白'，留下思考的空间，这样才能鼓励学生主动思考。"

　　扈志明讲课时常常伴有整齐的板书，章节分明，逻辑清晰。比起电子演示文稿课件的普遍运用，扈志明更喜欢自己手写板书。在他看来，写板书不仅仅是课堂仪式感的体现，更重要的是一步一步写下推导过程，是帮助学生理解的重要步骤。"学习数学，特别强调概念建立的过程，写板书时能够把演算过程充分体现出来，学生也就能跟着老师的思路去理解和体会。如果只知结果，不了解过程，这个理解肯定是打折扣的。"扈志明解释，"所以不仅是我，数学系的大部分老师都爱写板书。"

　　曾经有一个学生，从来没有见过扈志明本人，却因为在网上学习了扈志明老师的慕课而在高考志愿中填报了清华大学。这件事是扈志明从清华大学 2016 年江西省的招生工作简报中偶然看到的，他既惊讶，又欣慰，说道："你永远不知道自己的哪一句话，就可能影响一个学生的人生。"

　　扈志明自己也曾从很多优秀老师身上获益良多，因此，自己当了老师后，他更加重视一言一行对学生的影响。"我在整个读书阶段碰到了很多很好的老师，包括高中班主任北镇中学的董衍坤老师，本科阶段北京大学数学系的邓东皋、邱维声老师，以及研究生阶段中科院数学所的张同老师，这些老师对我的人生观、价值观以及为人处事影响很大，毕业后到清华大学做一名教师正是受到这些老师的影响。"他说。

　　扈志明谈到自己到清华工作之后遇到了很多非常优秀的老师，也更加坚定了做一名优秀教师的理想。在工作中，他用心向老教师请教，用心向同辈学习，用心掌握教学要求，用心组织教学内容，用心完成教学过程，用心关爱学生。

　　1997 年，扈志明到清华参加工作的第四年，便荣获首届清华大学青年教师教学优秀奖；2016 年，获得首届"清华新百年基础教学教师奖";2003年，扈志明被学生选举为北京市海淀区人大代表，这是他万万没有考虑过的事。可是，同学们却坚持选他为代表，理由是"扈老师能代表学生说话"。

北京大学数学系本科、中国科学院数学研究所博士、清华大学数学系教授……站在数学学科的金字塔尖，扈志明始终沉浸于数学教学工作，教过的学生有上万人次。工作27年来，扈志明获得了北京市师德先进个人、北京市师德榜样、北京市教学名师奖等诸多荣誉。

作为一个有门槛的学科，数学不是一个太讨喜的课程，学生常常会遇到畏难情绪，挂科也是年年都有的事。但哪怕是考试挂了科的学生，对扈志明老师也是心悦诚服。学生不仅在"硬实力"上认可扈老师高超的教学水平，也在"软实力"上被老师的真诚所折服。

能够得到学生的广泛认可，扈志明觉得其中的关键在于"以真心换真心"。他认为，教书是个良心活儿，想要得到学生的认可，想要让学生有所收获，作为老师要永远秉持教学的良知。首先，是自己的定位要定好，当老师不是一个谋生的手段，而是自己的追求所在；其次，即使工作中遇到不尽人意的事情，但是作为教师，要对得起这个职业，不能耽误了学生的青春，因为这是无法返工的；最后，一定要用心做事，用心倾听学生的诉求，无论是在生活上，还是学业上，都要真心地去关心他们，解决学生的难题。

扈志明说："一件事情只要想做好就有可能做好，我现在能够成为合格的基础课任课老师，正是源自对这份工作的热爱。"

扎根基层向青春致敬

离开城市的日子，我用青春闪耀扶贫路

文字 | 曲田

图片 | 贺茂藤　顾绘绯

"蒸着吃、切着吃、煮着吃都好吃的革新村土猪肉腊肠，大家一定要买它、买它、买它……"

镜头里直播带货的不是网红明星，而是会种草的"学霸主播"陈诗慧。2019 年 8 月，清华大学经管学院毕业生陈诗慧从商务部来到国家级贫困县四川省广安市广安区担任龙安乡革新村党支部副书记，开始为期两年的扶贫工作。

高跟鞋收进衣柜，每天骑着电马儿到处收土鸡蛋、剁椒酱，陈诗慧忙得不亦乐乎。不论是生长在河边的荷叶薄荷、悬挂在房梁的腊肉香肠，还是奔跑在丘陵的土鸡土鸭、沉睡在枝头的时令水果，这些在当地村民看来一点也不稀奇的产品，都成为她和同事眼中值得开发的"触网"爆款。

到基层做扶贫工作，陈诗慧的这一选择曾让身边很多朋友感到不解："这是没有选择的选择吗？"

陈诗慧却说，这是自己在清华时便已思考很久的选择。"毕业前我担任 2018 年毕业生启航出征仪式的主持人，与扎根基层的四位启航金奖获奖者深入交流，当时写了一句话：'每个人的选择不同，但其中的最大公约数是清华学子的视野和担当。'既然对多元文化感兴趣，怎么能忽略拥有近 6 亿农村人口的'乡土中国'，为何不趁青春岁月脚踏实地走一回？"

和陈诗慧一样，近年来，越来越多清华大学毕业生选择扎根基层、奔赴脱贫攻坚主战场，在实践中经风雨、见世面、长才干，为全面建成小康社会贡献青春力量。

扎根基层向青春致敬

引导和鼓励高校毕业生到基层工作，特别是到中西部地区、东北地区和艰苦边远地区工作，是党中央、国务院从党和国家事业发展全局出发作出的一项重大决策。长期以来，清华大学坚持将服务党和国家人才战略需求、服务学生职业生涯科学发展作为做好学生就业工作的基本原则，鼓励和支持毕业生"立大志、入主流、上大舞台、干大事业"。

栽好梧桐树，引得凤来栖。早在 2002 年，清华大学便在全国高校中率先提出和开展就业引导工作，而定向选调工作机制更为引导毕业生到基层、服务脱贫攻坚创造了条件，目前清华已与全国 31 个省区市开展了定向选调合作。过去十年间，清华向地方累计输送的 2000 余名选调生中，有一半以上在西部和东北地区工作。

马鹏斐 2007 年考入清华大学计算机系，他至今记得入学教育时观看"两弹一星"纪录片，听到王淦昌那一句"我愿以身许国"的回答时自己内心的澎湃与激动。"从那一刻起，爱党爱国的思想便深深扎根心中。"毕业后，马鹏斐毅然选择到宁夏工作，将个人理想融入祖国发展的壮阔大潮，用扎根基层、奉献基层的姿态向青春致敬。

"努力倾听群众的每一个呼声，应答群众的每一个诉求"是新闻学院毕业生阿衣提汗·吾拉孜汗对自己工作的基本要求。在扎根新疆 9 年的基层工作时间里，他和同事一道将东风乡从贫困乡名单里摘除，并和各族老百姓结下深厚的革命友谊。当年从清华毕业时，师长曾拍着阿衣提汗的肩膀，关切嘱托"好好干！"9 年躬身以行，为不辜负当初师长的期待，更为不辜负脚下这片热土。

在实践中练就过硬本领

到基层去，不是"镀金"，而是在奋斗与奉献中实现人生价值，让青春绽放金色光芒。

2020年新冠肺炎疫情突如其来，回家过年的陈诗慧行李还没来得及理，就又飞回了革新村。疫情期间，面对农产品大量滞销的困境，陈诗慧和革新村第一书记金达苇决定，用当下最火的直播带货助力革新村农产品的线上销售。

4月26日，直播间镜头里，陈诗慧和金达苇与体操世界冠军邢傲伟和毕文静连线，向全国网友介绍地地道道的广安土特产，并带着大家走进村民家中，近距离欣赏柚花，听村民讲述脱贫故事，引发网友的强烈共鸣。当天，在奥运冠军的引流下，光是快手直播平台，观看人数就超过10万。纯手工制作的剁椒酱、软糯Q弹的盐皮蛋、农家秘制的腊肉香肠更是被卖得火热。

"最近我们在肖溪古镇考察文旅结合，竟然有游客把我和同事认了出来，说'这不是革新村的网红书记组合么？'可把我们乐坏了，革新村红了红了！"陈诗慧笑开了花，而更让她骄傲的是，疫情期间革新村电商营业额成功实现逆势增长。

"刚毕业的年轻人、学生娃，到底行不行？"7年前，初到银川市通贵乡的马鹏斐，让很多村民心里打鼓。

从乡站办所干事做起，马鹏斐主动下村入队，和村民拉家常请教农村知识，和当地干部请教农村工作经验，白天奔波在田间地头、建筑工地，晚上挑灯夜读加班写材料整理方案。渐渐地，他和大家处成了朋友和战友。

从对征地拆迁一窍不通到带领干部入户谈判拆迁安置心中有数，从对建筑工程一无所知到全过程负责工程项目实施心中有底，从农田水利沟渠不分到现场办公协调农田建设心中有谱，从对农村工作无处下手到有序调度乡村二级工作心中有策，一步一步脚踏实地，如今，三十而立的马鹏斐已成长为通贵乡党委副书记、政府乡长，在实践中练就了服务群众的过硬本领。

清华给了我们勇气和底气

卸下一流学府的光环，抛却繁华都市和高额薪水，扑向乡村泥土的基层工作并没有想象中那么简单。

"现在的学生大多是独生子女一代，在家里都是掌上明珠，而脱贫攻坚、乡村振兴的一线多是欠发达地区，生活条件差、工作条件差，这都是很大的挑战。"在清华大学学生职业发展指导中心主任张超看来，高校的根本任务是人才培养，毕业生的就业选择和毕业后的坚守在一定程度上检验着大学的教育成效。"学校对学生的就业引导，不该仅仅是'打鸡血'，鼓励他们到基层就业，有时也需要'泼冷水'，帮助他们对可能面临的理想与现实之间的冲突进行理性分析。"

为此，清华大学坚持"扶上马、送一程、关心一生"的工作理念，全力支持到基层就业的毕业生"沉下心、扑下身""留得下、干得好"。对选择到特别艰苦地区就业的学生，提前组织他们到实地调研；对于去西部、基层就业的毕业生，学校坚持亲自将他们送到工作岗位上，并不定期安排看望。

此外，清华坚持落实跟踪联络机制，了解毕业生的成长情况，并制定实施基层公共部门毕业生职业发展支持计划，对其在深造、培训及生活、医疗等方面的困难给予帮助。学校还于2006年起设立了启航奖，对到西部、基层、重点单位就业的毕业生进行奖励，目前已累计投入1000万余元，并组织了对先进典型毕业生的宣传报道。

"在学校时老师引领我们'立大志、入主流、上大舞台、干大事业'，是家国情怀的教育影响了我的职业选择。"法学院毕业生张玲坦言，清华大学在她内心深处播下了家国情怀的种子，基层的锻炼则让她真正懂得了家国情怀和群众感情的分量。

四川省阿坝藏族羌族自治州茂县南新镇攀川村，这是张玲参加工作仅8个月后主动申请驻扎服务的一个贫困村。两年的"第一书记"生涯，她带领村民抗击滑坡、泥石流、岷江特大洪水，从说话温温柔柔的小姑娘练就出"输出全靠吼"的交流功力。

攀川村是一个将近20年没有出过大学生的村庄。张玲到村后，多方努力争取到四川省希望工程专项支持，带全村的孩子到成都公益游学。在张玲看来，精准扶贫，只有教育先行，才能斩断贫困的代际传递。"攀川村是纯羌族的原生态部落，相当不重视教育。我想带孩子们出去看看，告诉他们'只有知识，才能改变命运'。"走出高原，走进大学，参观美术馆、博物馆、图书城，50个孩子体验了很多人生第一次，张玲尽其所能在他们心中埋下理想的种子。

"清华给了我们选择的勇气和底气。"陈诗慧同样说。没有了精致妆容，脱下高跟鞋，沾满泥土的球鞋在陈诗慧看来，分量格外重。"泥球鞋留下的脚印仿佛是一串语不尽的省略号，那是令人向往的革新村乡村振兴的希望和明天。"

"到基层去，到西部去，到祖国最需要的地方去。"一年又一年，家国情怀的责任与担当激励着一批批清华人投身基层，在脱贫攻坚的时代大潮中勇敢作为。

时间为证，这一粒粒播撒到乡间的青春种子，必将生根发芽、茁壮成长，写下一个个动人的奋斗故事……

【清华园的守望者】治安科：为了诗意的栖居

文字 | 王子凯
图片 | 任帅

在文南楼南侧一个很朴素的院子里，一座白色的二层小楼伫立在那里，门牌上写着"保卫处治安办"，它的前身是保卫处治安科，又名清华大学治安派出所。

迈步走进室内，整整一面墙上挂满的锦旗映入眼帘，每一面锦旗背后都在默默讲述着一则精彩的故事：在众多高校流窜偷车的嫌疑人在清华被抓获，同学遗忘在自习室的笔记本电脑被顺走又在24小时之内被治安科神速追回，没有上锁的自行车被人当做共享单车骑走又被治安科找回，深夜走失的老人在校园的角落被治安科找到……

"我们必须尽快查找线索，别让同学着急！"顺着声音看去，一位高大帅气的男老师正在忙碌地安排工作，教年轻同事如何追查案件的线索。他就是保卫处治安科秩序治理和案件侦破负责人李燕宁。

从师生遭窃报案到破案，李燕宁用的最短时间是半小时——清芬食堂吃一顿香锅所花费的时间。"小偷们有一个共同心理，就是偷完以后马上离开校园，但他会在周边的网吧、24小时书店、快餐店翻看包里面的东西值钱不值钱。"

时间对李燕宁和他的同事们有着苛刻的要求。"我们必须尽量在小偷倒卖物品之前把他抓住，这样才能尽可能为师生挽回损失。"但有时也不是那么顺利，需要花费很长的时间来查找案件线索，学校外的线索调查还需要联系民警进行专业支援、调取监控、走访摸排。长年累月下来，李燕宁和同事们熬夜查监控、讨论分析案件就成了家常便饭。

无论大事小情，只要是师生们的紧急求助，哪怕是丢了饭卡，他们都尽最大努力去开展工作。正是靠着这种执着和负责精神，多年来，治安科处理了几百起师生物品被盗或遗失案件，配合警方抓获并依法处理嫌疑人200余人，找回各类失物700余件，挽回经济损失百余万元，保持着80%左右的破案率。

在治安科长黄学永看来，相比于"漂亮的破案率"，他更希望每位师生进一步提高防范意识。12年前，黄学永从清华大学外语系毕业来到保卫处治安科工作，一直奔走在治安管理和防范教育的路上。

"电信诈骗真是防不胜防，防范教育必须得更加细化。"黄学永对学生受骗前的心理有着准确把握："在自己被诈骗之前，每个人都不相信自己会被骗，这是防范教育要面对的现实情况。"

为了让同学们提高防范意识，黄学永和同事们花费了大量精力，总结骗子们的"剧本"和套路。入学前将反电诈提醒纳入入学手册；入学日会邀请警方跟学生面对面宣教；入学后通过学生部门组织电信诈骗防范教育，并将其融入入学教育环节，还面向新上岗辅导员班主任进行反电信诈骗专项提醒。

为了让同学们深入了解发生在身边的典型案例，黄学永联合学生社区中心、校内学生媒体与反电诈民警交流，开展专题宣传。"有一年，我们跟学生社区中心一起，在每间宿舍的门后都贴了反电诈提示，即便是这样还有人被骗。"对那些被诈骗的学生，黄学永花大量时间与院系做学生工作的老师沟通，请他们及时了解学生的思想状态，同时也请求院系多加强日常防范教育。"电信诈骗花样百出，高校师生被骗也屡禁不绝。但清华老师和同学们已经有了防范意识，有些同学接到可疑电话会立即打电话给治安科报告。这是好的趋势。"

为了降低师生自行车的失窃率，黄学永和同事们统计了以往所有失窃自行车的价格和品牌，发现某高端品牌自行车丢失频率最高。为了证实这一发现，他试着从被抓获的小偷那里了解他们经常下手的对象。"通常来说，800元以上的自行车最容易被偷。如果坚持要买一辆好车，最好为爱车配上一把防盗性能好的车锁，毕竟这可以降低被盗的风险。"

清华实验室众多，危化品库存放着各种实验用的物料，一旦出现安全纰漏，后果将不堪设想。张雷的工作就是与这些危险品共舞。他需要精确地掌握各院系单位储存的危险品的剂量、特性、存放地的环境以及出现意外后的处置方法。

物业和安保人员的职业素养高低将直接影响师生校园日常生活的体验，张雷还负责协助院系监管督促物业履职尽责、培训外协人员，经常去各院系与负责老师沟通，以实时了解他们的需求，并督促物业人员改进工作。

治安科的人心里不全是完美的破案，也留着丝丝遗憾，这是他们追求极致的注脚。从张雷沉厚的嗓音里，可以自然感受到多年工作中练就的稳重与谨慎。即便如此，当提到 20 年前的一件事时，张雷仍旧追悔不已。大年初二，某系一位老教授来找张雷求助。这位老教授用办公室的电脑写书，书稿已经完成了百分之八九十，就在最后的收尾阶段，因为疏忽没有关门，办公室的电脑被窃贼盗走了。

"老教授说自己已经是快 70 岁的老人了，根本无力再回忆着重写一遍。"张雷低声讲述着："这可能是他准备大半辈子的书稿，这种损失是无法估计的。我们尽了最大的努力，但是当时的技术没法为我们提供更多支持，最终没有帮老师找回电脑。"

李燕宁也有他的遗憾。那年盛夏，他和同事们花了一个星期蹲守在闷热的车棚抓小偷，结果却因花了五分钟上厕所，错过前来顺走自行车的小偷，这一幕仍历历在目。

治安科的故事并不都是曲折动魄的破案情节，也穿插着各种琐碎与反复。

黄学永对于校园各地监控点、巡逻区、人手分配、巡逻路线如数家珍，为了避免校园里的不法商贩掌握巡逻路线以规避监管，他和同事们会精确地调整每一次巡查路线；李燕宁会用幽默的语气调侃自己为了追踪小偷的踪迹，和海淀民警跑到各个公交站点查询路线和监控的事情。"海淀分局中关村派出所会跟我们就校内案件开展办案交流，我们的一些经验也得到了办案民警的肯定和赞扬。"

在治安科，这里的任何一个人都有着许多精彩而接地气的故事，事无巨细，烟火十足。

这些故事的主人公，是保卫处治安科，也是你我，清华园里的每一个栖居者。

2021 贺年专用邮票设计者、艺术家陈楠：
用设计语言传播传统文化

文字 | 韩瑞瑞
供图 | 美术学院

中国邮政定于 2020 年 11 月 5 日发行《国裕家康》《新春送福》贺年专用邮票 2 枚及小全张 1 枚，设计者是清华大学美术学院教授、博士生导师、中国古文字艺术研究中心常务副主任陈楠。

中国邮政自 2006 年开始发行贺年专用邮票，包括一枚固定的贺年邮票《贺新禧》和一枚当年的生肖邮票，以及由两枚邮票制作的小全张。贺年专用邮票诞生至今已经度过 14 个春秋，成为大家迎接新年的重要符号，此次由陈楠设计的《新春送福》接力通用了 14 年的《贺新禧》正式登上历史舞台，成为开启新年的又一视觉记忆。

邮票以汉字为设计灵感，将不同书体的"福"字、甲骨文的"门"字及中国书画中的斗方元素进行创意设计，以红色、金色为主体色调，寓意祈福迎祥、开门见福。

设计：用邮票传播传统文化

对于陈楠而言，这次设计任务是一次意义非凡的体验。

半年前，陈楠收到中国邮政的正式邀请，开始进行 2021 贺年专用邮票的设计创作。但是正值新冠肺炎疫情期间，又是 14 年来的首次重大改变，如何把握画面的文化内涵、吉祥寓意，以及在创意创新上寻求突破？陈楠面前摆着一道道设计难题。在经过深思熟虑，并与中国邮政相关负责人、编辑讨论设计方向后，他们达成共识：在此次邮票设计中要提升积极乐观的视觉感受，一扫新冠肺炎疫情带来的心理阴霾。陈楠谈道："几千年来，吉祥文化一直是中国传统艺术中最重要的部分之一，无论是古代还是当下，趋吉避凶、祈福纳祥是人们永恒的主题。"本次设计应大力弘扬民族传统文化与建立吉祥美好的视觉意境。

在持续半年的设计过程中，陈楠前后提交了近 20 个设计方案，小的修改与调整更是不计其数。有的方案用宝瓶如意的图形表现平安如意，有的则用写实的四合院门楼表现五福临门……最后胜出的设计方案是这幅完全以汉字为主的《新春送福》。邮票上有五个"福"，分别是位于四角的甲骨文、金文、行书、楷书，与位于中心的汉印风格装饰字体。象形的甲骨文"门"字就像张贴春联的一户人家的大门，表现了五福临门、开门见福的美好寓意。

对于汉字设计方案被选中，陈楠有自己的解读。他认为邮票虽然是于方寸之间的艺术，内容却包罗万象，体现了发行国家的特有文化与文明成就，所以被称为"国家名片"。今天的中国，随着经济的腾飞与文化的复兴，民众对于本土文化的自信度进一步提升，作为一名艺术家、设计师，他有热情也有责任大力宣传推广中国优秀的传统文化，这其中就包括对汉字艺术的研究、创意与推广。

但汉字艺术设计的研究与创作并不是陈楠设计工作的全部。他是 2008 年奥运会吉祥物福娃的设计者之一，设计开发了第一套甲骨文设计字库与众多的甲骨文表情包，也是清华大学 110 周年校庆视觉系统的设计者……他为自己的定义是"做一名做好中国文化传播设计的人"。在陈楠看来，邮票是衔接普通民众和艺术的一个重要窗口，它既展示了国家形象和历史事件，也是向普通民众传递艺术的一个便利的途径。邮票有千万张的发行量，会传入千万人的手中，这远比许多高端的展示形式更加便利与深入人心。

同时，他也期待着在接下来的每一年中，新的生肖邮票将以怎样的创意与这枚邮票进行完美的组合。

育人：将恩师的言行传递

艺术设计对于陈楠而言，不仅是工作，更是热爱，是生活的一部分。

他工作室的微信公众号会不定期更新"本上涂鸦"系列作品——来自陈楠手稿本里的绘画小品。从初中学习画画到今天，他积累了几百个手稿本，其中完整的画稿就整理了近两千张，创意草图、读书笔记、风景写生更是多不胜数。一张张生动有趣的手稿见证着他的艺术生涯，无论是在飞机机舱里，还是在火车车厢里，旅途中他都会随时记录。有一次，在巴黎蒙马特高地时，陈楠手边只有一支笔但没带本子，便在超市的打印小票背面上画了一张鸟瞰城市的小景。"最幸福的感觉就是在街边咖啡馆画小风景或创意草图了。"他说。

在采访中，陈楠表现出对于设计思维与方法论的热衷，他希望不断突破创作思维定式的禁锢，寻求文化传承与创新的平衡，追求学术研究与设计实践的统一。他表示，在他的成长中不仅要感谢从事艺术工作的父母潜移默化的言传身教，更要感谢曾遇到的几位恩师。

对他影响最为深刻的是大学毕业创作时的论文导师孙德珊先生。对于陈楠如何创新的提问，孙老师只用一句"日光之下并无新事"就使他醍醐灌顶，顿时明白传统与创新的哲学关系。

如今，陈楠站在讲台上执教已经25年了，他希望自己也成为学生们的启悟者，一位良师益友。在教学之中，陈楠始终坚持结合当下最新的科技与设计方法，不遗余力地传播中国传统文化，将中国传统的哲学思想、艺术语言转化成鲜活的当代设计语言。他是一个具有跨界思维与行动的学者，用源于诗词格律的理解研究创立了"格律设计"的方法论，启发学生探寻隐藏于表层形式背后的系统结构与运行规律。

他主讲的"视觉传达设计思维与方法"课程多次被评为"清华大学精品课程"。他在每次课程中都注入大量心血，一堂课数百页精彩图片的PPT课件与生动的讲解交相辉映，使这门课成为最受同学们欢迎的课程之一；他的学术讲座经常座无虚席，学生们甚至挤坐在讲台边儿上。陈楠在教学工作中投入的心力与教学效果可见一斑。

艺术设计是件大事，尤其是在像设计邮票这类重大工程时，如何做到"专家点头、百姓鼓掌"？陈楠认为每个设计师都应该朝这几个方面下工夫："首先，得有一颗热爱生活的心；第二，想法与见识有赖于知识的储备，对各种知识都要涉猎；第三，专业化，做任何工作都需要扎实的真功夫；第四，表达力要强，设计是关于传播的艺术；第五，坚持文化传承与传播交流的结合，希望自己和学生都能在传统文化的根基之上具备开放的眼光；最后，就是既要有系统思维和逻辑思维，也要允分地相信自己的直觉与灵感。"

热情：一场修炼，一次领悟

在学生口中，陈楠是个思维活跃的人，想法丰富而发散，好像有用不完的活力与创意。

陈楠认为，不管年纪如何，心态总要保持年轻，尤其是对于做设计的人来说，跟不上时代是不行的。他注重思维的发散与更新，回忆起小时候，他是典型的对于数理化"敬而远之"的文科生，而现在，他越来越对科学、数学感兴趣，无论是其中的逻辑还是科学的美学都可以与艺术设计相融合。在与谷歌公司合作的项目"智绘甲骨"中，他创意设计的甲骨文字体与动画结合人工智能机器学习的技术，使得晦涩高深的古文字具有了鲜活生动的交互体验。陈楠正在做出努力，试图将更多的创新手段应用到设计传播中。

陈楠的办公桌上有一张他在工作空隙随手的笔记与草图绘画，笔记的下面是一个带有波普风格的哪吒，三头六臂、风火轮，还有李靖的宝塔和太乙真人的拂尘……"或许起笔的时候并不知道要往哪里走，该画些什么，只是没有逻辑地把脑海里闪动的符号倾泻于纸面，把空间填满，让思维在笔尖散步。"

陈楠爱好广泛，他从小喜欢福尔摩斯的演绎法，喜欢梦的解析，家里还有很多雕刻工具，有时也做做小木雕。他最喜欢的收藏是电影手办，"或许明年会开始设计自己的IP形象"。他充满热情做着的事情，不仅是一份工作，也是一场修炼，一次领悟。

姜海：换位思考，共探算法世界

文字 | 马倩倩
图片 | 崔云涛

在清华大学六教 6A216 的教室里，工业工程系的姜海老师正在讲授"数据结构与算法分析"课程的第三讲，这场致力于在大数据时代提高学生的算法分析能力的数据实验正在进行，姜海说："现在各行各业都大力推进信息化和智能化建设，积累了海量的数据，如何设计高效的算法来分析和处理这些数据是社会迫切需要解决的挑战。"

2014 年以来，这门课程多次成为全校教评前 5% 的优秀课程，先后入选清华大学精品课、标杆课程，姜老师也曾被提名为工业工程系"清韵烛光－我最喜爱的教师"。一名大三的选课同学说："这门课对算法的学习是基础、必要和全面的，课程涉及的一些经典算法和数据结构对本专业的后续学习很有帮助，对自己的编程技能是一种很好的培养。"

由于课程内容偏理论，为了不让同学们觉得枯燥乏味，当遇到偏数学、难理解的内容时，老师会一边在黑板上推导，一边让学生在课件的空白处记笔记，希望增加学生的参与感，让他们对学习内容有更好的理解，从而体会到课堂授课的价值。同时，课程也结合老师的科研课题讲授如何解决实际问题，比如以此前与三菱重工合作开展的"高性能甘特图绘制算法"课题为例，向同学们展示了课题组如何以课堂讲授的知识设计算法，把绘制效率提高到了 70 倍。

这节课程从回顾实证和理论这两种算法分析手段的优劣开始，带领同学们进入主题：对同一种算法的不同实现进行效率比较。手中拿着一沓厚厚的讲义，姜海老师引入了渐进分析的概念，开始介绍不同算法的速度分析的符号和相应的规则。介绍完基本的运算规则，他开始带领同学们一起证明这些规则的推理路径，与其他课程形成对比的是，这门课的同学上课很少用电子设备记笔记，而是用一支笔，一沓纸，跟着老师一起推演。

在自由的发言、交流中，同学们及时向老师发问难点，而姜海老师会引导学生逐一判断不同情况，一点一点引导学生修正并理解这些运算法则，用循序渐进的方式让大家理解证明思路。一个完整的学习过程包含了学生的思考、停顿、回答、被引导、修正，最后与实际操作结合，在这个过程中，老师擦了又写，用几块黑板呈现出一个规则的应用过程，同学们下课之后也会和老师讨论，细化运算过程，在一种相互碰撞的状态中，老师和同学们完成了更有交互性的课堂学习。

对姜海老师来说，保持课程吸引力的秘诀就是去换位思考同学们的时间价值，他将教材一个章节中最精华的部分提炼出来，在 90 分钟内把同学们自学需要花费一两天才能看完的内容讲透，给他们展示了课堂的价值。

这门课让同学们使用 C 语言这种易于犯错的编程语言进行练习，目的是希望用这种需要小心操作的语言培养他们严谨认真的态度。姜老师说："如果用'坑'比喻算法实现里可能出现的 bug，学生只有在课堂上摔的次数足够多，才能在今后的工作中摔得少。"

上课的同学们说："虽然课程比较偏重数学理论，但姜老师深厚的理论基础和清晰的讲课过程使课堂保持了一种轻松的状态。"这门课一方面对学生的大学数学能力有基本要求，因为上课偏重用理论与计算评估一种算法，同时也有很强的应用性，课程结束后，同学们每周要投入相应的时间完成作业。作业与课程密切相关：一部分是理论问题，有为了避免同学产生畏难情绪的基础题，也有激发学有余力同学的提高题；另一部分是计算机编程工作，让同学们通过实践去理解课程讲授的理论知识，验证课堂和作业里的理论结果。

对此姜海说："作为一名老师，最需要考虑怎么才对得住学生的时间。让学生意识到 90 分钟的课堂学习带来的收获要远大于逃课去做别的事情，这样的课堂才能成为学生喜爱的课堂。"

学生年度人物：每个人拾起一粒沙，共筑时代一座山

文字｜杨晨晞
图片设计｜金娅辰
素材提供｜校团委

2020 年是不平凡的一年。12 月 31 日晚播出的清华大学 2021 年"云上"新年联欢晚会揭晓了"2020 年清华大学学生年度人物"。他们是万千清华人的缩影，用自己的行动展现了当代清华学子的价值追求和社会担当。

2020 年，清华人在困境中坚守

医学院 2015 级直博生单思思在寒假疫情暴发初期就返回清华园，投入新冠科研攻关中，在科研战"疫"一线争分夺秒、攻坚克难，24 小时连轴转地泡在实验室里，生产抗体、检测抗体功能、进行动物实验，为研究新冠疫苗和抗体贡献着青年的热血。在经历了无数次的失败后，她和团队成员已经解析了病毒与蛋白结合的关键结构，成功分离出几百株抗新冠病毒的单克隆抗体及其编码基因，目前正在进行临床试验。

新闻与传播学院的黄一洋在疫情暴发前去往武汉拍摄毕业作品，一去就是半年，武汉封城，黄一洋与导师商议在保护好自己的前提下把握时代脉搏，用镜头记录武汉的街头巷尾。从暮冬到初春，隔离区的志愿者、基层社区的工作人员，这些普通人的付出与牺牲、乐观和无私都被记录在了他的影像中，闪闪发光。

"大家放心，我们可以把国旗守护好，守护到大家平安回来上课的那一天。"材料学院的经求是在疫情期间，组织临时国旗护卫团队，承担了开学第一日升旗、清明下半旗、109 周年校庆升旗等重大任务，以及 2020 春季学期近 200 天的校园每日升降国旗工作，他用实际行动展现了何为"护国旗之信仰"，尽管校园空荡，但国旗仍在空中飘扬。

"哪里缺人，请让我上！"精仪系的李金峰与 540 名清华志愿者为北京市核酸检测录入了九万份数据。作为在线教学优秀志愿者，李金峰细心地为授课教师和助教进行雨课堂授课技术指导，整理了超过一万字答疑手册，更协助为武汉兄弟院校开设克隆班。累计超过 629.5 小时的志愿工时，每一秒钟都散发着她的温暖与力量。

2020 年，清华人在奉献中成长

机械系的林腾宇有一个梦想在不断生长：让每个孩子都能连续不断地喝上价格低廉的纯净水。2018 年，林腾宇师从石墨烯领域专家曲良体教授开展界面热材料基础研究，他跟团队的师生一起通过新型石墨烯净水技术创新突破，研发了一套全国产、低成本、高寿命的净水技术方案，为探索 22 亿人类净饮水危机的解决之道贡献自己的力量。通过石墨烯净水创业项目，林腾宇正推动着中国纳米智造惠及全球，力争使贫穷地区摆脱饮水障碍。

数学系的刘通从 2017 年起加入答疑坊志愿团队，主要为微积分、线性代数、概率统计等课程分享解题思路和学习方法。4 年时间，从志愿者到队长再到灵魂人物，刘通已经为 1888 人次提供了答疑服务。答疑坊也不断扩展规模，积极响应远程教学和强基计划的需求，灵活开展线上线下融合式答疑服务。仅 2020 秋季学期，前 12 周接待量就突破了一万人次。逐渐地，清华同学在学业上遇到难题，便有了求助和沟通的窗口，答疑坊曾经的忠实客户也加入到了志愿者团队中，薪火相传，生生不息。

"用一年不长的时间，做一件终身难忘的事。"每年7月，研究生支教团的志愿者们在完成为期一年的系统培训后，都会前往西藏、青海、甘肃、宁夏、山西、湖南、陕西、云南等地开展支教工作，为中西部地区发展贡献青春力量。他们用眼睛考察民情，用脚步丈量大地，思考教育扶贫的方式与意义，把论文写在大地上。截至目前，清华大学研究生支教团服务时间累计达80万个小时，覆盖人数超过两万人。2020年，清华大学研究生支教团获评第24届"中国青年五四奖章集体"。

2020年，清华人在岁月里留声

"少年游，曾以为青春难偷；望不够，水清木华都在你眼眸。"作为校园歌手，建管系的于盛把他的经历与生活中的情感点滴创作成20余首原创音乐作品。《学堂往事》追忆同窗时光，《三人间》定格家的温暖，《少年游》展望海阔天高。疫情期间，他创作的《白衣城墙》致敬了最美逆行的医护人员，并于全国各省（区、市）网课课间播放。他说："创作的生命力是从时代的脉搏中涌动而出的，我很幸运能够用音乐的方式记录身边的一切。"

一人之声，亦可振聋发聩。自去年香港"修例风波"以来，公管学院博士生谢晓虹五次登上新闻联播，表达"反暴力""护法治""守护香港""爱国爱港"的青年意见。《中华人民共和国香港特别行政区维护国家安全法》出台前后，她多次在香港媒体上支持，更积极组织青年学生了解学习该法律，在香港及校内累计宣讲近20场，覆盖听众超过1000人次。

研究生毕业典礼上，医学院的伊瓦娜（Ivana Todorovic）作为第一位来自波黑的毕业生发言。战火中成长的人生经历让伊瓦娜坚信：要团结起来，为人类、为国际社会尽心竭力。在清华的学习和生活让她深入地了解了中国的治理和医疗体系。疫情期间，她组织中国大使馆与波黑卫生部开展抗疫视频会议，并积极与中国境外医疗保健行业建立联系采购医疗物资，尤其是当时急需的面罩和防护服等，并将其作为捐赠品运往中国。她在社交媒体上分享关于中国抗疫最真实的信息，接受来自国内外多家媒体的采访，呼吁通过国际合作携手对抗疫情。她感叹："我从未见过任何一个国家像中国这样，为扭转困境，人民心甘情愿团结一致牺牲个人利益，奉献个人力量。"

身处时代之中，我辈砥砺前行。他们是我们的同学、我们的朋友，每个人拾起一粒沙，共筑时代的一座山。

2021已至，在2020交上圆满答卷的清华人将继续前进，在新的一年启航、出发，共同迎接建党100周年和建校110周年的到来。

李文辉：为发现乙肝病毒受体打开了一扇门

文字丨徐亦鸣
图片丨赵存存

　　读文献、开组会、讨论课题进展、指导实验、审稿、与同行交流……自 2007 年从哈佛医学院回国，北京生命科学研究所资深研究员、清华大学生物医学交叉研究院教授李文辉十几年来在实验室几乎都如此度过。2020 年秋天，李文辉平静往复的实验室生活出现了一丝波澜——一封来自大洋彼岸的电子邮件悄然而至：他获得了巴鲁克·布隆伯格奖，这是全球乙肝研究和治疗领域的最高荣誉。

　　巴鲁克·布隆伯格奖的往年得主包括开拓了肝脏及器官移植领域的托马斯·斯塔兹尔博士，还有发现丙肝病毒的 2020 年诺贝尔生理学或医学奖得主哈维·阿尔特博士等优秀科学家。尽管李文辉 2012 年发现乙肝病毒受体的研究成果曾一度轰动国际学术界，他仍看到邮件的那一刻仍有些不相信。

　　但在旁人看来，李文辉获此荣誉当之无愧。他带领团队历时五年发现乙肝病毒受体的研究成果，对于病毒性肝炎的基础与临床研究具有里程碑意义。

毅然回国，从零开始挑战乙肝病毒

　　我国是世界上感染乙肝病毒人数最多的国家，约有近 1 亿感染者，每年约 30 万人死于慢性乙肝相关疾病。由于现有药物不能根治乙肝，患者必须终身服药。小时候住在乡卫生院后院的李文辉，从小就目睹病痛对患者的折磨，也深知医疗水平的局限。

　　1993 年，李文辉在兰州医学院传染病科实习期间，在一线接触的传染病患者大多数是乙肝患者，跟随老师查房时病人的痛苦与无奈让他印象深刻。

　　"乙肝是病毒学中的重要难题，也是对中国来说亟待解决的重要问题。"李文辉说，"如果要研究乙型肝炎的相关问题，中国是合适的地方，也是最需要我的地方。"2007 年，李文辉离开哈佛医学院回国，加入北京生命科学研究所。

　　乙肝病毒要想感染人类，必须先与细胞膜上的一个蛋白质分子结合，然后才能进入宿主细胞，这个分子就是 HBV（hepatitis B virus）受体，相当于乙肝病毒进入细胞的大门。只有找到这个受体，才能深入了解乙肝的感染机制，进而才可能研发出有效的治疗药物。自 20 世纪 70 年代美国科学家巴鲁克·布隆伯格发现乙肝病毒以来，40 多年过去，寻找乙肝病毒受体的科学家都无功而返。

　　2008 年李文辉团队几乎从零开始研究乙肝，单是基础工作就用了整整两年。

　　不同于其他病毒，乙肝病毒只能感染人类、黑猩猩和树鼩。根据分析，研究团队认为，在现有条件下，这种外形酷似松鼠的类灵长类小动物——树鼩是唯一的突破口。于是，研究团队买来两只树鼩，从其体内取出肝脏细胞进行体外培养，建立研究乙肝病毒的体外感染模型，期望以此迈出发现乙肝病毒受体的第一步。

五年蛰伏，要做"真正重要的事情"

李文辉未曾料到，迈出这一步后，团队在未知的黑暗中摸索了五年之久。

乙肝病毒直径只有 40 纳米，在电子显微镜下，负责乙肝感染的病毒蛋白镶嵌在病毒包膜上，有一端前后四次跨过宿主细胞细胞膜，这一现象在病毒的感染模式中非常特殊，很难用已有的实验体系进行研究。

团队的科研人员从树鼩的遗传物质入手，建立了树鼩肝细胞的基因表达图谱，试图从源头摸清宿主细胞中可能出现的浩如烟海的蛋白质范围。之后再通过各种手段分析筛选，从万顷汪洋中寻找"弱水一瓢"——那一种与乙肝病毒结合、导致宿主患病的受体蛋白。

李文辉团队从两个思路分头入手，一路抛出"诱饵"，等目标"愿者上钩"；一路以最慢但也最稳妥的方式，进行一场排除法的"普查"。而几个月过去，两条路径之下的研究工作，都没有任何进展。

"是不是这个受体根本就不存在？"学生们陷入深深的困扰。没有任何进展和成果，发不出文章，李文辉并没有为此焦虑，"做科研不能以发文章为导向，我可以做相对容易、好发论文的课题，但我想做乙肝病毒受体，因为它是这个研究领域最难，也是最亟须解决的关键问题。"

团队重整旗鼓，继续对"诱饵"本身和作用机制进行调整和改进。直到 2012 年 1 月的一个午夜，研究人员终于发现了可能是目标蛋白质的物质分子，钠离子牛磺胆酸共转运多肽（又称"肝脏胆酸转运蛋白"，英文简写 NTCP），很可能就是他们寻找了多年的乙肝病毒受体！

年关已近，李文辉和团队中的几名同学放弃回家过年，加班加点对实验结果进行进一步验证。1 月 27 日农历大年初五凌晨，终于，验证实验迈出了成功的一步。三月中旬，通过改进实验方案，团队终于成功确定了 NTCP 是乙肝病毒受体的关键证据。又历时几周，人类肝细胞上受体的功能丧失实验完成。此后，团队又夜以继日做了大量的实验，补充了许多新的数据，让结果更加可靠。

2012 年 11 月 13 日，文章在科学期刊 *eLife* 在线发表——这是李文辉实验室成立五年多来发表的第一篇乙肝论文。李文辉实验室稳扎稳打，以可靠的成果质量获得了国际同行的认可。

获奖之后，"只是打开了一扇门"

李文辉身体力行了自己常说的"做最难、最重要、最有意思的科学"，也亲历了等待与摸索，验证了"时间会告诉你一切"的颠扑不破。也正是这样，几年后突然而至的荣誉，纷至沓来的采写、拍摄与访问请求，在李文辉的生活里也仅如一阵拂过巨木的微风。

做实验的过程漫长甚至枯燥，李文辉耐心培养呵护着学生们的热忱。"做实验是最有意思的，相当于在和自然界对话。亲手做出来和听别人讲是完全不同的感觉，成为世界上第一个发现自然秘密的人，非常有成就感。"李文辉告诉学生们。

学生们来自清华大学、北京大学、协和医学院等不同院校，有多样的学科背景和扎实的知识基础。大家在北京生命科学研究所的实验室里进行跨学科交流，有很多共同语言和话题，许多学生常常晚上还"泡"在实验室里。

"发现受体只是打开了一扇大门，并不意味着研究工作可以就此结束。它将不可能的变成了有希望的。"李文辉说。乙肝病毒受体被发现之后，科学家面前还有进一步的基础研究与药物研发工作有待推进。

"保持好奇心，保持对自然界的敬畏，坚持追求。"李文辉寄语年轻的科研工作者们，也勉励自己的团队，"继续前进，去挑战新的未知前沿，我们责无旁贷。我们的目标是全力以赴继续往下做，直到最终解决实际问题。"

班慧勇：以赛促教，焕发清华之"格"

文字 | 黄思南

摄影 | 李派

还有 120 秒！

20 分钟的时间限制马上就要到了。讲台上，年轻的教师仍在自然流畅地进行着课程内容的讲授，他的眼神在板书、教具和听众间自如切换，似乎并没有注意到计时器上飞速更新的数字。

最后 2 秒，结束语的尾音圆满落下，下课、鞠躬，时间刚好。

观摩室内，清华团队一颗颗紧紧揪着的心方才落下。

日前，第五届全国高校青年教师教学竞赛决赛（以下简称"全国青教赛"）在南京大学开赛，经过激烈竞争和严格评审，清华大学土木工程系教师班慧勇荣获工科组一等奖。

以高性能复合钢材钢结构为主要研究方向的班慧勇，于 2016 年年底回到母校清华土木系任教。2017 年秋季学期，他开始教授本科生专业核心课程"钢结构（1）（英）"及研究生前沿课程"高性能钢材与钢结构"。

在本次全国青教赛中，班慧勇的参赛课程即为"钢结构"。钢结构是目前土木工程领域最重要的结构形式之一，大量应用在高层、大跨等结构工程中。

这门课程的培养目标，就是为低年级学生初步建立知识架构，保持知识谱系的连贯。在既往三个学期的教学中，班慧勇会从钢结构整体概念入手，进而局部解剖，探析构件、连接、节点受力的基本理论与工程应用技术，最后再回到整体，与后续课程相衔接。在土木系冯鹏与航天航空学院薛克宗、电机系朱桂萍、土木系李威四位老师组成的学校青教赛工科组教练团队的帮助下，班慧勇开始全力备赛。每周两次集中演练，四位老师给出建议，每次讨论都会持续四五个小时，有时甚至进行到深夜。

"有几次结束后，我看到办公楼外路灯下教练老师们的背影，他们仍在认真讨论交流着。"班慧勇深感青教赛团队的强大支撑力，这是他在参赛过程中信念与安全感的重要来源。

班慧勇还花了大量时间准备参赛所需 20 讲的授课内容，厘清主线、更新思路、收集素材、策划设计。"青教赛团队的教练老师们告诉我，清华授课，强调'内容为王'，要做到有深度、有重点，能培养学生的创新意识。讲课要有清华之'格'——不仅要讲清楚知识点，还要传达一种思想，对学生有所启发。"

班慧勇回忆，上场前 1 小时抽取教学演示节段内容，他抽到了"火灾下钢柱的承载力"这一节课。这一讲围绕钢结构设计中必须要考虑的一种灾害条件，针对火灾下钢柱的破坏，从现象出发，探究机理、提出方法。比赛中，有一个细节令他至今印象深刻："我使用的教具是一张 A4 纸，通过互动实验，从失稳机理和火灾实际情况展开逐层讨论。由于竞赛组委会要求不能和评委直接互动，所以我并没有下发任何教具。但当我讲到'请大家和我一起拿起一张纸做一个实验'时，我发现，有超过一半的老师找出自己桌上的白纸，跟着我的动作操作——我一压，老师们也跟着一压，我把纸卷起来，老师们也跟着卷。这种正向的激励使我更加放松自如。"

"我现在也还是在一个学习的阶段。"班慧勇诚恳地说。他在教学上的成长，离不开清华对"以赛促教"的重视和长期形成的"青教赛精神"。结合自身教学体悟，班慧勇在与教练团队的一次次探讨学习中，进一步凝练教学经验，并总结为"把握三个关系"：一是结果和过程的关系，知识要讲结果，更要重视对过程的历史溯源和思想凝练，备课时更多挖掘原始文献，鼓励同学阅读、思考，明确得出结论的方法，授之以"渔"；二是基础和专业的关系，帮助同学们把基础和专业联系起来，需化繁为简，将复杂的对象模型化，如使用基础力学模型来应对复杂参数耦合时的学习难题；三是理论和实践的关系，工科理论应该联系、服务实践，对于如何在技术上避免工程事故、伦理上树立职业道德的讲授，具有较强的现实意义。

赛场上，班慧勇也正是这样实践的——通过学科交叉，进行宏观力学现象的微观机理溯源；将复杂工程对象模型化，巧用弹簧等简单模型重现复杂受力机理；结合工程热点和事故分析学习专业理论。

"这些经验，与清华'三位一体'的教育理念相契合——知识传授是基础、能力培养是重点、价值塑造是提升，也是我未来长期努力的方向。"班慧勇说。

日常的教学中，班慧勇重视与学生的交流。他鼓励同学们在开放交流时间来进行一对一交流，夯实对课程的学习与理解，也希望听到大家对课程的建议。"教学评估中，有不少同学给了我非常好的建议，'钢结构（1）（英）'这门课开设至今不断完善、提升，离不开青教赛团队的指导和多次比赛的历练，同时，还有很大一部分功劳要归功于同学们。"班慧勇说，"包括本次竞赛也是一样，我的博士生也积极思考，给我提供了很多很好的参考建议。"

时至今日，班慧勇一直觉得自己"始终还是一个学习者"。未来，他将继续秉持"少一些'给我上'，多一些'跟我上'"的理念，不断成长，永葆清华之"格"。

北京市教学名师：作灯作桨　引你于未知中航行

文字｜彭欣怡

图片｜曾仪

素材提供｜教务处

　　老校长梅贻琦先生曾在就职演讲上说："所谓大学者，非谓有大楼之谓也，有大师之谓也。"正是当年久负盛名的大师们，才使得当时的清华大学在世界名校中有一席之地。

　　桃李不言，下自成蹊。时至今日，清华园里的教师们仍然传承着大师们的精神。他们对真理的追求，对内心的坚守，对知识的谦卑，对社会的关怀，皆如化雨春风，持之以恒地滋养着每一位学生。一代又一代清华教师厚德修身、甘当人梯，致力于将全部精力和满腔热情，献给崇高的教育事业。几十年如一日，他们在三尺讲台不懈耕耘，躬身笃行。

　　2020 年年底，北京市教育委员会公布了"第十六届北京市高等学校教学名师奖"和"第四届北京市高等学校青年教学名师奖"获奖名单。清华大学法学院申卫星、计算机系刘卫东和物理系王青等三位教师荣获"第十六届北京市高等学校教学名师奖"，土木系吴璟、化工系卢滇楠和数学系杨晶三位教师荣获"第四届北京市高等学校青年教学名师奖"。

　　他们，连年耕耘，不断迈向新可能。

　　"当你在讲台上讲解、踱步，感受到学生的目光追随着你，那是最美的享受。"申卫星本科毕业后就站上了教室的讲桌，面对台下一百五十位的师弟师妹讲授"婚姻法"课程。28 年过去，他更加游刃有余，与学生一起教学相长，互相促进。在清华，他长期为本科生开设"民法总论"和"物权法"等课程，积极参与民法典等法制宣传，近年来还创造性地提出"临床法学"教育理念和"计算法学"新学科。他带领学生在圭臬中行走，也从法学的窗口探索世界。

　　杨晶相信，基础数学课的教学仍然是"内容为王"。他一直坚持在教学第一线，共计授课 41 门次，其中 31 门为本科生基础数学课，10 门为研究生公共课。他曾获选"清华大学良师益友"，也在市级和国家级的教学大赛上取得了诸多奖项。面对疫情的挑战，他又担任起"在线教学／融合式教学专家组"成员，在创新中探索教学的可能性。依托他所教授的"线性代数"上线的慕课课程曾获"国家在线精品课程"等 4 项国家级教学奖项。时代进步的洪流中，他也始终探索着"云上课堂"的未来。

　　他们，走近同学，亦师亦友亦知己。

　　卢滇楠被学生杜林翰评价说："上过他课的人都亲切地喊他'楠神'，他渊博的知识和认真创新的教学精神让我们都很佩服。"一声"楠神"，道出的是他的亲善与热情。毕业于清华大学化工系的他注重案例教学和因材施教，多次担任本科班主任和研究生班级指导教师，在一对一的交流中与同学们建立起深厚感情。作为一名青年教师，他倾心投入，致力于为更多愿意学习的人提供机会，让更多人体会到热力学之美。

　　吴璟 2012 年开始从教。从教时间并不长的他，却凭借自己的个人魅力和过硬的专业本领吸引了大批同学，扎下根来。自那以来，他长期承担清华大学校级精品课"工程经济学"等多门本科生核心课程教学任务，专注课堂教学，持续提升教学效果。在学生们眼中，他风趣幽默，课堂上总是精神饱满、准备充分。他秉持"how we teach is also what we teach"的理念，在课堂上深入浅出，强实践，重创新，推进国际化，连年获得学生好评。

　　他们，启发灵感，激励求知欲的燃烧。

　　王青相信，学生自己才是创造知识的主体，"让问题驱动成为教育过程的核心"，只有通过问题驱动学生自主思考，才能使他们从地基开始真正认识物理学这座"高楼大厦"。在"费曼物理学 II"和"电动力学"课堂上，他尝试了以慕课为基础的翻转课堂混合式教学，在物理系本科最难的课堂里实现了大批量、大幅调动学生兴趣的问题驱动式互动教学。不断向未知发问，更不断自我发问，王青在课堂上带领同学们向更高的目标进发。

刘卫东执教"计算机组成原理"课程已逾 20 年。他在计算机原理课上提出的"奋战三星期，造台计算机"的口号，极大地激励了同学们的学习热情和挑战欲望，也成为计算机系学生文化传承的一部分。他不仅只是布置艰深的课程作业，在多年的课程打磨中，刘卫东和其他老师们一起，建设了软硬件配套齐全的远程实验平台和教学资源，关注学生的收获与成长，用热忱和关爱，浇灌着同学们的热爱与好奇心。

在追求真理的路上，莘莘学子渴望不断学习，对世界的认知不断增长，他们探求着宇宙、自我、公正……在无穷无尽的学海中摸索，探寻着知识的边界。而正是有了这些潜心付出的老师们，学子才充满力量地走在求知路上，脚步沉稳。

他们，是英才，是良师，也是益友。

手捧满园的桃李，放眼祖国的明天，老师们引导学生进入知识的殿堂，总在心中镌刻：路漫漫其修远兮，吾将上下而求索。甘作灯，甘作桨，引领学生于未知中航行。

李赛：给新冠病毒"拍照"的人

文字｜赵姝婧
图片｜李娜

李赛过 37 岁生日时，收到了一个惊喜——新冠肺炎病毒形状的生日蛋糕。蛋糕形状惟妙惟肖，跟他摆在办公室桌上的 3D 打印的新冠肺炎病毒摆件可谓是"一模一样"。蜡烛点燃时，他看到了一整个实验室的真诚笑脸。视线有点模糊，不知是热气，还是泪花。

和病毒"斗争"了这么久，终于可以稍微松口气。

新年伊始，清华大学结构生物学高精尖创新中心、生命学院研究员李赛课题组与奥地利 Nanographics 公司利用冷冻电镜断层成像技术（Cryo-ET）获得的新冠病毒 3D 图像入选《自然》（Nature）期刊 2021 开年最佳科技图片。

用小众的技术研究罕见的病毒

这些年来，他一直是那个默默无闻"给各种烈性病毒拍照的人"。

作为一名结构生物学领域的研究者，李赛早年的物理学术背景和生物并不搭边，直到博士时进入德国哥廷根大学生物物理系之后，才算真正与生物结缘。而那时，他的生物知识和大多数无关生物专业的理科生一样，只停留在高中生物的水平。

存在差距，便要弥补。三年的博士生涯里，为了将流感病毒的相关课题深入开展下去，李赛通读了大量有关流感病毒的重要文章，并对病毒这个研究对象产生了浓厚的兴趣。后来一发不可收拾地将研究延伸到其他的烈性病毒，逐渐坚定了病毒学这一研究方向，也完成了这场由物理向生物，艰难却令他逐渐"着迷"的转型。经过一路过关斩将，李赛进入牛津大学结构生物学部粒子成像中心工作，开始了冷冻电镜断层成像技术的开发以及囊膜病毒结构的研究。

"总得有人最先面对人类共同的敌人。"每每提起各种"病毒"，李赛的眼里总是闪着光。

冷冻电镜断层成像技术，这个领域目前已经是公认的结构生物学的下一个突破。它最引人瞩目的特点，就是在保留生物结构天然性的同时，实现了跨尺度、高分辨率成像，在很大程度上填补了从晶体学到冷冻电镜成像，再到光学显微镜之间巨大的空白。

时至今日，致力于冷冻电镜断层成像技术研究的人才仍然是凤毛麟角，10 年前就迈入这一"冷门"的李赛，在无数挫折下越战越勇，并最终坚持下来。

"我是湖北人"

2020 年年初，李赛没能买到返乡车票决定留在北京过年，看着家乡一天比一天严重的疫情，看着一批又一批人逆行到抗疫一线，他辗转难眠。这个病毒这么厉害，它长什么样子？一定有什么不同寻常的特征！李赛徘徊在冷清的清华园和空荡的生命学院系馆。

从事烈性病毒研究这么多年，这时候必须迎难而上，李赛决定开始对新冠病毒进行研究，希望通过冷冻电镜断层成像技术对新冠病毒的完整病毒结构进行详细分析。

"人们对自己看不见的东西总是会掉以轻心，我想只有尽快将新冠病毒真实、完整、清晰地呈现给世界，让大家看到它的骇人形象，才会让更多人重视起来。"谈起课题立项的初心，李赛这样说。

从来没见过长得"这么好"的病毒

在施一公院士的帮助下，李赛联系到了李兰娟院士，获得了"珍贵的"病毒样本。"我从来没见过长得'这么好'的病毒！"这是李赛看到样本时的第一反应。

"像拉沙病毒其实有点'傻'，"李赛说，"这种病毒过快杀死宿主细胞，导致自身扩增情况也不乐观；而新冠这类病毒比较'温和'，在自身复制、扩增过程中，也会给宿主一些生存的余地，因此在细胞里的'繁殖'能力好得惊人。当然，样本的'好'更离不开李兰娟院士实验室在病毒分离与培养方面的丰富经验和高超水平。"

从入职清华到正式开展新冠病毒的研究前，李赛和学生已经打下了坚实的基础，搭建好了 P2 实验室，摸清了病毒样品制备的方案，并在冷冻电镜断层成像和结构解析上也有了一套完整的流程。

实验过程中，清华大学蛋白质研究中心冷冻电镜平台也提供了大量的支持。为了保证科研的进度，生命学院也给李赛"开了绿灯"，尽力争取了设备使用时间。"在与新冠病毒角力的过程中，我们深刻体会到每一天有多宝贵。"作为刚入职没多久的新人，做了很多很"破格"的事情，"但凡样本质量差一些，或没有学校和学院的大力支持，我们都不可能在 100 天的时间内完成这样的成果。"

拍着年轻人的肩膀，推着他再快一点

5 月的时候，李赛团队已经获得了新冠病毒表面的蛋白信息，这时投稿《自然》（Nature）、《科学》（Science）等顶尖期刊，凭借创新性和时效性被接收发表几乎没有悬念。

但李赛把这篇论文压住了。

"表面的刺突蛋白其实不难看清，但我想要看完整病毒的结构，只看到外面不算完整。"于是李赛坚持要把病毒体内的结构做出来，而这最终也成为了李赛团队成果中最独一无二的优势和亮点。

平时做研究都是慢慢打磨，而这一次情况如此紧急、竞争如此激烈，迫使他不得不以最快的速度将结果书面化，并公之于众。

初稿一写出来，当晚九点，李赛就发给施一公审阅。没想到第二天早上八点，施一公就把改好的稿子发给了他。

"我当时很惊讶，施一公老师说他立即停下手里其他工作，第一时间看这篇内容。他可能一晚没怎么睡，整篇稿子改动了将近 30%，一些标注的细节也没放过。"李赛非常感动。

投给《细胞》（Cell）期刊十天后，论文的评审意见就反馈回来，两位审稿人具有非常敏锐的洞察力和丰富的冠状病毒知识，为李赛的论文提出了许多宝贵的意见，令论文又更上了一个层次。

"解析新冠病毒真实的全病毒三维结构"，这个源自李赛团队的课题，又仿佛不是他一个团队的课题。许许多多前辈和同行都尽己所能甚至倾囊相授，拍拍这个年轻人的肩膀，推着他快一点，再快一点。

"发不出论文"的成果

李赛是个"完美主义"者，他认为好的结构生物学工作，也可以是一场生物美学的视觉盛宴。于是，当奥地利 Nanographics 公司和沙特阿拉伯阿卜杜拉国王科学技术大学伊万·维奥拉团队联系他，表示想利用计算机视觉技术制作新冠病毒高清科普影像时，三方一拍即合。

这是在很多人眼里费力不讨好的事，但李赛却把它做成了炫酷的"科幻大片"，一下子就把学术成果传播了出去。

这是李赛对冷冻电镜断层成像技术成果的"执念"。

论文上线至今，李赛收到了很多来信，其中一位美国护士向他询问是否有做实验时拍摄的视频，"因为有很多人不相信新冠病毒的存在"。在医院里见证过太多生死，她想用这些论据反驳这些否认新冠病毒存在的人。

这一刻李赛也体会到，这些图片视频虽然不是可以发表论文的成果，但它们对于民众的价值和意义，却不是几篇深奥的论文所能替代的。科学家身上肩负的使命不能脱离人类而存在，科学普及之路依然任重道远。

05
2021.07.

1921—2021
庆祝中国共产党成立100周年
入党初心

誓言铿锵　精神永恒
——那些入党初心的时空对话

文字 | 周襄楠　赵姝婧
图片 | 李娜　赵存存
素材提供 | 档案馆　校史馆

信仰激荡下，一代代清华人郑重提交入党申请，写下入党志愿，在一生的拼搏奋斗中诠释着共产党人的初心和使命。

岁月磨蚀，朴实纯粹的初心，滚烫依旧。

光阴流转，清澈无私的初心，坚定不移。

在这里，我们引述不同时代背景下一部分清华共产党员的铿锵誓言，体悟他们的精神与信念。

"非典"时期递交入党申请书的魏建英／新冠肺炎疫情期间入党的张大奕和孙姝妍

"同'非典'的斗争是我们国家所面临的巨大的挑战，这是场我们必须打赢的战争。在这种危急时刻，当我成为这场战争的一名'战士'时，我怀着无比激动的心情郑重地向党递交上我的入党申请书。"

——第一附属医院魏建英

"不论是在清华本校还是在清华苏州环境创新研究院，我都接触到了许多优秀的党员，我不仅从他们身上看到了党员的优良作风，也努力向他们学习，同时进一步增加了加入党组织的决心和信心。"

——环境学院张大奕

"无论在哪里，无论做什么，要始终记得最初是什么支撑自己走到今天。忠于信念，忠于国家正义，让我追随理想之光、信念之光，砥砺前行，不负青春韶华！"

——北京清华长庚医院孙姝妍

"当长长的警戒线在一附院的门口拉起来的时候，我觉得我们就是这场没有硝烟的战斗中的战士，我也激动地在'非典'期间递交了入党申请书。"提起"非典"期间的经历，清华一附院药械党支部书记魏建英依然数度哽咽。经历过重大考验的洗礼，2005 年，魏建英光荣地加入了中国共产党。

2020 年 2 月，新冠肺炎肆虐中华大地，一个是作为国务院"新型冠状病毒传播与环境的关系及风险防控"重大攻关专项的成员，一个是作为北京清华长庚医院援鄂医疗队年龄最小的成员，张大奕和孙姝妍勇敢逆行，深入武汉投身这场挑战空前的战"疫"。

张大奕奋勇担任采样"冲锋队"队长，在火神山医院、洪山体育馆等 3 家医院、4 个方舱、3 个隔离点，一马当先地打开化粪池，取到第一批 15 份宝贵的环境样品，为重大攻关项目的实施发挥了重要作用。

25 岁的孙姝妍穿上防护服，戴上护目镜，精心护理病患，为患者鼓劲加油，缓解他们的压力，用实际行动向党组织提交了一份充实的思想汇报，把初心和使命践行在疫情防控的火线上。

云入党誓言铿锵，战必胜使命必达。2020 年 2 月 13 日和 2 月 27 日，两场特殊的入党发展会跨越地域的分隔以网络会议的形式在"云端"召开。孙姝妍和张大奕光荣地加入了中国共产党。

在张大奕的入党发展会上，校党委书记陈旭代表学校党委热烈祝贺张大奕同志被党组织接收为预备党员，希望张大奕再接再厉，继续发挥先锋模范作用，早日成为一名中共正式党员。

蒋南翔校长介绍入党的刘仙洲 / 邱勇校长联系入党的蔡峥

"当时我曾在全系同人思想改造总结会上表示：'我虽说是年岁老了一些，但是我决心要一步不停地向着共产主义社会迈进。'……我应当加入这个为人类谋幸福的队伍，把我余下的全部力量贡献给这一伟大的事业。"

——机械工程学家刘仙洲

"组织入党一生一次，思想入党一生一世。在新时代的长征路上，做党和人民培养出来的好兵，为党的事业和清华立德树人根本任务贡献更多力量。"

——天文系蔡峥

清华大学校报《新清华》曾记载这样一段往事：

1952年，为办好社会主义大学，时任清华校长蒋南翔提出"两种人会师"等主张，号召既帮助非党员的教授、副教授提高思想觉悟和政治水平，又帮助中青年教师党员提高学术水平，从而使新老教师沿着"又红又专"的方向提高成长，实现"会师"。

1955年12月4日，《人民日报》发表了当时清华的第一副校长、著名机械工程学家刘仙洲的文章《我为什么加入中国共产党》。刘仙洲以65岁高龄入党，是新中国成立后最早入党的知名老教授。

而他的入党介绍人，正是蒋南翔。在刘仙洲入党支部会上，蒋南翔作了题为《共产党是先进科学家的光荣归宿》的发言，后来发表在《北京日报》上，成为清华师资队伍建设过程中宝贵的精神财富，具有重要的现实指导意义。

时间来到2021年5月24日。这一天，清华大学物理系天文党支部举行蔡峥副教授入党发展会，经支部成员充分讨论并投票表决，同意接收蔡峥为中共预备党员。

蔡峥出生于红色军人家庭，后来在美国的求学工作经历让他逐渐认识到，只有与组织团结起来才能更好地为国家服务；在清华工作的两年中，他深刻地感受到了清华"又红又专"的传统和"立德树人"的意义内涵，因此更加坚定了自己的信仰，更加迫切地想要加入中国共产党。

校长邱勇作为其校级联系人出席发展会并讲话。邱勇表示，作为蔡峥同志的联系人、作为一名老党员，看到蔡峥同志近两年在思想认识上取得巨大进步、理想信仰不断坚定，感到由衷的高兴；同时也为党组织能够吸纳这样优秀的青年人才、补充朝气蓬勃的新生力量感到由衷的高兴。

建筑大师梁思成、吴良镛 / 建筑学院副教授黄蔚欣

"我觉得我一步步地更接近了党，一步步地感到增加的温暖和增强着的力量……这温度和力量给了我新的生命。我觉得自己变成了一个年富力强的青年，准备着把一切献给您，献给我们伟大的党和可爱的祖国。"

——建筑大师梁思成

"我热爱我们伟大祖国，我热爱党，热爱党的事业……我愿意为这人类最伟大的力量贡献出我的全部理想，不惜在必要时付出我的生命！"

——国家最高科学技术奖得主、两院院士吴良镛

"我有幸生活在这个时代，有幸站在清华大学的讲台上，为自己可爱祖国的强盛而投身到教学和科研事业中，在建设新时代中国特色社会主义强国的征程中贡献自己的力量。这是使命，也是幸运，这是责任，更是担当。"

——建筑学院副教授黄蔚欣

时间回到1956年2月，建筑大师梁思成把一封入党申请信托周总理转交给毛主席。毛主席看后欣然同意。1959年年初，经组织批准，梁思成正式加入中国共产党。在党旗下宣誓的时候，梁思成发自肺腑地说："我生命中的第二个青春开始了！"

国家最高科学技术奖得主吴良镛1960年5月入党。作为新中国建筑教育事业的开拓者之一，他矢志"匠人营国"，致力"谋万家居"，如今99岁的他仍然读书思考，一生致力于为中国建筑事业作出贡献。

时光来到2021年4月15日，建筑学院建筑技术科学系主任聘副教授黄蔚欣在这一天光荣入党。面对鲜艳的党旗，他说，在中国共产党成立100周年的特殊时刻加入党组织，是人生中无比光荣和自豪的事。

"四世同堂"的黄克智 / 庄茁 / 柳占立 / 姚凯丽

"中国共产党是工人阶级有组织的部队，党是有组织的力量，组织是工人阶级斗争的武器，只有依靠统一的意志，统一的组织和纪律，才能发挥战斗力量。我决心作为这个组织的一员而奋斗。"

——航院教授黄克智院士

"多年来，我自觉主动地接受党组织的教育帮助，一心一意跟党走，忠诚党的教育事业，努力学习和工作，锻炼自己成为又红又专的教育战士，对党的教育事业尽了自己的义务。"

——航院原党委书记庄茁

"我坚信：中国共产党必将带领全国人民走向富裕，中国共产党必将带领中华民族以崭新的面貌屹立于世界民族之林！我期望自己能够成为这一伟大政党中光荣的一分子。"

——航院副教授柳占立

"我一定会严格要求自己，甘于奉献，为他人起到模范带头作用，不辜负党组织对我的信任，力争成为一名优秀的共产党员！"

——航院博士生姚凯丽

110 周年校庆时，黄克智、庄茁、柳占立、姚凯丽四位师生来到了清华大学 110 周年校庆联欢晚会上，他们都是共产党员，他们之间不仅有学术研究的传承，更有清华精神和党员风骨的接力。

21 岁来到清华的黄克智，今年已经 94 岁。留苏进修即将拿到博士学位之际，他毅然决然听从国家听从党的召唤，立即乘了六天六夜火车回到清华园，参与建立我国第一个工程力学系。他说："国家有需要，我是共产党员，没有理由讲条件。"黄克智自 20 世纪 50 年代至今一直工作在科研一线，带领不同时期的中青年研究团队攻坚克难，在薄壳理论、断裂力学、多场耦合与相变力学和微纳米力学等方面成果丰硕，达到世界一流水平。

作为黄克智的弟子，庄茁不舍昼夜，全身心投入教书育人的工作，并在计算固体力学和断裂力学领域贡献卓著。在从事教学科研工作的同时，庄茁于 2005—2012 年担任航院党委书记，2008 年航院党委获得"北京高校先进基层党组织"荣誉称号。在他身上，体现了清华"双肩挑"干部又红又专的优良传统。

庄茁教授既是柳占立的导师，也是他的入党介绍人。在庄茁的传帮带下，柳占立于 2020 年 1 月入党。在入党发展会上，柳占立表示：要以优秀党员的标准严格要求自己，不断提升理论水平和业务能力，潜心学术，做好教书育人的本职工作，不忘初心，牢记使命。

而柳占立的博士生姚凯丽在 2013 年高考之后就加入了中国共产党，算是学生中的老党员。被清华大学航院录取之后，她一直以一名优秀党员的标准严格要求自己，注重发挥党员的模范带头作用。

"一带一"入党的王向斌 / 何珂

"我有坚定地忠于祖国、热爱人民的信念，更有了服务国家、服务人民的能力。我渴望在中国共产党这个优秀群体中继续践行一名中国知识分子应尽的职责。"

——物理系教授王向斌

"作为青年教师，一定不忘初心，忠于本职岗位，不断提升自己的理论水平，增强责任意识。以党员标准严格要求自己，潜心学术、潜心育人，努力作出一流的成果。"

——物理系副教授何珂

2010 年，清华大学物理系教授王向斌加入中国共产党。8 年后的 2018 年，王向斌作为入党联系人，介绍清华大学物理系教授何珂加入中国共产党。两位优秀教师先后入党，而且是"一带一"入党！故事在清华园里传开，大家纷纷点赞。王向斌与何珂的入党故事，是清华园众多党员传承故事中的一个。

王向斌认为，一个知识分子要忠于国家、忠于人民，首先是不能虚度年华。更重要的是，在我们热爱国家、热爱人民的同时，还要有坚定的共产主义信仰，在信仰的引导和支配下，把心中自发的爱国热情化作有序的爱国力量。

何珂表示，"共产党员"的称号之所以光荣，是因为它与责任、奉献紧密联系在一起。自己出生于红色家庭，在个人的成长历程中，深刻感受到中国共产党为国家富强和人民幸福作出的努力和牺牲，也充分地认识到中国未来的发展和复兴必须紧密依靠共产党。

参加国庆 60 周年庆祝活动递交入党申请书的清华学子 / 参加国庆 70 周年庆祝活动递交入党申请书的清华学子

"作为新时代的大学生，我希望通过服务人民、服务社会来实现自己的人生价值。我志愿加入中国共产党！"

——汽车系 2009 级本科生朱旨劼

"我当学以致用，用自己的所学为中国的发展解决问题，哪怕很小很小。我也要更加积极地参与党组织的活动，全方面提高自己的政治、文化、道德素养，成为一名专业素养过硬同时政治觉悟高的青年。"

——水利系 2018 级硕士生韩俊太

在国庆 60 周年庆祝活动中，清华大学承担了科技发展方阵和毛泽东思想标语方阵两个方阵的重要任务，同时部分学生参加了广场合唱、广场联欢等任务，参与师生多达 5100 余人。活动期间及之后，数百名同学递交了入党申请书。

时光流转，岁月如歌，时间来到了 10 年之后的 2019 年。从群众游行到志愿服务，从合唱到联欢……4200 余名清华师生身体力行，承担了光荣而重要的任务。在参加新中国成立 70 周年庆典活动期间及之后，同样有数百名同学在感召下递交了入党申请书。

一句句热血激昂的表述，一份份情谊深厚的倾诉。字迹虽略显稚嫩，却满怀着对党和国家的热爱，立志为中华民族伟大复兴的中国梦贡献自己的青春力量。

不忘初心，追寻初心——这炽热的誓言，蕴涵着共产党人不绝如缕的精神血脉，贯穿着清华人矢志不渝的理想与坚守。

赵家和：晚霞光暖人间

文字｜韩瑞瑞
图片设计｜李娜
素材提供｜清华大学出版社

2021年4月，清华大学建校110周年之际，一本名为《"炭火教授"赵家和》的书出版，牵动了许多人的心。

"在我参军之前，希望兴华助学基金会能够取消对我的资助，把钱给更需要的人，给更优秀更努力、家庭却更贫寒的人。"2018年从甘肃边陲小镇考入吉林大学的小徐，在接受了数年赵家和创办的甘肃兴华青少年助学基金会的资助并参军入伍后，动情地说道。

"在大一大二学年里，我没有荒废自己的课余时间，有空我就去图书馆自习，学习累了就去运动场锻炼，每一天都过得很充实。感谢兴华的一路陪伴。"同样接受过甘肃兴华青少年助学基金会资助，从甘肃武威市毕业考入兰州交通大学的小高在文中讲述。

在这本纪念文集中，亲人、同学、好友、学生、校友和受助学生等人讲述了自己与赵家和的故事。

这本书的出版距离他去世已有九个年头。他的事业没有停滞，火焰仍然在燃烧。他的大爱仁心仍然在温暖很多学子的心，他的事迹仍然在被传诵。这个世界被许许多多像他一样的人所点亮，想必他亦能感到温暖。

赵家和。

曾几何时，在许多人心中，这三个字仅仅是个陌生的名字，因为他隐藏自己，远离媒体和大众，很多人从未听过他的名字。

2012年赵家和去世后，媒体首次对他的生平事迹进行报道——优秀共产党员，清华大学经济管理学院退休教授，甘肃兴华青少年助学基金会发起人——他的样貌才慢慢在众人眼前浮现、清晰。

那年春天，作为一位著名的金融学家和金融学教育家，肺癌晚期、卧病在床的赵家和在考虑一笔投资，这最后一笔投资的名字，叫做"教育"。从2006年捐出第一笔助学款起，赵家和就在不留名地资助贫困学生。2011年，疾病迫使他停下步伐，他却因此决定捐出全部积蓄，成立助学基金会，并委托学生兼同事陈章武教授代他完成心愿。

为了把好钢用在刀刃上，把钱用到最需要的地方，捐助范围从全国各地向甘肃聚拢。陈章武去往当地进行考察，并筹备成立兴华助学基金会。在第一次理事会召开之前，他接到赵家和的电话嘱咐：不要在新闻稿中出现赵家和的名字；回北京时不要给他带礼物。

赵家和生前不愿接受媒体采访，谢绝了用"家和"来命名基金会，并表示他和他的家人不会在基金会担任任何职务。他捐赠了近1500万积蓄，连就医问药的钱都不愿多留——他的态度很强硬。

炭火燃烧尚有爆裂声，赵家和却始终悄无声息。

基金会成立之后，每年资助超过1000名学生。有些孩子不知道他的存在，有些孩子只知道好心人是"一名清华退休老教授"。赵家和的投资，从这些孩子身上收效，将利益回馈给了社会。

有一位受资助的孩子说："我时常在想'兴华带给我的是什么'这个问题。兴华让我感受到来自这个世界的关怀和爱，让我明白要带着感恩努力生活，这也成为我的人生信条。兴华让我明白'伟大的脊梁都甘于平凡'。"

这些孩子中，有的人不惧寒冬，像腊梅般努力生长；有的人走出小山村，走向更广阔的世界；有的人选择投身军营，在入伍前还将已经打到卡上的助学金悉数返还；有的人立志加入兴华，将这个"棒棒"接力下去。他们接收到了物质支持，接收到了爱和温暖，更接收到了信念与希望，这便是赵家和所说的"效用最大化"吧！

赵家和其人，或许"吝啬"，一件 1 美元的毛衣穿十几年，家里最先进的设备是一台老旧的液晶电视，500 元一片的药嫌贵，只用 50 元一片的仿制药；或许"严苛"，将自己捐得干干净净，也没给家人留下太多；或许"没原则"，三次转行，拼命耕耘，国家哪里需要他，他就像飞蛾往哪里扑过去……

终其一生，他投入了一项坚定的事业——教育。

桃李不言，下自成蹊。他对自己严厉、苛求，却将无限的耐心和关怀给了学生。他的学生汪潮涌回忆，在他赴美留学之前，由于家境贫寒，赵老师告诉他学院特批了一千元补助，用来置办赴美的行李和服装。这是他第一次穿西装、穿皮鞋，打领带。赵老师亲手教他如何打领带，嘱咐他在美国留学的各种注意事项，并期望他能早日学成归来，报效祖国。

他曾教导学生，做人、做事的标准就是看"对社会、对民族、对国家的贡献究竟在哪里"。

赵家和不在意名利，只埋头做事，不爱和人炫耀，谨言慎行。许多人猜测他、不理解他，他只用一句"我已经做了我认为最好的安排，求仁得仁，了无遗憾"的告别作为回应。

赵家和捐赠了遗体。去世当晚，他的遗体被送到协和医院作医学研究。据清华经管学院教授陈章武回忆，医院墙上的屏幕显示着：最后的死去和最初的诞生一样，都是人生必然；最近的晚霞和最初的晨曦一样，都是光照人间。

秉承赵家和"雪中送炭"的理念，陈章武教授、"中国好人"王娅女士，还有无数的社会人士、年轻学子将这个爱心接力继续下去。

"赵家和老师作为清华大学的金融学教授，以无言之教告诉人们，学习金融不是学习如何把别人口袋里的钱挣到自己口袋里来，而是要学习如何把钱用到最值得的地方去，'只计天下利，不求万世名'。"在本书的前言中，清华大学党委书记陈旭这样写道。

这一片炭火熄了，火焰却在大地上无尽燃烧；这一片晚霞终会逝去，光明和温暖却永驻人间。

梁思成诞辰一百二十周年文献展：
大师风骨　国之栋梁

文字 | 郭艺博
图片设计 | 刘雨田

　　"梁思成是中国文化遗产保护观念和方法的奠基人和行动先驱……他是第一位将中华民族优秀建筑文化系统地展示于世界学界的中国人……梁思成的著作与研究成果在 20 世纪中叶后，成为西方世界认识中国建筑艺术的重要桥梁。"中国建筑学会所编《梁思成建筑奖》一书中写道。

　　2021 年是梁思成诞辰一百二十周年。经过近 10 个月的精心筹备，"栋梁——梁思成诞辰一百二十周年文献展"与广大观众见面。展览通过求学、治史、规划与保护、建筑设计、教育 5 个单元，展出 362 件展品，包括照片、录像、图纸、模型、书信、手稿以及空间装置。放置文献的玻璃展台，没有像其他展厅一样环绕在展厅四周，而是排列在展厅中央，人要弯腰才能看清展台内文献上的字。这是策展团队有意为之，一个实际原因是，只有将展台放在中央，才能在 800 平方米的展厅中，容纳 362 件梁思成的文献。而这样设计的另一层意味是：每个玻璃展台就像是一座墓碑，参观者每次弯腰去看其中的文献，像是给梁思成深鞠一躬。正如清华艺术博物馆副馆长、策展人苏丹所说，梁思成先生一生所有的伟大成就都呈现在不同的墓碑之上，成为墓志铭的一部分。观众沉浸于展览现场，仿佛置身于碑林之中，去瞻仰缅怀这位伟大的学者。此展是学界为了纪念这位对中国传统文化的保护、传承和发展功若丘山的学者，所筹划的一次史无前例的纪念。

　　1915 年，年仅 14 岁的梁思成先生在清华园里开启了 8 年的学习生涯。1924 年，梁思成远渡重洋，赴美国费城宾夕法尼亚大学学习。留学期间，他博览群书，深入研究建筑历史。1927 年，他以优异成绩获得建筑学硕士学位。回国后，他参与创办东北大学和清华大学两所学校的建筑系，誓要创立属于我们自己民族的建筑语言。他把近代的科学方法应用到古建筑研究上，坚持研究古建筑首先必须进行实地调查测绘，力求细致，绘图严密，分析有据，治学严谨。

　　在 20 世纪 30—40 年代，梁思成先生通过广泛的田野调查和深入的研究，构架了中国建筑史的研究体系。他说："建筑是民族文化的结晶，更是一个民族文化的象征。"在战火纷飞的年代，他与林徽因等人耗时十余年，先后踏遍中国 15 个省 200 多个县，测绘和拍摄两千多件唐、宋、辽、金、元、明、清各代保留下来的古建筑遗物，包括天津蓟县辽代建筑独乐寺观音阁、宝坻辽代建筑广济寺等。他将考察结果写成文章发表，并成为日后注释《营造法式》和编写《中国建筑史》的基础。他秉持鼎新必先温故的理念，经历着高强度的研究工作，为中国建筑史学的研究贡献力量。

　　梁思成先生在遗产保护方面也有独到的心得，深度关切子孙后代的未来。他认为，古建筑的修缮应当"修旧如旧"。他参与了曲阜孔庙、故宫文渊阁、景山万春亭、杭州六和塔、南昌滕王阁等保护修缮工程方案的设计。他以"古今兼顾、新旧两利"的原则，提出了把北京城改造成新中国首都的一系列具有远见卓识的建议：北京市应当是政治和文化中心，而不是工业中心；必须调控工业发展，因为它将导致交通堵塞、环境污染、人口剧增和住房短缺；严格保护紫禁城；在老城墙里面的建筑物要限制在两层和三层。这些建筑保护的思想流传至今，影响深远。

　　梁思成先生不仅严谨求学，还重视教育，为中国现代化建设培养了大批建设人才，形成了中国建筑教育的理念基础和基本训练体系。在长期的教育工作中，梁思成总是站在教学最前线，不管设计和行政工作有多繁忙都坚持亲自教课。他重视对学生专业基础知识的培养，除了讲授中、外建筑史外，还经常给刚进大学的学生讲"建筑概论"，担任低年级的"建筑设计"课程教师。他知识渊博，善于用生动的语言和比喻向学生讲明建筑的意义和使命。在建筑系课程设置上，他有意识地加强专业课程与人文、社会科学的结合，并强调"既有所专而又多能，能精于一而又博学；这是我们每个人在求学上应有的修养"。

斯人已去，音容犹存。梁思成先生毕生从事中国古代建筑的研究与建筑教育事业，为我国建筑事业作出了卓越贡献，是我国建筑领域广受尊崇的一代宗师。

胡洪营：做一名追求极致的环境工程教师

文字 ｜ 曹旺祺

图片 ｜ 李娜

摄影 ｜ 张晓峪 等

"什么叫反应器的冲排式操作？就像是中国式泡茶。"

周三早晨八点，第五教学楼 5305 教室已经座无虚席。这是清华大学环境学院教授胡洪营开设"环境工程原理"课程的第 18 年。该课程是环境工程专业基础课，最大的特点是内容抽象、难以理解，所以每次备课，胡洪营都花大力气寻找身边的案例，并用整晚的时间静下心来，梳理课程思路以充分激发学生的学习动力，苦思冥想用比喻的手法让同学们加深对概念的理解。

2003 年，"环境工程原理"作为环境工程专业的基础课率先在清华大学开设，第二年就被教育部环境工程专业教学指导委员会确认为环境工程专业的核心课程，第三年出版教材，之后建设成为全国高校环境学科精品课程。

不止步于创建一门课程，而始终步履不停——胡洪营努力做教育教学路上的创业者和建设者。2021 年，为了表彰他在教书育人方面的突出贡献，清华大学特授予他"新百年教学成就奖"。

做环境学科的建设者

胡洪营谦虚地表示，"环境工程原理"课程的建设发展，得益于"天时、人和"，"绝不是一个人的功劳"。环境工程学科的发展正处于转型期，生态文明建设和碳达峰碳中和对学科提出了新要求，也带来了新机遇。作为新世纪的新专业，环境工程有很好的积累，但缺少原理课，急需发展。而这门课的建设发展，凝聚了校内许多老师的心血和同学们的帮助。从给予大力支持和关怀的校领导、资深教师，到"挑灯夜战"、从零开始编写全套教学资源的老师、助教同学们，全都"功不可没"。

除了编写和不断地改版教材、革新教学外，为了推广环境工程原理教学，胡洪营几乎每年都召集课程建设研讨会，组织任课教师们交流课程建设心得，互通有无。他和同事们还一致决定，把"环境工程原理"的习题集、电子教案、课程考题及答案、实验讲义等，全部无偿提供给其他有教学需求的高校。今年 7 月，课程建设研讨会在河南如期举行，胡洪营和其他参会的老师们意外被大雨困在了郑州，但他们仍然坚持热烈讨论、积极交流。

胡洪营说："要让追求高质量和高品位成为一种习惯。""水质研究方法"研究生课程、"环境安全与生物"新生研讨课、第一届全国环境友好科技竞赛、第一次全国博士生论坛……他一直走在教育教学发展的前沿，把目光投向更高、更远的地方，为环境工程学科在国内的协同发展不断开拓创新。

"环境学科是一个实践性很强的应用学科，发现和解决环境问题是其核心使命。"胡洪营强调，环境人需要面向国家需求，在环境污染治理实践中，不断发现值得研究的新问题、真问题、大问题。如今，他带领学生们进行的研究正反映了环境污染治理最尖端的科学前沿——再生水安全高效利用、新兴消毒技术、微量有毒有害污染物处理技术、新型生物反应器等。

正因为对"问题意识"的要求如此强烈，胡洪营笑称："学生们都知道我的口头禅是'目的的目的的目的是什么''逻辑的逻辑的逻辑是什么'。"这一连串刨根问底的追问，常常让学生们招架不住，也一次又一次地培养了学生们深入思考、追求本真的逻辑思维和良好习惯。

做追求极致的教师

虽然教学研究时认真严谨、追求极致，胡洪营在学生心目中却是一位充分关怀、体贴学生的老师。博士生童心表示，组里有人生病，胡洪营知道了就一定挂怀，并提醒其他人保重身体；在美国交换的同学遭遇疫情，他通过电话送去慰问；天冷吃顿涮羊肉，天热吃根冰棍儿，在点滴小事上都能感受到胡洪营的细致关怀。

他很享受师生一起为了共同目标奋斗的过程，即便身上加诸了满满的"光环"，他仍然坚持强调："做一个合格的教师是我的最大目标，也是永远的目标。"

在对学生的培养中，胡洪营坚持以学生的长期发展为目标，鼓励学生全面发展，强调以能力培养、素质培养和习惯培养为重点，而不以短期的成果为重点。要促进水循环利用事业的发展，不仅需要做研究、写论文，还要参与行业发展、标准和政策制定等，做这样的研究学生会更有动力，更能激发出主动性和激情。对于未来的国家栋梁，胡洪营衷心地希望学生们能够潜心做事、简单做人，坚定志向、笃行致远。

"都唱流行歌曲，谁写长篇小说？"胡洪营坚持以身作则，带领学生克服短期功利思想，以服务国家发展、解决重大环境问题、促进学科建设为目标，做有情怀、有品位、有分量的研究，不"追唱流行歌曲"，而向实践要思路，潜心钻研、构思并书写出独一无二的"长篇小说"。

王大中院士获国家最高科学技术奖

文字 | 赵姝婧　张静
图片 | 梁晨
素材提供 | 核研院　政研室

　　他从国家战略出发，坚定选择了自主创新的先进核能技术研发之路，带领团队从无到有开展了几十年的艰难探索，使中国以固有安全为主要特征的先进核能技术从跟跑到领跑世界。"一张蓝图绘到底，一股韧劲干到底"，他就是中国科学院院士、国际著名的核能科学家、战略科学家、教育家王大中。

　　今天上午，2020 年度国家科学技术奖励大会在北京人民大会堂隆重召开，清华大学王大中院士获国家最高科学技术奖。

　　年轻的时候，我们曾喊出用我们的双手来开辟祖国原子能事业的春天的誓言，我一直在践行这样一个誓言，努力做得更多、做得更好。

——王大中

让人生与祖国核能事业紧紧交织在一起

　　20 世纪 50 年代中期，党中央决定发展新中国的原子能事业。1955 年，清华大学开始筹建工程物理系并从校内抽调了一批优秀学生，正在机械系读大二、品学兼优的王大中首选入围。

　　1956 年，清华大学成立工程物理系，聘请了彭桓武、王竹溪、朱光亚等多位著名学者为工物系学生讲学，大师们的广博知识和治学风范使王大中对"大师之谓"有了切身感受。一次偶然机会，王大中看到一部科教片介绍世界上第一座试验核电站，苏联奥布灵斯克核电站原子核裂变释放出的巨大能量让他的心灵受到强烈震撼，他毫不犹豫地选择了反应堆工程专业，成为新中国第一批反应堆工程专业大学生。自此，王大中的求索之路与我国的核能事业紧紧交织在一起，60 多个春秋从未改变。

　　那时候在我们国家还是一个短腿，所以自己选择了反应堆这样一个工程的专业，希望毕业出去以后，能够在这个领域对国家作一些贡献。

——王大中

"学中干"，"干中学"

　　1958 年，清华大学向上级建议自行设计和建造一座功率为 2000 千瓦的屏蔽试验反应堆，并以此为依托建设我国核能事业急需的教学、科研、生产三结合基地，培养核学科高端专门人才，工程代号正是后来我们熟知的"200 号"，后来也成为这个基地以及清华大学核研院的代号。

　　王大中刚刚毕业留校工作，直接投入"200 号"的建设中。

　　这是新中国第一座自主设计与建造的核反应堆，一群平均年龄只有 23 岁半的清华大学师生担起了设计、建设反应堆的如山重任，摆在他们面前的只有一套不完整的苏联同类反应堆的参考图纸，他们没见过反应堆，甚至看不太懂图纸。

这支年轻的队伍敢想敢干，在实践中不断成长，"马粪纸"模型、"三合板"模型、2米×2米的玻璃模型，他们通过制作模型来熟悉图纸，逐步加深对核反应堆系统的了解。他们用几十台手摇计算机进行数值计算，他们既干脑力活又干体力活，经过六年艰苦奋斗，清华大学屏蔽试验反应堆终于在1964年建设成功。作为主要成员之一的王大中从做反应堆物理设计，到反应堆热工水力学设计与实验，再到零功率反应堆物理实验，从做模型、挖地基、搬砖头到调试运行，在理论探究和实践磨砺中对反应堆工程有了更加全面深入的了解。从"学中干"到"干中学"，在实战中经受了从业务能力、组织能力到心理素质的全面锻炼，逐渐成长为具有工程实践经验和战略思维的领头人。

"建堆"也是"建人"。只有将"开拓创新"与"科学求实"很好地结合起来，才能事业有成。六年建堆的奋斗史告诉我们，科学攻关的过程绝不是一帆风顺，而是充满着困难、挫折和风险的，只有"知难而进"、执着追求，才能到达成功的彼岸。

——王大中

跳起来摸高摘果子

1979年，美国三哩岛核电站发生堆芯熔化事故，世界核能事业陷入低谷。核事故没有让王大中放弃研发先进反应堆技术的想法，而是让他更清晰地意识到安全性是核能发展的生命线，王大中立志要发展固有安全的核反应堆。

我始终有一个理念，觉得对于核能来说，对于核能利用来说，它的生命线就是安全。

——王大中

1981年，作为访问学者，王大中到联邦德国于利希核研究中心进修，师从"球床堆之父"苏尔登教授，开展"模块式高温气冷堆的设计"课题研究，仅一年九个月就获得了亚琛工业大学博士学位。

1982年10月，王大中回国，不久被任命为清华核能研究所副所长，1985年担任所长职务，开始主持低温核供热堆研发工作。经过科学论证，他决定选择壳式一体化自然循环水冷堆路线，并计划建设一座5兆瓦低温核供热堆以掌握其核心技术。从立项报告、设计方案、实验现场到建设工地，王大中全程负责，亲力亲为。1986年开工，1989年建成投入功率运行，这是世界上首座一体化自然循环水冷堆，全球首次采用新型水力驱动控制棒，具有良好的非能动安全性，获得国际核能界高度赞誉。

这不仅在世界核供热反应堆的发展方面是一个重要的里程碑，同时在解决中国以及其他很多国家存在的污染问题方面也是一个重要的里程碑。

——德国著名核能专家弗莱厄

5兆瓦低温核供热堆的建成是世界先进核能技术研发史上又一个重要里程碑，高校研究团队完成如此复杂的高科技项目，总结经验，王大中特别强调了两点：一是要善于把握技术发展方向，定好项目主攻目标，在制定目标时要"跳起来摘果子"，这才是适度的高标准；二是要坚持和发扬"众志成城"的团队精神。科学组织、团队攻关这两点也一直贯穿在他几十年的科研生涯中。

"固有安全"设想在中国变成现实

为跟踪全球高技术发展，中国启动实施"863"计划。1986年至1993年，王大中受聘担任能源技术领域首届专家委员会主任，主持了我国中长期能源需求预测，完成了我国先进核能技术发展战略研究，确定了快堆、高温气冷堆和聚变堆等先进堆的研究发展计划。

在国家"863"计划支持下，王大中带领团队开始了高温气冷堆技术的研发，经过研究测试和技术突破，1992年国务院批准立项在清华"200号"建设10兆瓦高温气冷实验堆。

1995年动工、2000年建成、2003年并网发电，这是世界首座模块式球床高温气冷堆，它的建成标志着我国掌握了模块式球床高温气冷堆的关键核心技术，形成了我国自主知识产权的设计建造技术，取得了一系列重要创新成果。

1956年，美国著名核科学家泰勒提出了"抽出所有控制棒且叠加不紧急停堆"的反应堆固有安全的设想。2005年7月，10兆瓦高温气冷实验堆成功完成了这个没人敢做的实验。这是世界上迄今仅有的在实际反应堆上进行的此类安全验证实验，成功地验证了高温堆的固有安全性。泰勒的设想半个世纪后在中国变成了现实。

"中国将继续引领世界"

王大中并没有就此止步，他又一次站在服务国家战略需求的高度，按照"坚持核心关键技术自主创新"的既定方针，提出要实现实验反应堆向工业规模原型堆的跨越。

2006年，高温气冷堆核电站示范工程被列为国家16个科技重大专项之一，目标是建设20万千瓦级商业示范电站为发展第四代核电技术奠定基础，这是王大中亲身经历的第四座反应堆。

2008年，高温气冷堆核电站示范工程重大专项总体实施方案经国务院常务会议批准实施，核研院院长、王大中的学生张作义被任命为重大专项总设计师。华能山东石岛湾高温气冷堆核电站示范工程是全球首座工业规模的模块式球床高温气冷堆核电站，具有第四代反应堆主要技术特征，由清华大学牵头技术研发，华能集团、中核集团、清华大学共同建设。今年9月12日，高温气冷堆核电站示范工程成功实现首次临界，计划年底首次并网发电，2022年投产商运。

第一次，中国在先进核能技术开发领域提前解决了"卡脖子"技术问题；第一次，在一种工业规模的先进反应堆技术上我们领先世界。

中国毫无疑问是全球高温气冷堆的领跑者，而且在未来很长一段时间，中国将继续引领世界。

——美国核学会前主席、麻省理工学院教授卡达克（Andrew C.Kadak）

办学治校的教育家

1994年1月，王大中被任命为清华大学校长。面向21世纪，他带领学校领导班子立足现实，登高望远，提出"综合性、研究型、开放式"的办学思路，确立"高素质、高层次、多样化、创造性"的人才培养目标，倡导"严谨为学，诚信为人"的优良学风，制定世界一流大学建设"三个九年、分三步走"的总体发展战略，完成了综合性学科布局。

我们一定不能辜负党和国家对我们的重托，不能辜负全国人民寄予我们的厚望，一定要把建设世界一流大学的创议变成创举。

——王大中

2020年，"三个九年、分三步走"总体发展战略收官，清华大学的世界一流大学建设实现了历史性的跨越，学校总体办学实力和国际声誉显著提升。

王大中矢志建堆报国、建堆育人，走出了我国以固有安全为主要特征的先进核能技术从跟跑、并跑到领跑世界的成功之路，助力我国由核大国向核强国的转变，为国家科技创新、经济社会发展和国防建设作出了重大贡献。

"一位高尚且亲切的长者""一名严谨而有成的学者""一个称职且兼爱的校长"。王大中品德高尚、治学严谨、为人谦和，他自强不息、开拓创新，带出了一支志存高远、能打硬仗，在国内外具有重要影响力的先进核能技术研发的高水平人才队伍，打造了"知难而进、众志成城"的"200号精神"。今天，他仍然引领和指导着这个团队描摹着先进核能技术研发事业的宏伟画卷。

如今，王大中进入清华已有68个年头，他仍然满怀深情地牵挂着清华的改革发展，牵挂着清华园的一草一木。

四季如诗，故事继续。岁月铭记的是他高瞻远瞩、不断创新的悟性，是他不畏艰辛、不惧压力、敢于超越的勇气，是他坚韧不拔、攻坚克难的韧劲，是他根植内心、从未改变的深厚的家国情怀。

人物介绍

王大中，男，1935年出生于河北省昌黎县。中国科学院院士，国际著名的核能科学家、教育家。1958年毕业于清华大学工程物理系，1982年获德国亚琛工业大学自然科学博士学位。历任清华大学核能所研究室主任、所长，核研院院长、总工程师，以及清华大学校长等职务。曾任国家"863"计划能源领域首届专家委员会首席科学家，国家中长期科技规划能源领域首席专家，国务院学位委员会委员，中国科学院技术科学学部主任，中国核学会副理事长，国家核安全专家委员会副主任。现任国家战略咨询与综合评审委员会委员，国家核安全专家委员会资深委员。

王大中同志在先进核能技术研发领域几十年耕耘，主持研究、设计、建造、运行成功世界上第一座5兆瓦壳式一体化低温核供热堆，主持研发建成了世界第一座具有固有安全特征的10兆瓦模块式球床高温气冷实验堆，并积极推动以上两种先进反应堆技术的应用。王大中院士领导清华大学核能研究团队以提高核能的安全性为主要学术理念，走出了我国以固有安全为主要特征的先进核能技术从跟跑、并跑到领跑世界的成功之路。王大中院士曾先后获得国家科技进步一等奖两次（均为第一完成人）、国家教委科技进步特等奖、何梁何利科学与技术进步奖、国家级教学成果特等奖、全国"五一劳动奖章"等多项荣誉。

梁曦东：春风化雨　无问西东

文字 | 李一安
图片 | 赵存存
摄影 | 乔玥涵 等

　　一张徐徐展开的电网详细结构图，使得六教 6A010 的课前氛围逐渐升温。同学们簇拥在电机系教师梁曦东的周围，细细打量这张图。

　　"社会发展对能源的需求激增，高压输电是实现电能大规模传输的最主要手段。而电网布局与建设是一项复杂的社会工程，需要从工程技术和政治经济文化等多重角度考虑，一张图往往承载着多层意义。"

　　这是梁曦东教授讲授的"高电压工程"课程的新学期第一讲，他在清华园讲授这门课已 28 个春秋。2021 年，为了表彰梁曦东在教书育人方面的突出贡献，清华大学授予他"新百年教学成就奖"。

如琢如磨　与时偕行

　　1∶6 的上课与备课时间配比，梁曦东从未含糊对待过，这是一种不敢懈怠的压力、精益求精的动力，更是一份教书育人的责任、质朴纯粹的初心。

　　梁曦东十分强调培养学生理论联系实际的能力，从科学原理和实际应用的不同角度去体会科学、技术、工程的异同。他说："中国电力行业发展日新月异，技术前沿的变革必须及时融入课堂教学。"而教材作为学生学习的抓手，亦需要与时俱进。在担任电机系系主任期间，梁曦东主持编写了清华大学电气工程系列教材，增强课程建设的体系性，拓展行业宽度。此外，教学手段、教学环节的细节设计，也在这 20 多年的实践中不断创新优化，如利用工程案例的项目训练报告引导学生主动探索学习。

　　作为"高电压工程"的课程助教，博士生刘书明深入地参与了梁曦东授课前后的工作，他说："每学期开课前，梁老师都一定要提前去教室里熟悉一下环境，细致到教室结构、师生间距离、教室电脑、投影以及上下午光线等问题，都要逐一了解。"

　　以内容具体、形式生动的阐释赋予知识生命力，以必不可少的实验环节锻炼学生动手实践的能力，以技术发展中的学术争鸣促进学生批判思考。在广阔丰富的社会现实中构建专业认同感、归属感、责任感，在行业规范的训练中再塑严谨认真的价值追求。梁曦东认为，有意识地明确教学设计导向，才能有针对性地解决学生成长过程中存在的问题，让价值塑造、能力培养、知识传授"三位一体"的育人理念在具体的教学措施中落到实处。

"到青海去！"

　　今年，恰逢清华大学对口支援青海大学 20 周年。助力西部高校实现跨越式发展，是国家发展的迫切需要，也是清华人义不容辞的社会责任。作为清华大学选派的第三任青海大学校长，梁曦东 2009 年到任时，正值青海大学完成教学资源整合、进入"211 工程"建设的初期。"从长远角度看，帮助西部培养人才是最为重要且根本的。"梁曦东说。

　　担任青海大学校长期间，梁曦东着力推动全部专业的一本招生，提高生源质量；全面布局工科各一级学科硕士点建设，加强青海急需的工科高层次人才培养，提升优势学科的博士生培养；建立联合研究机构，将对口支援从学校层面下沉至院系。"当时给青海大学计算机系第一批学生授课的，都是清华教师。同时，为了加强青海大学的师资培养，我们克服重重困难，坚持每年送几位优秀的青年教师到清华攻读博士学位。"梁曦东说。

以"造血"代替"输血"，多层次地强化人才储备和能力建设，梁曦东表示，如果一个地方没有自己的人才，永远也发展不起来。20年来，清华大学对口支援成果显著，极大地助力了青海大学提升人才培养、科学研究和服务社会的能力。

亦师亦友　如沐春风

"春风化雨乐未央。"2020年5月，清华大学成立五个书院，统筹推进强基计划人才培养。其中，未央书院承载着在关键领域培养数理基础扎实、发展潜力深厚、创新能力突出、理工结合复合型的未来领军人才的重任。

作为未央书院的首任院长，梁曦东十分注重理工双学位培养方案的制订，注重书院"从游"文化的打造、班级班风建设和第一第二课堂的衔接。"一个人在大学里受到了怎样的熏陶、精神面貌如何，除了课程之外，一方面来自大学的整体环境，另一方面就是他所在班级集体的局部氛围。第二课堂也并不限于党团、文体活动，它有着丰富的形式。塑造人格、陶冶性情的通识教育，师生之间、同学之间的深度交流也都很重要。"未央书院学生一年来的突出表现得到授课教师和各衔接院系多方面的认可。

在博士生王乾看来，培养做好自我规划的能力，是他师从梁曦东求学过程中感触最深刻的一点。"不论是科研还是生活，只要'言之成理'，梁老师便会尊重我的选择并尽力给予支持。"他说。

受疫情影响，刘书明今年春节没有回家，他本打算在实验室以外卖作为年夜饭。"没想到新年前几天，梁老师来到实验室，让我和另几位没回家的同学去他家吃年夜饭。在老师和师母的热情招待下，我唯一一次没有在家度过的新年也有了温度。"细致入微，梁曦东把对学生的关爱都融在点滴里。

岁月如奔，梁曦东有时也会想起自己大学时初入清华园的时光——二教403工工整整、一气呵成的板书，那些紧跟行业实际、生动具体的讲述，那些以立德树人为业的前辈老师们。在三尺讲台之上，是潜移默化，亦是代代传承。

史琳：教学比天大

文字｜潘懿锟
图片｜李娜
摄影｜张晓峪 等

　　"工程热力学"课程是能源与动力学科的同学在大二上学期接触到的专业必修课，这门课史琳一教就是25年。2021年，为了表彰史琳在教书育人方面的突出贡献，清华大学授予她"新百年教学成就奖"。

让古老的理论熠熠生辉

　　"学生能从自己这里得到什么？"这是史琳始终在思考的问题。

　　25年间，史琳先后对课程进行三次大的改革，是最早增加大作业环节的清华教师之一，并针对大作业的不同阶段安排专题辅导，从选题、写作、标注、PPT制作等方面帮助同学掌握解决问题和流畅表达的能力。

　　这门课有两大难点：一是某些基本概念难以理解，二是学生往往不清楚该如何从实际的工程问题条件中提炼核心及有用的信息、抓住主要矛盾。

　　对于复杂的概念，史琳把知识点掰开揉碎，反复强化。其中最难的第四章围绕熵、㶲等物理概念展开，将课程从理论引渡到应用层面，按照"实质—铺展—解决问题的方法—能量的品质—掌握计算和分析方法—认识深入"的思路进行讲授。

　　"这门课程是我工科思维的启蒙。大一学习基础数理课时，往往是找到正确的逻辑链后就能沿着这条路顺畅地走通。但工科需要处理更现实的研究对象，不仅需要基础理论的支撑，还需要在遇到'岔路口'时按照一定的原则和经验去判断和抉择。"能动系2021级直博生解海鹏同学说。

　　对于知识应用，史琳采取"教研结合"的思路。提到温度时，她会介绍2019年5月刚实行的温度单位的国际新定义，还会在书本知识相应处介绍2021年关于㶲的新国家标准、讲述最新低碳发电方式在二氧化碳减排方面的优势……在她看来，"科研结合基础知识"并非要求本科同学完全掌握前沿科技，而是引导学生理解某个与课程交接的要点。

　　"热力学的历史可以追溯到17、18世纪，但是老师的课让我感到古老的理论依旧熠熠生辉，让我看到学这门课的意义。"能动系2010届本科毕业生姜曦灼回忆道。

教学比天大

　　对于史琳来讲，课堂是很神圣的地方，不管多疲惫，只要一走上讲台，就能精神焕发。"多年来从不调课缺课"是史琳一贯坚持的，"老师对课程的认真负责，学生们是能体会到的。"史琳说。

　　有一年，史琳承担的某国家级项目需要她作为负责人前往四川汇报，两天的汇报中间夹了一堂"工程热力学"课，于是她在汇报间隙坐飞机回北京上课。同行对此惊讶不已，直到现在相见，还有人笑着说"史老师可是'打飞的'回去上课的"。

　　"在我看来，教学是比天大的事情。"史琳说。

　　家人的大力支持让史琳得以全身心扑在工作上。除上课以外，史琳还积极参加各种学生活动，尽可能从不同方面帮助学生。

一棵树摇动另一棵树

史琳发现如今同学们更愿意通过邮件和微信与老师交流。于是无论在哪里，只要是在办公状态，史琳的邮件和微信一定开着。某天晚上，已经过了深夜零点，有人在课程群里提问，史琳"秒回"。同学们纷纷打趣说，原来史老师也是"夜猫子"。

"工程热力学"有四次平常小考，史琳有自己的考量——督促学生复盘知识，也通过小测筛选出需要重点关注的学生。"有些学生因为各种原因学习吃力，但他们也是想学好的，要给他们帮助。"她把部分同学叫到办公室私下辅导，每次2小时，一学期光是这种私下辅导就有许多次。

史琳对研究生的培养也同样颇费心思。目前在中科院工作的能动系2020届博士生冯乐军回忆起和史琳相处的点滴，依旧感慨万千："史老师的大局观和严谨的学术态度把我引向正确的科研道路，引领我前行。不管史老师有多忙，都会抽出时间来帮助我解决科研与生活中遇到的问题。"当时，初入清华的冯乐军面临研究方向的转变等种种挑战，史琳根据他的情况制定了个性化的培养计划，建议他先后担任"热工基础""工程热力学"课程的助教，使他对工程热物理领域有更深刻的认识，同时为他精心挑选国外的专业书籍供阅读。在科研上，史琳给予冯乐军足够的信任和自由度，并将他安排进国家重点研发计划项目锻炼，使他慢慢地挑起了重任。

硕士生姜曦灼毕业后和史琳依旧保持着联系。在固定见面的咖啡厅，他们找个靠墙的位置，点上蜂蜜柚子茶，在氤氲热气中谈天说地。于姜曦灼而言，史琳是她求学历程中非常重要的人。硕士毕业后，姜曦灼出国读博的计划受阻，她回学校担任研究助理。某天在食堂，她和史琳不期而遇，当得知姜曦灼面临困境时，史琳拍了拍她的肩膀，鼓励她把目光放长远。"就好像碰到亲人，史老师拍我那两下把我的心都拍回来了。"谈及此，姜曦灼的语气激动起来，"后来在英国读博遇到不顺利的事情，都是回想着史老师拍我的那两下，自己挺了过来。"现在，姜曦灼也在高校有了教职并开始带自己的学生，她以史琳的言行为榜样，想把恩师当年给自己的温暖传承下去。

"能和同学们在一起我就特别开心。教师和学生是相互促进、共同成长的关系。"史琳看着窗外，笑得开心，"对人的培养是最值得的。"

彼时，史琳刚结束一堂"工程热力学"的公开课。窗外的新民路人流熙攘，车铃阵阵。秋风乍起，一棵树正在摇动另一棵树。

张明楷：像兄弟姐妹一样与学生相处

文字 | 彭欣怡

图片 | 李娜

摄影 | 李派 等

　　在三教三段最东边的大教室里，张明楷教授西装革履，讲话略带着一点南方口音，脸上总带着和蔼的微笑。他正在讲授的是他给本科生开设次数最多的课程——"刑法总论"。

　　1998 年，张明楷教授调入清华大学法学院任教，至今已逾二十年。谈起这二十多年来的变化，他略加思索后说："就变老了嘛！一直喜欢教师这个职业，从来没有变过。"张明楷在学界享有盛誉，桃李满天下。回忆起选择做老师的理由，又显得那么简单纯粹："我当学生的时候就很尊敬老师，教学生是件很快乐的事情。"

　　张明楷曾获北京市教学名师奖，主持的"刑法学"课程被评为国家精品课程，主持的"刑法总论"课程连续被评为清华大学精品课程。2021 年，他又被授予清华大学"新百年教学成就奖"。

幽默风趣的"楷哥"

　　今年秋季学期，张明楷给法学院大二学生开设专业必修课"刑法总论"。课堂上，他会用一些有趣的小段子和风趣的话语引导同学们思考问题。"我们一般都把张明楷老师'捧上天'，除了因为他是刑法界的泰斗之外，主要是他上课挺风趣幽默的，会用很多比较易懂的例子。"法学院大二的余思彤说。

　　清华法学院有五位刑法学方向的教师，轮流着开设"刑法总论""刑法各论一""刑法各论二"等课程。加上"刑法研讨与案例分析""模拟刑事审判""刑法文献选读"等其他课程，张明楷给本科生至少讲过六门课，再加上给研究生开设的课程，他已经给清华的学生讲过约有十门课程了。

　　"我最喜欢的就是给本科生上课。"张明楷笑着说，"我觉得跟他们在一起，自己都年轻很多。他们像一张白纸，可以画最新、最美的图画，而且'刑法总论'又是三门课中课时最多的，所以我最喜欢上这门课。"

　　2000 年前后，在张明楷刚到清华不久，就收获了"楷哥"的称呼。"学生们说称呼不是从年龄上讲的，那我想被称'楷哥'是不是因为学生们觉得我跟他们的关系就像兄弟姐妹一样。"张明楷一直自认为心态年轻，也喜欢这样的师生关系。

和学生一起思考成长

　　早上八点的课程，张明楷经常七点半到达教室，课后又会和学生们交流讨论，直到十二点半才离开。"一个上午在这个教室里待上五个小时，是经常发生的事情。"他说。

　　法学院大二的冯翔同学说："张老师是一位让我们信服、敬重的老师。第一个到教室，最后一个离开教室，上课风趣幽默，下课诲人不倦，大半个学期以来，张老师的一言一行都给我们带来太多感动。"

　　"除了参加重要会议和上课，剩余的时间我都在办公室，看看书、写写文章。大部分时间就是家、办公室和教室三点一线。"事实上，张明楷长年累月地在自己堆满书籍的办公室里勤恳耕耘，也正是这份认真坚持让他在刑法学研究领域建树丰硕。

张明楷所著的《刑法学》是许多院校法律专业的教材。黄色封面，上下两册，一共 1680 页，近 250 万字。他会结合自己参与立法讨论与司法解释的经历，不断与时俱进更新教学内容，如今《刑法学》已出版了第 6 版。

他享受和同学们相处的过程，也期待在交流中向同学们学习。"张老师不会摆架子，即便是同学们问一些很浅显的问题，他也会很有耐心回答，不会嫌弃我们，不会觉得问题比较没深度就不回答或者叫我们看书。"余思彤同学评价道。

当同学们的问题与教材内容相关时，他还会认真记录。"我会考虑是不是书上没有表述清楚，因此都会记录下来去琢磨。"张明楷说。在学术上，他把学生当成平等的个体，从交流和讨论中，他也收获了新的角度和观点。

张明楷更善于引导同学跳出窠臼，换位思考。"法学院的学生毕业后可能会成为检察官、法官，也可能会成为辩护律师。做辩护律师时需要知道检察官有什么理由，反过来做检察官也一样。"因此，在分析案件时，张明楷常常会让学生尝试分析并陈述另一方的结论和理由。在这样的训练中，学生们逐渐学会理解不同观点及其背后的理由，学生们的反馈也非常好。

除此之外，张明楷坚持每个周末利用三四个小时，在办公室与指导的研究生围坐，讨论刑法理论与案例，这些讨论被称为"私塾"。

由于课堂上往往没有足够的时间充分讨论案例，张明楷还会给学生们发上厚厚一叠刑法案例。"我最希望他们不要想着考试成绩去学，而是领会法的精神，把法律观念变成自己内心深处的想法，成为一个有正义感的人。"张明楷对学生们抱有如此的期待。

"我很喜欢跟学生在一起，就想一直当老师当下去。"张明楷还会继续坐在他的办公室，躬身书册之间，大门始终向学生们敞开。

28
2021.12.

李睦：打通知识与心灵的通道

文字｜王鲁彬
图片｜曾仪
摄影｜乔玥涵 傅渝 等

　　星期五下午两点，新雅书院的地下画室里，几张桌子依次排开，上面摆放着花瓶、橘子、老式座钟等各种摆件。学生们围坐在桌前专注作画，李睦老师在他们身后，不时讲解评论。

　　这是新雅书院通识课程"艺术的启示"的课堂。授课教师李睦表示，艺术类通识教育课程致力于让学生培养新的思考习惯，打破固有的理性思维局限，在艺术中让感知力"觉醒"。"这种觉醒很重要，它关系到我们能否打通知识与心灵之间的通道，只有感知力的觉醒，我们的理性知识才能激活，我们的生命才能发光。"迄今为止，李睦教授为清华学生开设通识教育课程已有十余载，为了表彰他在教书育人方面的突出贡献，清华大学授予他"新百年教学成就奖"。

做艺术类通识教育的先行者

　　十几年前，在一门全校性选修课上，李睦扛着一箱子苹果，给每位学生发了一个，让他们当场用笔描绘出自己面前那个苹果。大部分人的作品都是一样的圆形，而李睦告诉他们，苹果是"梯形"的，这是一种广义的"梯形"，指的是每一个苹果都有形状上的方向和大小，也有自己的"性格"——这是李睦在清华讲授艺术类通识课程的开始。

　　2015 年，"艺术的启示"课程开设，授课对象是新雅书院的本科生，作为清华大学美术学院第一个走上新雅书院课堂的教师，通识教育吸引着他，同时也给他带来了挑战。"开始上全校的素质教育选修课时，我就强烈地感觉到同学们所特有的'知识化''绝对化'状态，他们太完美、太理性了。我经常被听课的学生用绝对的知识说得哑口无言。"在李睦看来，这种坚不可摧的固有思维"一定要被融化"——艺术不是坚硬的，知识也不是坚硬的，艺术教育就是要打破这样的刻板、僵硬，让理性与感性交融。

　　本学期选修"艺术的启示"课程的同学中有 42 名来自新雅书院，1 名来自计算机系，他们中的大多数人都不知道面对一张白纸该如何下手。李睦鼓励他们自由尝试，并对每一幅作品都给予了真诚而诗意的评价。他的指引为这些学生寻找自己独特的艺术风格指明了方向。

　　"消除恐惧，去感受，去思考"，助教任擎东见证了同学们的进步。"对于非美术专业的同学而言，最重要的不是技法和知识，而是感受力、判断力和直觉的启发，是对艺术产生自己的认识。"任擎东表示，对未知的探索和钻研，对理性与感性交融的把握，将成为他们受用一生的宝贵经历。

做艺术学科的建设者

　　除去通识课程，李睦还长期从事清华美院本科生和研究生的教学工作。

　　从素描课、色彩课到现代绘画形式语言研究与实践课，李睦执教多门课程。2006 年，"色彩艺术"课程就曾获评"清华大学精品课"。从色彩的规律到写生的目的，从绘画的意义到涂抹的快乐，李睦强调在理论与实践结合中培养学生敏锐的观察力与个性化的表现能力。在素描课中，他引导学生通过感知事物，观察事物之间的相互关系，在光影中营造事物的结构，把握透视、明暗、虚实等绘画的规律。

"李睦老师对学生、对教学真的有一种沉甸甸的责任感，让我们这些学生心里也热乎乎的。"谈起李睦教书育人的用心良苦，上过李睦色彩写生课的同学这样说道。

在清华多年，李睦一直为美院教学的发展殚精竭虑。"每一门学科都应具有明确的教学理念，问题的关键便在于确立什么样的教学理念。"他曾多次撰书谈及这个问题，并参与规划组织了多次国内外艺术教学研讨交流活动。"艺术学科的基础教学不同于其他学科，它是一面镜子，直接反映所处时代的文化、经济以及意识形态。"李睦强调艺术教育应当面向未来、面向现代社会。

做培养"新人"的教师

自由创造、探索未知、敢于质疑，是李睦对学生的期待和要求。

"学生的天性，是他们进行艺术创作的无价之宝""艺术创作讲求极端，艺术教育讲求宽容；艺术创作讲求个性，艺术教育讲求多元"，李睦力求在创作和教学之达成平衡。他鼓励同学们自由表达自己的天真与个性，"只有学生认为这是好东西，他才会在以后的学习、生活、创作当中去追求。"李睦说。他从不限制学生大胆的发挥，鼓励他们"要在事物相反的方面去思考，寻找事物真正的答案"。

对自己的研究生，李睦也从不强求课题的选择。任擎东是李睦指导的博士生，跟随李睦学习两年，她仍记得对李睦的最初印象："李老师是很天真、很真诚的人，没有大牌教授居高临下的感觉，而是会帮我们达成我们自己想做的东西。"

"师生关系不是师徒关系，教育不是将老师个人的喜好强加给学生，而是发现、培养学生的个人喜好。"李睦怀着这样的初心，几十年如一日，培养了一批又一批艺术领域的优秀人才。

"我期望你们成为和我们完全不同的一代'新人'。"在担任新雅书院八字班班主任时，李睦表达了对学生们的期许。事实上，不论是通识教育还是专业教育，最后都殊途同归——打通知识与心灵的通道，引导学生成为人格完善、拥有无限可能的"新人"，这也是李睦教书育人生涯的最好注解。

清华日新

【研究生精品课程】与时俱进的"计算机图形学"

文字 | 杨鹏成

图片 | 曾仪

素材提供 | 研究生院

"网络细分的概念来源于雕塑。艺术家们做雕像时需要不断雕琢和打磨，使原本规则的几何体石膏变得光滑。我们在计算机上也可以先画出规则的立方体形状，再做网络细分，就能得到想要的形状。"计算机系教授胡事民一边用视频展示网络细分过程，一边讲述网络细分的原理，引起了学生们的思考。

这门课是"计算机图形学"，作为计算机系研究生的专业基础课，它承接清华大学计算机系本科生专业基础课"计算机图形学基础"，在介绍真实感图形学等基础经典理论的同时，用近一半的课时结合当前图形学研究的国际前沿进展，向学生介绍最新的研究思路和方法。

"计算机图形学是计算机应用技术中非常底层和核心的内容之一。"胡事民说。计算机图形学是利用计算机研究图形的表示、生成、处理、显示的学科。图形学可以将基础科学和工程应用的成果通过可视化的方式展示，在娱乐领域，如游戏、电影特效，以及创意或艺术创作、产品设计等行业，图形学都发挥着非常重要的作用。

再基础一些，再前沿一些

"计算机图形学"在清华有悠久的传统。计算机系第二任系主任、我国计算机图形学的开创者和奠基人之一唐泽圣教授，最早在清华开设了计算机图形学课程；孙家广院士曾长期主讲图形学的系列课程，是国内外图形学和 CAD 领域公认的权威；胡事民则曾跟随孙家广从事博士后研究工作。2002 年起，胡事民从导师手里接过图形学教学任务，开始主讲本科生的"计算机图形学基础"和研究生的"计算机图形学"，迄今已经 17 年。"最初我们需要把课件制作成塑料胶片给学生投影，现在教学方式越来越多元化了。"胡事民回忆道。

这门课在课程内容设计上涵盖了图形学所需的几乎所有基本知识，包括建模、光照模型、渲染及加速、基于图像的图形技术等。胡事民在课堂上不仅会结合实例详细讲解各个算法的原理和部分算法的后续改进方法，还会通过生活中常见的现象对图形学理论进行深入浅出的解释。

同时，胡事民会把前沿的研究成果编辑到课程里和学生分享。课题组平均每年在图形图像等国际著名刊物和会议上发表 5~8 篇高水平论文，课堂上讲解的特征敏感度量、图像片网模型等理论技术都是课题组的研究成果。因此课程每年都会动态调整教学内容，并结合国内外专家的观点多角度地介绍课题组和学科最新研究成果，增进学生对该学科的认识、激发学生的创造性。

计算机系媒体所的博士一年级学生杨国烨说："最重要的是胡老师还会通过自己或其他研究者的小故事，告诉我们为什么某项研究要这么做，以及这项研究对学术界及工业界的影响。这些实例给我带来了很多启发，让我了解到研究工作的影响力和意义从何而来，以及如何做出这样的研究。"

"教学是无止境的，我每一年准备课程时都要反复思考那些课件，怎么精雕细刻、浓缩精华，再把最新的内容充实进去。"胡事民说。

好的课堂不需要掌声，而要关注每一位同学

"计算机图形学"平均每年有 30 余人正式选课。除了计算机系的研究生外，还有来自工物系、美术学院、物理系等院系的研究生，同时也有其他院校及科研单位的师生来旁听这门课。选课学生有不同的基础和专业背景，学生层次不同，在学习过程中遇到的问题也各有不同。

"教学不是你讲得兴高采烈，大家都鼓掌就好了，而是需要关注到那些有困难的同学，不让他们掉队。"胡事民说，他对学生要求比较严格，不仅有固定的讨论班、小范围的讨论，还经常跟学生单独谈话，"哪个学生问题多了就单独请他吃饭，边吃边聊，这样容易发现他的问题并给予帮助。"

计算机图形学需要较强的编程能力，而有些学生编程基础较弱，胡事民就安排了两名助教开设习题课，专门辅导学生编程。部分学生没有学过本科生的"计算机图形学基础"，所以这门课的前四讲专门安排了有关图形学的理论基础性课程，之后的课程分别讲解高级渲染、基于图形的图像处理技术、相关几何知识等。胡事民还自己买教材送给每一位上课的学生。

计算机系学生杜正军说："课堂上内容丰富多彩，对于每一个具体的专题，老师不仅会分析传统的经典方法，还会结合研究现状讲解最新最前沿的研究思路；不仅会讲解论文本身提出的解决方案，同时也会分析论文的立意、创新性和写作特点，并在课堂上鼓励大家做前沿的研究、有用的研究。"

学以致用，以用致学

"计算机图形学"一共有两次作业，由老师指定题目，让学生们通过编程来实现，老师则根据作业的效果和编程的质量对学生进行考核。"但是我们也鼓励学生不做指定的作业，他们可以自选项目。每年都有一部分学生有创新的东西，甚至有非常了不起的作品。"在胡事民讲授这门课程的十多年里，有很多学生不仅掌握了课程知识，并且进行大胆创新，成果斐然。

正在上课的杨国炜同学研发出"Write-A-Video：Computational Video Montage for Themed Text"技术，实现了基于主题文字的视频蒙太奇生成方法。通过该技术，用户在计算机中输入文字，系统即可从视频库中搜索与文本内容语义相匹配的候选镜头并自动组装剪辑视频。如此，专业剪辑师可以省下大量时间、提高效率，没有受过专业技术培训的用户也可以制作出赏心悦目的视频。

2019 年 11 月，杨国炜在胡事民的带领下前往澳大利亚参加了 SIGGRAPH 会议，其成果"Write-A-Video"也发表在了 SIGGRAPH Asia 2019 上，得到国际同行的广泛认可。SIGGRAPH 及 SIGGRAPH Asia 是世界上影响最广、规模最大同时也是最权威的集科学、艺术、商业于一身的 CG 及互动技术展览及会议。

而在 2013 年，"计算机图形学"课上的学生们就实现了基于主题文字的单张图片和连环画生成技术，正是这一技术引起了杨国炜的兴趣，取得了现在的成果。"清华的计算机图形学研究处于国际领先水平，现在课堂上的很多内容都是我们课题组、甚至是我们学生的研究成果。"胡事民介绍说。

研究生精品课程"计算机图形学"采用研究型教育教学模式，坚持基础性与前沿性相结合的教学内容，以及课堂学习与研究实践相结合的教学方式，着眼于全体学生的进步，使得学生既学到了图形学的基础知识，又学习了进行科学研究的方法，综合素质和科研能力得到了锻炼与提高。"我们很多时候低估了学生的求知热情和潜力，应该把更多的时间放在对学生的启发与激励上。"胡事民深有感触地说。

中国应急管理的现代化之路

瘟疫与人类历史

ENGINEERING RESPONSIBLE AI

针对新型冠状病毒的药物等研发

新冠肺炎爆发对人类社会的警示

创新与反贫困

17
2020.03.

春风化雨乐未央
行健不息须自强

春风讲堂

清华映像
Tsinghua Spotlights

春风讲堂：用理性架起桥梁

文字 | 彭欣怡
图片 | 梁晨
素材提供 | 教务处

"春风化雨乐未央，行健不息须自强。"校歌里的这句歌词，每每成为清寒岁月里最温暖的声音，回响在清华人耳畔。

几乎与学校研究春季学期教学安排调整同时，"春风讲堂"的设想在教务部门中悄然萌动。年节未尽，病毒已来，如何用通识和理性的力量帮助清华师生乃至社会大众科学认识疫情，心系当今社会，胸怀浩瀚长河？

经过精心筹备，由清华大学教务处主办，写作与沟通教学中心、学堂在线协办的"春风讲堂"于 2 月 20 日在雨课堂登录首讲，清华大学公共管理学院教授、苏世民书院院长薛澜教授解读"中国应急管理的现代化之路"。

不到一个月的时间，"春风讲堂"系列讲座已经完成七讲，历史系教授仲伟民、药学院院长丁胜、医学院教授张林琦、经济管理学院教授陈劲、高等研究院双聘教授沈向洋、电机系教授于歆杰先后登台，线上开讲，以清华的大家之言，为众人心中注入一泓清泉。

以大家之言提供智慧

"春风讲堂"系列讲座约请校内不同领域的专家学者登上讲台，回顾历史经验中的疫情挑战，共论人类应对方略。讲座从师生的普遍关切出发，采用不同学科视角，征文考献，述往思来，为师生积极理性应对疫情提供知识智慧。

"春风讲堂"以雨课堂形式面向全校师生直播，旨在使清华学子不仅具备临危不乱、从容应对的勇气，更具有古今贯通、博学中西的"全人"通识素养。讲座还通过清华大学官方微博、抖音号、快手号、B 站号、百家号、新华网客户端、央视频等平台同步对外直播。

在老师们看来，"春风"既是"春风似剪刀"的力量，剪除病毒滋生的余孽；也是"润物细无声"的温情，化作滋润人心的甘霖；还是高挥春秋笔的气度，在历史的语境中体认当下的世界与国族。"春风讲堂"恰是源自清华人对于"春风化雨""自强不息"的重新阐释。

从不同视角答疑解惑

教授们以史为鉴，求知更替。

薛澜中肯地指出，要保持对大自然的敬畏，风险永远走在人类进步的前面，任何时候都不能麻痹大意；同时，我们要正确认识中国社会主义初级阶段的国情，从应急事件中吸取教训，改变社会心态，从追究个人责任到分析系统偏差和机制失灵，把学习到的经验教训转变成为系统进步的推进器。薛澜表示，国家应急管理体系的建立，正是为了应对中国乃至全球遭遇的一次次重大危机和挑战，而每一次突发事件都是改进应急体系的最好机会。在公共卫生领域，疫病传播的凛冬也不断催生与完善这一体系的完成。有效的应急管理政策，正如凛冬中的春风，化雨融冰、熏风解愠。

仲伟民则从历史学家的视角，就瘟疫如何影响世界历史进程以及历史上的瘟疫对今天的启发进行了解读。他指出，从历史上看，疫灾是人类灾害链网中的顶级灾害，并可能是与人类共始终的永恒灾害。疾疫史研究应该成为跨学科研究的重要领域，我们应该认真从历史和科学两个层面进行总结和反思。面对瘟疫，需要个人、社会和国家的共同参与，我们应加强科学预防和建立现代卫生观念，这也是现代化建设非常重要的一部分。

教授们也着眼庙堂之高和江湖之远，心系民生教育。

经济管理学院教授陈劲带来了题为《创新与反贫困》的演讲，从消除贫困的重要性、反贫困研究的基本范式、依靠创新实现反贫困的三个范式和创新反贫困的展望四个方面展开，介绍了运用创新在世界各国实现反贫困的经验以及创新实现反贫困的中国道路。

电机系教授于歆杰则带来了一场生动的在线教学讲解和互动演示。他以《如何以高质量在线教学应对高校疫情防控大考》为题，从理念、工具和教学法三个层面，介绍了清华大学在大规模实时交互式在线教学模式上的思路、举措与成效，并探讨了新冠肺炎疫情结束后，我国乃至世界高等教育在线教学领域可能出现的新发展和新机遇。

教授们还尝试致知生命之理、求索未达之路，既介绍了前沿研究与疫情防控的结合，也描绘了一个更为辽远的星空。

作为药学领域的科学家，丁胜教授的讲座《针对新型冠状病毒的药物研发》与现实需求紧密结合，阐释了新药研发的理念、科学依据、常用手段和规律。丁胜指出，新药研发是一条漫长的荆棘之路，针对新型冠状病毒的药物研发（包括临床试验）也是一套完整而严谨的科研体系，背后有其自身特定的科学规律和严密逻辑作为支撑。科研人员需同时做好短期和中长期考虑。

高等研究院双聘教授沈向洋在大洋彼岸的西雅图带来题为《如何设计和构建负责任的 AI》（Engineering Responsible AI）的报告。沈向洋分析了如何恰当地利用人工智能技术和产品应对人类社会面临的挑战，从而更好地引领人工智能未来的创新和发展。

在题为《新冠病毒的暴发对人类社会的警示》的报告中，张林琦教授通过对新冠肺炎疫情暴发的回顾分析，全面系统地介绍了病毒的生命学特征、传播特点和流行趋势，与人体免疫系统相互作用关系，以及在药物、抗体和疫苗研发中的最新进展、重点和难点。

担桥梁之责继往开来

直至"春风讲堂"系列讲座第七讲，讲座在各平台的总在线观看人数突破 60 万。在网络平台的直播评论中，多见听众积极的互动反馈和"受益匪浅"等话语。疫情隔人不隔心，"春风讲堂"不仅体现了清华人的社会责任的担当，也架起了来自清华的理性声音与社会民众关切的桥梁。

时光如流，我们带着对当下的思考奔向未来，而身后是历史辗过的车辙。"我们希望，知识的理性和行动的勇气，终将如春风驱散笼罩大地的阴霾；而百年的清华，期待在春和景明之日迎接学子归来。"通过"春风讲堂"，我们咫尺千里，思接千载，立足创新，共克时艰。在世间百态和社会纷扰中，理性的话语传递着"春天终会来临"的坚定信念。

此时的清华园中，春天的花朵，比往年开得更早了一些。

"写作与沟通"课程：思考求真知，落墨言灼见

文字 | 李一安
图片 | 李娜
素材提供 | 写作与沟通中心

2018 年 5 月，邱勇校长宣布清华大学将专门为本科生开设"写作与沟通"课程，两个月后，"清华大学写作与沟通教学中心"（简称"写作中心"）正式成立。作为一门定位为偏向于逻辑性或说理性的非文学写作课程，"写作与沟通"课（简称"写作课"）的核心理念从一开始就将思维与表达紧密结合在一起。通过一个个具体生动的跨学科知识主题和小班探讨的形式，同学们始于兴趣，合于思考，久于训练，在精心设计的教学环节中进行"无学科门槛，有学理深度"的表达和交流。

在一年多的探索与实验过程中，"以写作中心专职教师为主、院系合作教师为辅，按照统一课程要求展开的写作与沟通系列研讨课程"的教学方式日渐成熟。如今已是写作课开课的第四个学期，受疫情影响，配合学校教学调整安排，写作课改在线上，朋辈学习平台"写作云工坊"和写作课"克隆班"全新上线加盟助阵，又会为写作课的课程体系增添哪些新的色彩？

2020 年 2 月 17 日周一，清华大学迎来在线开课第一天。20 天的精心准备，21 位授课教师，56 个写作课课堂，近千名选课同学，几个数字勾画出了新学期写作课的又一个起点。

"推动思维是写作课最为根本的价值诉求"

2 月 17 日第一大节的"城市"主题写作课上，授课教师王缅和同学们迎来了一位特别的"旁听人"——校党委书记陈旭。课程一开始，王缅播放了两支关于武汉城市的短片作为引入。第一支短片进行了一种比较宏观的空中鸟瞰，记录着武汉这座繁华都市的活力，但是却存在着几分距离感。第二支短片则是在疫情期间武汉封城后，一位摄影师在武汉的大街小巷里记录城中的人和事，观者很容易在这样一种推进叙述的方式中感受到拍摄者的情感表达。课上，同学们也对这两支短片进行了充分的讨论，理解如何从对城市的探索，开始自己的写作课生涯。

"美是什么""游戏与人""解码动物""切尔诺贝利"……这一个个奇妙而又具有深刻内涵的课程主题是如何敲定的呢？对写作中心的老师们而言，选择主题是一个不断取舍打磨的过程。主题选择的灵感和方向，与感性认识、日常经验有关，更因为它本身具备了复杂性和丰富性以及由此带来的可以进行有人文关怀气息的深度研究的可能。王缅这样归纳自己选择"城市"主题的五个出发点："跨学科特点以呼应通识教育目的，全球视野以提升国际化意识，贴近生活以激发学生兴趣，专业领域以进行深入指导，高质量丰富素材以架构完整知识体系。"

面对同一个主题，同学们切入理解的角度不同，也会产生多元的探究。不同的关注点恰恰体现了写作课主题的引导和启发，老师和同学们所形成的这一知识共同体不断探索背景话题的多种可能。

也许很多同学在选课时会对一些看起来专业性较强的主题产生疑虑，"城市"主题是不是只适合学习建筑或者规划的同学们去选择呢？其实并非如此。为了帮助跨学科的同学们更好地挖掘出与写作课主题相关的具体研究选题，王缅以 5 本经典书目为例，启发同学们思考几位作者如何通过不同的观察视角和研究方法来解读城市。面对一座城市，城市规划、城市管理、文学、社会学、人类学等学科都有自己所关注的侧面，不同学科为人们带来日益丰富而多样的研究成果。随着对于主题的理解更加立体丰富，同学们能够不断反思内在自我和外在世界的关系，在真正的生活中寻找存在的问题和相应的解决方法。

"这门课程所教授的远不止是写作，还有我们的思考方式、观察方式，写作风格、读书习惯本质上仍然是需要我们用内心领悟的。"化93刘文轩同学的体会也在一定程度上印证了写作课的培养理念。

线上新形式，教学共相宜

新的在线授课方式改变了以往教室内师生之间面对面直接交流的传统模式，而写作课恰恰又需要课堂上更多的表达交流时间。老师们该如何应对这种形式上的变化呢？

开课主题为"健康"的苏婧老师结合教学形式的调整，除了沿用一些经典的文本，也使用了大量的多媒体素材，增强了同学们对于主题的代入感。为了更好地积累教学素材，也为了能够激励同学们保持良好的思考、写作状态，苏婧尝试在个人微信公众号上与同学们分享与写作课主题相关的内容和自己的一些感想。另外，在写作课整体的安排中，小组讨论是一个非常重要的环节，在以往线下的课程中，授课教师本身很难完全地观察掌握所有同学的讨论发言情况，但是在线上，同学们利用多种交流工具——微信语音、群聊电话等，老师可以加入每一个小组，及时地了解到同学们的讨论进度和课程内容的掌握情况。

除了小组讨论，面批也是写作课的一大特色。线下面批是老师与学生一对一的"面对面交流"，"以前在线下，同学们难免会有一点拘谨"，现在暂时调整为线上进行，"学生会有更自然开放的表达"。但是苏婧同时也坦言，没有面对面的交流，可能会缺少对于同学表情的观察，从而遗失一些直接而细微的反馈。在总结自己线上授课的感受时，苏婧说道："学生们也是老师不断改进教学的动力。要绞尽脑汁让线上教学穿越技术的屏障，到达学生的心田。"

相比以前的线下面批，对于隔着一块屏幕的线上形式，同学们又有怎样的体验和感受呢？电机95的谭心逸同学分享道："线上面批虽然难以近距离交流，但仍能通过各种方式轻松互动，而且交流内容能被记录以供反复琢磨，反而深化了记忆，也一定程度上优化了效果。"

此外，除了写作中心专职教师的日常教学，多位院系教师也加入了线上写作课的授课团队，为课程的多元主题提供了更大的可能性与创造性。缔造了"写作课是编程老师教的"这一佳话的计算机科学与技术系教授、写作课兼职教师邓俊辉认为，写作课的主题探究，能够让计算机专业的同学更好地理解专业伦理和技术边界。对于非计算机专业的同学，他更强调要用心感受不同学科之美，不要在真正做事时被专业限制了思维。

云工坊、克隆班，同携手、共进步

除了课内的老师讲授和师生交流部分之外，写作课的课外学习环节又将如何在线上实现呢？写作中心在开学第二周推出了全新上线的朋辈学习平台"写作云工坊"。每一次的云工坊都会由写作中心的一名专职教师主持，同时邀请两名往年已经选修过写作课的同学担任前辈主播，通过经验分享、直播问答、讨论区答疑等方式为同学们的课外学习提供支持。"云工坊中的分享内容都十分充实，很有收获。但是如何把以个人经验为背景的分享干货真正结合自己的实际内化于心，还需要课后进一步的思考和消化。"新雅91的杨珂涵在总结自己参与云工坊的感受时说道。

在写作课线上授课期间，清华大学写作中心的严程、程祥钰两位老师还为华中农业大学开设了三个"克隆班"。第四周的第一次克隆班课程上，清华的同学们对华农的"云同学"们表示了热烈的欢迎；课后，参加克隆班的同学和老师们也给予了积极反馈。程祥钰记录下了当天的感受："随着内容推进，大家逐渐沉浸到'无声的互动'中。我们知道自己对问题的思考与阐释正在与华农的朋友们发生共振，我们也努力将这种共振的效果最大化，大家真切地体会到了携手共进的魅力。"写作课经过一年多的探索和实验，教学方式日臻成熟，针对不同的教学挑战作出了积极的应对和调整完善。写作与沟通教学中心主任、公共管理学院副教授梅赐琪老师深有感触地说："开设'写作与沟通'，目的还不止于能力的培养，更看重的是全人的塑造，让学生在'顶天立地'的同时，还能够回到人与人之间。"纵横正有凌云笔，我们期待也相信，写作课会成为帮助同学们不断追求真知灼见、勇于并善于表达观点的助力，在通识教育培养的课程设计中，书写出新的篇章。

深圳国际研究生院教师圆满完成南海科考航次任务

图文提供｜深圳国际研究生院

　　3月10日至4月2日，清华大学深圳国际研究生院马辉教授、廖然副研究员参加"探索一号"TS16航次，并分别完成下潜，于4月3日顺利返回深圳。在本航次中，中科院深海所"探索一号"船带着"深海勇士"号载人潜水器，在我国南海海域针对海底垃圾、冷水珊瑚、海山生态、沉积物和岩石等有关科学问题展开实地考察和样本收集。航次科学家来自清华大学、中山大学、浙江大学、中科院深海所、自然资源部第二研究所等多家单位。

　　本航次的总目标是以南海海山及峡谷区生态、地质及环境污染情况为调查对象，开展塑料污染、海山生态系统的深潜调查及取样工作，取得相应的深潜科学研究成果；完成深海智能专项、重点研发计划的相关装备海试等。马辉、廖然利用自制穆勒显微镜测量了海底沉积物（包括硅藻壳、有孔虫等）、深海微生物的偏振特性；利用自制偏振相机记录了海底目标（包括海底悬浮颗粒物、海底沉积物、大生物和岩石等）的偏振图像，达到了预设的目标。两位老师分别进行了下潜，最深到达4300米；通过实地考察，目睹了海底地形地貌、沉积物、大生物等景象。

　　在本次科考过程中，马辉、廖然还与船上其他科考人员一起见证了"鲸落"（Whale Fall）的发生。鲸落是指鲸死亡后落入深海形成的生态系统，与热液、冷泉一同被称为是深海生命的"绿洲"。"鲸落"是非常罕见的海底奇观，迄今全球只发现50余处。这次是中国科学家第一次发现、也是在南海第一次发现"鲸落"。作为责任专家，马辉还主持了科技部"深海专项"某项目一个课题的海试现场验收。

　　此次南海科考是近年来清华大学深圳国际研究生院（此前为深圳研究生院，2019年在深圳研究生院和清华－伯克利深圳学院的基础上建立深圳国际研究生院）参加的第6次大洋科考活动。海洋工程是深圳国际研究生院"6+1"主题领域之一，该领域紧密结合海洋强国和粤港澳大湾区国家战略，重点建设深海工程、深海技术、滨海工程与技术、海洋生态环境4个学科方向。

清华大学张林琦教授领衔研发抗新冠病毒
特效药初步成果诞生记

文字 | 张同顺
图片 | 刘雨田

疫情当前，如果说医务人员的"战场"在医院，那么科研人员的"战场"就在实验室。

4月1日，在北京市新型冠状病毒肺炎疫情防控工作新闻发布会上，清华大学介绍了清华抗疫攻关情况，第一批8项抗疫应急项目中，张林琦教授领衔的单克隆抗体药物5月底将进行动物安全性和有效性试验。

研发抗新冠病毒特效药初战告捷，离胜利更近了一步。

让我们走近张林琦教授领衔的团队，看看疫情发生以来他们分秒必争的战"疫"故事。

大年初一集结出征

2020年春节，是一个特别的春节。

1月11日，距离庚子鼠年春节还有半个月时间，复旦大学、中科院、中国疾控中心等单位在开放式病毒学网站向全世界公布了第一个新型冠状病毒（SARS-CoV-2）完整基因组序列。基因序列一公布，立即引发了全球的关注。

在北京，清华大学医学院教授张林琦绷起敏感的神经，多年来他一直专注于HIV及SARS、MERS等新发突发病毒的研究，这种新型病毒与SARS基因序列的相似性，让他本能地产生警惕。

在同一座科研楼办公的清华大学生命学院教授王新泉，此时看到病毒基因，同样敏感起来。

两个人几乎同时拨打了对方的电话，达成共识：这个病毒非同小可，必须立即着手研究。他们决定立即启动新冠表面蛋白基因序列的合成。1月15日晚9时，张林琦和王新泉带领两个团队一同召开了动员会，对新冠病毒研究的整体布局和实施制订了周密的计划，并立即开始行动，鼓励学生们能不回家就不回家，该退票的退票。

接下来病毒传播的进展速度，证明了张林琦和王新泉二人的预判。1月23日，腊月二十九，武汉宣布封城。

研究需要加速，但科研组需要的患者恢复期血液样本还没有着落。

此刻在深圳，深圳市第三人民医院的张政教授也同样焦急万分——作为国家感染性疾病临床研究重点单位和一线临床单位，深圳三院虽然有新冠病毒患者恢复期血液样本，但并不具备条件对其进行系统和全面的分析。

1月24日的除夕，张林琦和张政的心思都没在春晚和节日的喜庆上，各有所思。也许是心有灵犀，0时40分，新年的钟声刚过，张林琦正在刷微信上的联系人时，一条春节祝福短信让他眼前一亮，这条短信正是来自深圳三院的张政。三院是新冠病毒患者定点收治单位，他们肯定有恢复期患者的血液样本。而张政发微信也正有合作的意向，二人一拍即合。

1月25日，大年初一。张林琦、王新泉，两位在SARS、MERS等病毒研究配合十余年的老同事，张林琦、张政，曾在HIV研究上有过合作的好朋友。北京深圳，三人两地，正式带领团队集结出征。

制作最精确"钓饵"

早在今年2月，国内收治新冠肺炎患者的一些医院就开始采用"血浆疗法"。所谓的"血浆疗法"，其实真正能够帮助患者的不仅仅是患者康复期的血浆，更重要的是存在于其中的新冠病毒特异性抗体。

"实际上，我们通常所说的免疫力，其中很大程度指的就是血液里流淌的抗体，这些抗体是体内百千万的B淋巴细胞产生的，数量非常之大，占血浆蛋白的20%，给身体提供了强大的免疫能力。"张林琦说。

所以，把产生新冠病毒抗体的B淋巴细胞里的抗体基因找出来是第一步。但是人体产生抗体的B细胞百千万，而且有的B细胞是产生针对其他病毒抗体的，要真正找到抗新冠病毒的抗体就如"大海捞针"，必须制作一个"钓饵"。这个"钓饵"是某种特定蛋白（类RBD蛋白），这种蛋白能和产生新冠病毒抗体的B细胞结合，从而将其"钓"出来。

张林琦表示，这部分工作需要在具备制造条件的清华实验室展开，而且做出来的这种蛋白和RBD蛋白与活病毒表面的相应蛋白应该具有极高的相似度。"制作这种蛋白就像配钥匙，如果配出来的钥匙与原装的不符合，形状七扭八歪，那'钓'出来的B细胞也不会具有抗新冠病毒的能力，属于不合格的B细胞。既然是'海钓'，那鱼儿最喜欢吃什么，我们就要喂它们最想吃的'钓饵'。"

"在这方面，在过去几年里，我和张林琦老师一起合作已经积累了很多经验和技术。"王新泉说，养兵千日用兵一时，春节的气氛完全掩盖在实验室紧张的节奏中，在两个实验室的共同努力下，团队人员紧锣密鼓制作出了这种蛋白，而且结构和纯度非常高。

1月31日，新鲜出炉的蛋白试剂被即刻发往深圳。

"挑"出最强抗体

蛋白试剂到达深圳，张政团队立即开始工作。通过抗体分析、分离和评估，为了赶时间，除了吃饭睡觉，他们几乎不出实验室，成功从百千万B细胞中"钓"出206株抗新冠病毒单克隆抗体及其编码基因。

2月9日，这些单克隆抗体及其编码基因发回北京。

拿到基因后，张林琦和王新泉团队立即在实验室里对这些基因进行扩增，放在细胞里面产生抗体，开始评估这206株抗体的结构功能，特别是阻断病毒进入细胞的能力。

评估的过程也是争分夺秒，由于时间紧迫，实验室先对前20个抗体进行了仔细评估，评估到大约3~4个最强抗体，占比10%~20%。

张林琦打了个比喻：人体中有数量达百千万的混合抗体，它们的特性和功能都不一样，即使是抵抗同一种病毒的抗体，它们的抑制、抗击能力也是有差别的。如果把综合抗体群比喻成整编部队的话，多克隆抗体就是各兵种部队，单克隆抗体就是其中的一个个战士。每名战士各有所长，有的类似步兵，有的类似骑兵，有的类似狙击手，它们所携带的武器和攻击的目标也各不相同，有的擅长袭击病毒的胳膊，有的擅长袭击病毒的腿，有的擅长袭击病毒的心脏。其中，具有心脏等关键部位攻击能力的狙击手能对病毒造成更大的杀伤力，它们是整编部队里最优秀的战士。

"我们的工作就是从康复者血浆中的B淋巴细胞中，分离出抗新冠病毒的最优单克隆抗体及其编码基因，也就是挑出其中杀伤力最强的战士，拿到这些战士的基因，并由此获得大量复制最具杀伤力抗体的根本模板。"张林琦说，评估出来的这3~4个抗体，即是研发治疗和预防新冠病毒高效单克隆抗体药物的根本保障。

真正搞懂"钥匙和锁"

筛选出这些抗体之后，团队的重点转移到解析这些抗体是如何阻断病毒进入细胞的，真正搞懂其中的机制，破解制作抗体特效药的玄机。

对冠状病毒研究多年的张林琦和王新泉，对病毒进入人体的机制早已有所发现。病毒进入人体后，人体能否继续保持健康，关键在于病毒是否会进入细胞，病毒进入细胞是其能够复制的条件。很多抗体的作用靶点就是病毒表面的刺突蛋白，刺突蛋白上的RBD蛋白即是病毒进入细胞的一把重要"钥匙"，病毒的RBD蛋白与受体的ACE2的结合，即可打开细胞的"锁"进入到人体，这即是"钥匙和锁"的关系。

王新泉介绍，几个月来，他和张林琦通过晶体学方法解析了新冠病毒的这把"钥匙"，包括RBD蛋白和受体结合的高分辨率机体结构，及其与受体相作用的过程。他们在世界上率先解析了最高分辨率的'钥匙和锁'之间的结构基础，为认识病毒进入细胞的过程和结构基础奠定了基础，同时，也对阻断新冠病毒进入人体的研发具有重要的指导作用。

"现在，我们就是要在体外制备大量的挑出来的最强抗体，再让这些'优秀战士'进入体内特异识别病毒表面蛋白的关键靶位，阻断病毒钥匙打开细胞锁的关键一步，以阻止病毒有效进入人体细胞，抑制病毒复制，这也是研制的特效药的关键原理和逻辑。"王新泉说，下一步，他们还要深入了解这些抗体的其他作用位点和作用机制，更好地利用这些抗体，甚至可以利用两种和三种抗体的配伍，增强病毒阻断能力。

分秒必争，日夜兼程

这次应急研发任务，从 1 月 25 日三个团队正式展开工作，到 3 月 13 日初步成果《抗新冠病毒高效中和抗体的分离与研究》（Potent human neutralizing antibodies elicited 1 by SARS-CoV-2 infection）在预印本上发布，三个团队在七周时间里始终坚持互助互补、无缝衔接、日夜兼程的高效科研机制，可以说是一支"神团队"。

而这七周的时间里，不管是指导协调的张林琦、王新泉、张政三位教授，还是从事基础科研的年轻科研人员，大伙都憋着一股劲儿，争分夺秒为特效药研制赶进度。

王新泉教授和他的助手葛继湾博士在解析新冠病毒表面蛋白与细胞受体的高分辨率晶体结构时，形成的晶体要放到 X 光衍射机衍射，通过衍射才能判断晶体的结构。衍射机只有上海有，但是当时存在交通管制，他们想方设法，终于连夜把晶体送到上海。

深圳三院的鞠斌博士曾在中国疾控中心从事研究，有深厚的技术基础，对免疫学有独到的理解，在获得患者恢复期血样后，在很短的时间内就筛选了可以结合新冠病毒 RBD 的抗体细胞，成功分离出 206 株抗新冠病毒的单克隆抗体及其编码基因。

清华大学张林琦团队的张绮博士在获得 206 株抗新冠病毒的单克隆抗体序列之后，迅速展开合成，开展了一系列的生化实验，评估和验证抗体的结合能力、与受体 ACE2 的竞争能力、抗体之间的相互作用等。此外还尝试构建和优化不具有感染能力的"假病毒"，虽然过程并不顺利，但是在克服诸多困难后，迅速对抗体中和能力开展评估，14 天找到最优高效抗体。

其间最让他们纠结的是，受疫情交通管制的影响，北京与深圳之间原来一两天就能寄到的试剂，2 月的时候延迟非常严重，有一次竟然用了 10 天，实验过程被打断，耽误了很多时间。但是张绮和鞠斌等每晚电话会议坚持推进，做好实验思路的准备，尽量减少耽搁。

而最让他们感动的是习近平总书记在 3 月初来清华考察新冠肺炎防控科研攻关工作，总书记平易近人的鼓励让他们更加信心百倍，内心更为笃定。

目前，团队的各项工作依然在有序推进。3 月 30 日，《自然》期刊已经正式发表团队的科技攻关成果《新冠病毒刺突蛋白受体结合结构域与受体 ACE2 复合物的结构》（Structure of the SARS-CoV-2 spike receptor-binding domain bound to the ACE2 receptor）。同时，在科技部、国家卫健委、教育部和北京市的支持和帮助下，团队已启动了与腾盛博药等企业的联合攻关，以及与药审中心的全面沟通，打通了研发、生产、安评和临床试验的全链条，5 月底高效抗体药物可进入动物，开展安全性和有效性评估。

08
2020.05.

"清华通识说"：用思想的碰撞带来更好的教育

文字 | 彭欣怡
图片 | 曾仪

清华大学的通识教育有着悠久的历史沉淀。

梅贻琦校长曾说过"所谓大学者，非谓有大楼之谓也，有大师之谓也"，他在 1941 年的《大学一解》一文中指出"通和专要精通，但重心在通而不在专"；1944 年，梁思成在清华大学作了名为《半个人时代》的演讲，指出有人文没有技术的"边缘人"或有技术没有人文的"空心人"都是残缺的人；1952 年，在清华大学成为工科院校的重大改革背景之下，蒋南翔校长依然强调清华要又红又专、全面发展。

近年来，清华大学在通识教育的改革道路上探索不断。2002 年，清华明确提出"通识教育为基础的、宽口径的专业教育"的教育体系；2003 年，清华大学在全国高校中率先开出一门新课程——新生研讨课，由清华知名教授为大一新生开设小班专题讨论课程，学生完全靠自己的兴趣和爱好进行选择，充分营造一种师生共学的氛围，以一种新的学习方式，使学生学会如何表达自己的观点，学会从多角度分析和评判的思维方式；2014 年，清华大学第 24 次教育研讨会提出了价值塑造、能力培养、知识传授"三位一体"的教育理念，进一步突出通识教育的基础地位，强调"通识教育与专业教育相融合"；同年成立了新雅书院，作为小班教育、通识教育与住宿书院制度结合的试点。2018 年，第 25 次教育研讨会进一步明确"文理兼备，跨学科的知识结构；审思明辨，批判性的思维能力；立己达人，全人格的价值养成"的通识教育培养目标；同年 5 月，清华提出开设"写作与沟通"课程重大改革举措，旨在依托来自不同学科背景的教师，通过各具特色的主题设计，引导学生开展写作与沟通能力培养的小班研讨课程，进而提升学生的批判性思维能力。写作与沟通课程的开设也成为清华通识教育改革的一大亮点。

世界一流大学的建设呼唤一流的通识课程体系建设、一流的通识课程建设，清华一直在路上，脚步从未停歇。

如今，着眼于未来、服务于清华人才培养目标的通识课程体系建设已经初具规模。为了进一步优化通识课程体系，提升通识课程整体质量，加快建立中国特色、清华风格、时代特征的本科通识教育模式和课程体系，教务处与教师发展中心联合推出"清华通识说"教学沙龙活动，定期邀请来自人文、社科、艺术、科学等学科领域，并且已开设通识课程的教师分享他们对于通识教育的理解。

打开视野，通识教育带来新鲜视角

在 2019 年 12 月 11 日和 12 日举行的第一场和第二场"清华通识说"教学沙龙上，天文系教授毛淑德、美术学院教授李睦、历史系副教授顾涛、法学院副教授刘晗受邀分享了通识课程建设的经验和体会。

与专业教育强调专业人才技能培养有所不同，通识教育更像是为学生提供认识某一学科的窗口。在学会通过这样的"窗户"认识世界时，同学们获得的不仅仅是知识，更是学科的思维。

具有多年教学经验的老师们不约而同地提到了这一点。毛淑德和在场的老师们分享"如何通过这门课程培养学生的宇宙观和科学理念，促使学生对天文学产生兴趣，并有可能在未来进入到这一领域深入研究"。李睦老师指出，美育的核心在于让学生了解另一种思维方式即注重过程而非结果，学会发现问题而非解决问题，尝试解构、发现新特征而非习惯规律和共性；刘晗老师认为通识教育不仅要起到知识传授的作用，更关键的是给学生塑造某领域的思维模型，让学生戴上一副"新的眼镜"重新看待世界。

发现宇宙之美，指出生活点滴中的美之所在，像法律人那样体察人性……通识教育所带来的人才培养与价值塑造，能让学生习得在其他领域认识世界和改造世界的方法，更能更好地认识生命、敬畏生命。

重新审视，通识课程提出革新要求

十年磨一剑。通识教育要求教师跳出专业视角的局限，更用心地思考课程设计。在"清华通识说"第二期教学沙龙上，顾涛老师围绕"七年一门通识课——以《史记》研读'为例"的主题，对比了2012年、2016年、2018年的课程大纲，呈现了一门课程如何在不断突破自我、寻求革新的过程中逐步发展成目前较为成熟的体系。

类似地，在2020年4月15日的"清华通识说"第三期教学沙龙活动中，生命学院王宏伟教授、化工系张强教授受邀围绕"理工科通识课程设计"这一主题，谈了他们在通识课程建设中的经验和体会。

王宏伟从他牵头开设的"生命的进化与保护"这门通识课程出发，分享了自己对于生命科学领域通识课程设计的思路和经验。他提出"进化"是值得我们关注的重要问题，同时强调源自生物多样性的"绿水青山"离不开健康的生态系统。张强则以"创新驱动发展"作为出发点，分享了高挑战度、强调学科交叉的"纳米能源"课程的设计理念，即聚焦"能源"这一人类面临的重大挑战问题开展设计。

通识课程的教学需要授课教师对所授内容有足够充分的理解，老师们也力求在分享多年教学经验之中与同仁共同探索未来发展的可能性。

用教育联系当下与未来

雅斯贝尔斯曾说："教育就是一棵树摇动一棵树，一朵云推动一朵云，一个灵魂唤醒另一个灵魂。"通识教育与专业教育紧密结合，但又跳出专业教育的模式，更强调看似"无用"的课程和教育的长远效用。

仰观星河宇宙，俯看花鸟鱼虫；寻固本浚源的流传，致权衡公正的法理。通识教育立足于以人为本，给予同学们意识与能力去感知生命与美。通识教育的建设所带来的知识内容的传授、生命内涵的领悟、意志行为的规范……在启迪学生发挥自由天性、建立健全人格的"全人"培养的过程中无疑扮演着重要作用。

而"清华通识说"教学沙龙的设立，则是为了给在清华大学进行通识教育的老师提供一个平台，共享他们解放思想、点亮生命的教学经验，以求更好达到通识教育的作用——将过去的传统传承，使当下的灼见浅出，为未来的人才助力。

（部分资料来自公众号"清华大学本科教学"和"清华大学教师发展中心"）

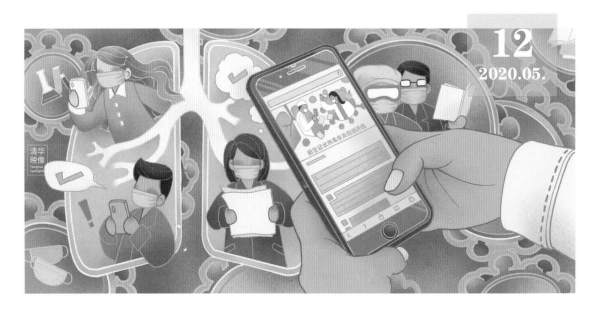

清华团队研发新冠肺炎自测评估系统，
助力全球抗疫鏖战

文字 | 潘懿锟

图片 | 曾仪

　　春节，本该是阖家团圆、共庆假期的日子，有一群人却退掉回乡的车票，聚在一起，连续奋战了 7 天。这场"战役"，跑赢时间，也是在间接救命。

　　2020 年春节，在中国工程院院士、清华大学精准医学研究院院长、清华大学附属北京清华长庚医院院长董家鸿的召集下，医院疫情防控专家组与精准医学研究院、人工智能研究院医工结合，利用春节前后的假期，研发出"新型冠状病毒肺炎自测评估系统"（以下简称"新冠自测系统"）。该系统于 2 月 1 日正式上线，随着全球抗击新冠肺炎疫情的需要，目前已经覆盖全球 80 个国家，系统总使用量达 3537 万人次，受到海内外用户的广泛好评。

　　打开"新冠自测系统"，清爽的绿色扑面而来，给人安心舒缓的感觉。若是操作起来就会发现，整个系统的设计非常简洁轻巧：用户只需要利用手机登录系统，根据自身实际情况，在线回答 4 页简单的问题，系统则会根据用户提供的信息进行智能分析，做出患病风险层级评估并给出保健和就医指导意见。

　　"新冠自测系统"所采用的自筛问题量表是整套测评系统运转的重中之重，是研发团队精心钻研、层层把关而成的结晶。在董家鸿院士指导下，北京清华长庚医院疫情防控专家组依据国家卫生健康委员会最新诊疗指南设计成型，并经过中国医师协会组织的传染病学、呼吸病学、急诊医学、全科医学四大领域多名权威专家审定。问题测量涵盖流行病学接触史、发热症状、呼吸道症状、其他系统症状等情况。系统根据测评者输入的内容，基于评价量表自动计算得出风险指数，给予其正常生活、居家隔离观察或去医院就诊等建议。当然，研发团队也贴心地考虑到了居民活动、病情变化等实际问题，如果用户的接触史或症状等发生变化，可以根据需要重复测试。系统会进行动态的计算，显示风险指数的消长，从而给出相应的医疗保健意见。

　　系统上线前，已做过不同类型患者的小样本测试与饱和攻击测试，单日最高测试例次数为 34330 人；测试区域包括北京、河北、河南、湖北、湖南、江西、广东、陕西、四川等省市，超过 97% 人次测试结果为无须到医院就医，达到了系统设计的目标。

　　董家鸿表示，"新冠自测系统"的上线具有重要的社会意义。最首要的是让群众具有自我健康评估能力，理性地做出保健和就医选择，避免不必要的恐慌。时值冬春季节，是多种与新冠肺炎症状相似的呼吸道传染病的高发季，大量人群涌入医院排查新冠病毒感染，极大地增加了非新冠感染人群在医院里交叉感染的风险，可能反而加剧疫情蔓延趋势；同时，系统上线能够有效缓解医疗机构超负荷运行和防疫物资浪费的现象，让医疗机构有限的资源更加精准地投入到确诊 / 疑似患者。

　　一经上线，"新型冠状病毒肺炎自测评估系统"就收到了来自五湖四海的"点赞"：来自基层医院的反馈运用该系统"省了我们好多事儿"；同道反馈"经转发回馈，很多恐慌的人们心里踏实了"；也有网友评论"很有清华特色，用理工科的方法助力解决医学问题"。

为了更好地助力全球抗疫，"新冠自测系统"走出国门，覆盖全球 80 个国家，还上线了中文、英语、日语、韩语、意大利语、波斯语、法语、葡萄牙语、斯瓦希里语、西班牙语 10 种语言版本。其中，中文有国内版、武汉定制版以及面向全球华人的全球定制版，以满足不同场景的使用需求。

在拉美有投资的中方企业如同方威视、金风科技、中国银行等，也纷纷向清华团队致以谢意：这套"新冠自测系统"不仅有效地缓解了大家的焦虑和恐慌心理，也让他们看到了清华大学出色的研发能力和高校的责任担当。

走向海外的"新冠自测系统"不仅给海外华侨带来了福音，也为海外地区带来了中国的"抗疫力量"。四达刚果布公司一名本地员工出现了轻度发烧症状，他十分纠结是否需要去医院就医：一方面是没有其他新冠肺炎的伴生症状，另一方面是因为在医疗机构遭遇的交叉感染风险也很高。他最终决定根据"新冠自测系统"给出的建议暂时休息并观察病情发展，所幸当天晚间他的体温就恢复了正常。在当地现阶段医疗资源不甚充足的情况下，这样的自测评估系统有效减少了不必要的感染风险，并缓解了民众的心理压力。

探索，永无止境。清华医工团队还在不断研发拓展"新冠自测系统"的功能，如陆续增加针对不同风险层级患者的智能回访功能、针对高风险人群的就近定点医院提示以及针对医院端的接诊前提示、基于大数据的区域疫情演变趋势分析和预测等。

清华团队重启天文软 X 射线偏振探测窗口

文字 | 李婧

供图 | 天文系

2018 年 10 月 29 日，清华大学主导的空间天文项目"极光计划"发射升空。

同年 12 月 18 日，极光计划的探测器开启高压投入运行，成功探测到了空间 X 射线。

作为一门观测驱动的科学，天文学的发展在很大程度上依赖新的观测方法和手段。清华大学天文系及工物系冯骅教授研究团队十年磨一剑，成功通过立方星发射并运行近半个世纪以来第一个专门的空间软 X 射线偏振探测器。这也是工物系过去 10 年发展高能天体物理、推动学科交叉的结果。

以"年"为单位的长期观测，也给团队带来意外收获。

2019 年 7 月 23 日，蟹状星云脉冲星发生了一次自转突变。同时，探测器捕捉到偏振信号变化。

2020 年 5 月 11 日，《自然·天文》杂志封面刊登冯骅课题组与合作者共同完成的最新成果：在卫星上经过 1 年的观测，X 射线偏振探测器探测到来自蟹状星云及脉冲星的软 X 射线偏振信号，并首次发现了脉冲星自转突变和恢复过程中 X 射线偏振信号的变化，说明在此过程中脉冲星磁场发生了变化。

这一探测结果也标志着，由于技术困难停滞了 40 多年的天文软 X 射线偏振探测窗口重新开启。

X 射线偏振探测：看宇宙中的 3D 场景

探测 X 射线偏振，我们在测什么？

"偏振"和光的颜色（波长）都是电磁波的基本属性之一。戴上偏振眼镜看 3D 电影，即是生活中常见的偏振原理应用。

"X 射线也是电磁波的一种。我们希望在 X 射线波段看宇宙的 3D 场景——并不是像影院一样看到 3D 图像，但确实是一个新的探测维度。"冯骅解释，"黑洞、中子星这类非常极端的天体虽然光学辐射很弱，却是很强烈的 X 射线辐射体。由于 X 射线波长非常短，不存在像可见光偏振片那样合适的滤镜，X 射线偏振的测量变得极其困难。但利用 X 射线偏振测量，我们能够获得高能辐射区域磁场方位、天体的几何对称性，从而进一步理解与黑洞、中子星等密切相关的天文现象的物理过程发生机制，对高能天体物理而言意义重大。"

于是，早在 1968 年，美国科学家就率先开展了天文 X 射线偏振探测，并在 1971 年发射的探空火箭上完成了 247 秒的曝光，第一次发现蟹状星云的 X 射线辐射可能具有高度线偏振，并在 1975 年上天的 OSO-8 卫星上完成了首次精确测量。

然而，40 多年过去了，科学家们不断论证 X 射线偏振的用处，预言探测偏振对天体物理的科学价值，却再也没有第二个 X 射线偏振探测设备在空间运行。探测灵敏度不足，被认为是 X 射线偏振技术的主要瓶颈之一。

技术转机出现在 2001 年。随着核探测技术的发展，意大利科学家证实了一种新型粒子探测技术可用于高灵敏度 X 射线偏振测量。这为 X 射线偏振测量带来了"一种近乎理想的探测技术"。

2009 年，回到清华大学任教不久的冯骅开始带领团队，在国际合作的基础上，对 X 射线偏振探测技术进行探索和改进。

在实验室：制长寿命、高性能探测器

2010年年初，第一次向冯骅请教的工程物理系学生李红，对X射线偏振可以说知之甚少，但听完老师的介绍，李红被迅速"安利"："一方面对研究方向很感兴趣，另一方面也发现本科阶段关于核科学核技术方面的知识积累其实可以应用到天文研究领域。"

以本科毕业设计为起点，李红跟随冯骅老师攻读博士学位，全心投入到偏振测量方法和仪器研究中。"在X射线偏振探测发展的停滞阶段，又恰逢新技术的出现，我们更希望做前沿性工作。"李红说。

在实验室研究阶段，团队的目标就一直是"做出能够满足空间应用需求的长寿命、高性能"的探测器。这种新型X射线偏振探测器外形大致如一个火柴盒大小，传感器面积大概相当于一枚硬币。探测方案在初期就已经明晰：X射线通过铍窗进入探测器，与探测气体发生光电效应产生光电子。通过测量运动的光电子穿过气体留下的二维径迹，推断出入射X射线的偏振信息。

然而，单是探测气体密封在"火柴盒"内，实现长期稳定的工作性能，就花了团队整整两年时间。

实验初期做出的探测器，总是在短时间内就被烧坏——核心部件气体电子倍增器（GEM）因高压放电被击穿。在着急忐忑却找不到性能下降的原因时，冯骅曾经告诉团队，做实验的时候不要害怕"搞破坏"，"弄坏东西并找到原因说明你的尝试有效果"。

通过反复的测试研究，气体纯度这一"罪魁祸首"被发现。由于探测器是一个密闭环境，当纯净的探测气体充入后，探测器结构材料表面吸附的杂质气体会慢慢释放，使得探测气体纯度下降，从而引起性能衰减，严重时就会"烧毁"探测器。

掌握"闭气型气体探测器的封装技术"的过程，是一个彻彻底底的学科交叉工程。超高真空技术方面的问题，团队请教到中国计量科学研究院和校内凝聚态物理方面的专家；结构材料方面的问题，参考航空航天材料标准，经过再三地测试对比，筛选出满足结构强度的、极低出气率的材料；探测器封装环境方面有差距，则搭建超净室、进行烘烤除气，想方设法降低杂质成分；还找到专属研究院进行气体提纯工作，将气体纯度从市面上常见的99.9%提高至99.999%……

至此，团队迈出重要一步：成品探测器实现了长寿命的要求，从最初只有约30分钟的工作寿命，到封好之后5~10年性能都不会改变。

2017年，团队高灵敏度、低系统误差的X射线偏振探测器在实验室研制成功，并且通过了一系列空间环境模拟试验的检验。

巧合的是，那一年，商业航天在中国兴起，为新探测技术和方法的飞行验证提供了更多可能性，由清华大学牵头研制的空间实验"极光计划"应运而生。"极光计划"之名PolarLight，缩写自轻型偏振仪（Polarimeter Light），也源于其研究对象偏振这一"极化的光线"的简称——极光。以此为名，希望利用微纳卫星平台在卫星轨道上直接验证X射线偏振探测技术，从而提高技术成熟度，为未来的空间天文探测所用。

"空间工程是一次性的高风险项目，哪怕有一个虚焊电阻，升空前未能排查出来，整项工作就会宣告失败。从实验室测试、基地发射，到空间调试开机和运行，每一个环节都不容错。"冯骅深知空间天文的不易，也对团队充满信心。

2017年国庆前，第一版本的空间载荷研制完成。一年的紧张调试和标定后，终于在2018年10月29日，"极光计划"搭载在天仪研究院的"铜川一号"立方星上，在酒泉卫星发射中心成功发射到近地轨道上。11月6日，探测器加电自检成功。经过多轮调试，12月18日开启高压投入运行，工作状态正常。"极光计划"首光，团队迎来了真正意义上的庆祝时刻。

脉冲星突变：做专一的、以"年"为量级的研究

如今，"极光计划"团队，也不过冯骅这位带头人，一名工程师，一名博士后和3~4名学生的规模。

团队虽小，在技术支持和数据处理方面的分工运转，也和空间中的立方星一样有条不紊。

来自物理系的龙翔云，兴趣使然，大二即加入了冯骅参与指导的学生项目"天格计划"，积极建设伽马暴探测网络。2019年，龙翔云从本科毕业设计起转向"极光计划"，并继续跟随冯骅老师读博。

过去的一年多，龙翔云为探测器编写"日更"指令集，已经完成3000多次开关机指令。

"我每天都会为探测器提供'明日工作计划'，通过卫星公司上传到空间。以蟹状星云脉冲星的位置信息为基础，结合卫星轨道信息，目标源、卫星和地球的相对位置，形成开关机、转向等指令，保证探测器避开高通量高能粒子的损伤，星敏感器一直指向星空。"

卫星日常运行设计，超出了团队专业范围；控制程序设计，对于物理系龙翔云来说也属跨界。"为了最大化观测效率，和冯老师商量后，我们决定自主设计运行程序。"虽然笑言python写起来比较流畅，但也在前期花了不少功夫修补bug。龙翔云说："目前程序已经实现高度自动化，每天只需5分钟即可完成。"

2019年3月，探测器进入常规观测，盯准了蟹状星云脉冲星。似"时钟"般运转精确的脉冲星常会在某一个时间点发生一次自转周期突变，然后慢慢恢复，这种自转突变是一种有待研究的天文现象。7月23日，蟹状星云脉冲星的自转突变被X射线偏振探测器捕捉。"我们观测到，经过几十天，脉冲星的偏振信号又慢慢恢复，这一新的发现有助于理解脉冲星，也就是中子星的内部结构。"伴随"极光计划"重回团队做博士后研究，李红称这是自己"最大的惊喜"。这篇登上《自然·天文》封面的成果被审稿人称为"高能天体物理领域期待已久的成果"。

然而，数据的处理和解释也颇费了一番功夫。

"在偏振计算之外，我们还需折叠出蟹状星云的脉冲相位。蟹状星云的脉冲约为33毫秒一个周期，为了提高信噪比，我们需要把所有观测数据按脉冲周期叠加后得出结论。"叠加过程中的时间矫正又一次"超纲"，查阅资料后的尝试效果并不明显，龙翔云还专门向高能所葛明玉老师请教。最终经过4周程序设计，完成时间矫正工作。

"团队虽小，五脏俱全。"龙翔云说，大多数成员都是因兴趣加入的，每周组会和灵活讨论中，来自工程物理和物理等各院系的成员们发散讨论、相互促进："在项目推进中学以致用，我们都希望懂得更多一些。"

在冯骅看来，某些科学问题需要对一个科学目标进行长期的跟踪与观测，"极光计划"使用的立方星恰好成为了大型天文项目的一种弥补手段。"'极光计划'还为我们的人才培养和交叉研究提供了很好的平台。一个完整天文项目的经历，能够极大丰富同学们的学术训练。此外，我们的立方星同时装载了清华大学学生项目'天格计划'的首个探测器。"冯骅说。

这个特殊的寒假，留守实验室的李红、居家的龙翔云和其他成员都跟上进度，推动着"极光"系列的运行和发射计划。说起"极光计划"的未来，团队成员都扎实而乐观。

"观测中的惊喜，来源于我们步步积累出创造偶然的基石。"龙翔云说，蟹状星云脉冲星之外，探测器对人类发现的第一个宇宙X射线源"天蝎座X-1"也有一些数据积累，并将纳入下一步工作计划。"可能源于《三体》的影响，我对天文广阔研究对象的向往，赋予了自己更大的研究动力。"

"天文学的理论突破往往建立在新的观测基础之上。"李红说，"观测结果再次说明了我们对遥远星体进行偏振测量的不可替代的作用。通过极光在轨状况分析，大家也对探测器的升级改造有了更多想法。更多的数据可能意味着全新的发现，希望我们对今后的项目产生积极推进作用，吸引更多喜欢天文的人投入科学研究。"

"我们与合作伙伴共同完成的'极光计划'证明了第二代X射线偏振探测技术的强大能力。"冯骅介绍，"极光计划"所采取的技术，将被应用到预计2027年发射的我国下一代大科学工程"增强型X射线时变与偏振天文台(eXTP)"上。

"染织工艺基础"：扎染工艺的云端邀约

文字 | 李一安
图片 | 梁晨

扎染是一种采用扎结防止染色而形成绚丽图案的古老印染工艺，古代称之为"绞缬""扎缬"。由于扎染工艺简便、兼具艺术性和实用性，如今在日常生活中仍然被广泛使用。云南大理的白族扎染技艺、四川的自贡扎染技艺更是被列入国家级非物质文化遗产。

由清华大学美术学院染织服装艺术设计系教授贾京生承担的"染织工艺基础"，以扎染为重点，通过工艺讲解、美学分析、国内外作品赏析、学生实践操作开展教学。

以往在校时，作为课程主要教学场所的印染工艺实验室，能够帮助同学们准备扎染所需的织物、染料。为了使同学们更直观地在课上感受到扎染的艺术魅力，贾京生老师也会精心准备许多扎染实物，与同学们进行面对面的交流、分享，探讨扎染工艺的设计与技法。

然而受疫情影响，这学期"染织工艺基础"根据统一教学调整改为了线上授课。作为一门强调创新设计和艺术实践的课程，线上教学又给"染织工艺基础"带来了怎样的挑战呢？如助教史冰心所言："网络远程教学与线下教学的最大区别，就在于老师不能直观看到同学们的实验操作过程。此外，相比学校实验室提供的便捷条件，自己购买所需的材料、找到自家中合适的器具进行操作，也是对同学们在家线上学习、动手头践的一种挑战。"

为了保证上课质量、在进行扎染实践时保持及时沟通，贾京生老师选择了腾讯会议直播授课的方式，向同学们讲授了扎染工艺的发展历史与扎染艺术特征，对扎染所使用的工具材料、工艺技法，以及扎染图案与制作工艺关系进行了系统讲授，强调在用针、线将织物缝成一定形状并抽紧扎牢，使织物皱拢重叠；染色时折叠、捆扎处不易染色，而未扎结处容易着色，最终产生富有自然韵味的晕染效果。

此外，在这学期线上课程开展之前，贾京生老师便提前列出所用工具与材料清单，提醒同学们尽快采购好扎染所需的工具材料。但在疫情期间，一些家在特殊地区的同学仍然面临着物流不便的困难，他们又是如何解决的呢？

家住湖北襄阳的翟憬艺在网上购买了棉布和染料，由于开课期间湖北物流未完全恢复，直到三月底课程近半才最终收到商家寄来的染料。但在和商家沟通协调、等待快递期间，翟憬艺依旧没有停下练习扎染的扎结技艺。她运用家中现有的材料，进行捆扎、折叠、针缝，不断完善着染色前的所有准备工作。

很多同学对于扎染的深刻印象，除了艺术性、趣味性和实用性，更在于它拥有无数未知的可能，以及这些惊艳创造所带来的喜悦和收获。

"刚开始扎布的时候总是难以掌握力度，染色的结果并不理想。但是最快乐的还是把煮过的布从锅里捞出来拆线的时候，像刮彩票一样充满期待。"家在新疆的李吟雪分享道。在制作最后一个扎染作品时，她曾不小心把布料掉在了有其他颜色粉末的台面上。"那个作品我扎了很久，看到布料一下子变脏，感觉很心痛。"拆开布料后，李吟雪发现布料变得十分斑驳，于是索性在台面上把布料多滚了几次，"结果有了一种意想不到的效果，真的非常有趣"。

"方圆绮错，极妙穷奇。"经过四周的"染织工艺基础"云端学习，同学们的扎染技能直线上升，更点燃了继续探索学习这一古老技艺并在艺术设计实践中不断创新的热情。师生之间、朋辈之间灵感碰撞、共探缬韵，在时光的往复交叠中，唤起扎染工艺温柔的历史记忆。

微纳之间，清华科研人的伟大使命

文字 | 王蕴霏
图片 | 崔云涛

2020 年 4 月 19 日，清华大学化学工程系张强教授发布了一条朋友圈："清华大学 109 岁生日即将来临，准备了个清华制造的微纳物质科学献礼！"喜悦之情仿佛要溢出屏幕。

"感谢清华、感谢 SMALL，15 岁第 15 期，感谢王训教授和林元华教授一块组织了这个专刊。自强的清华更奋进！"配图使用的是三天前正式出版的专刊《清华大学微纳材料研究》的封面。那是一个纳米材料构筑的二校门，柱子用碳管表示，平面用石墨烯构建。背景中，纳米颗粒渲染的紫色烟花竞相绽放，这是属于清华科研人的最美四月天。

时间回到 21 世纪初，清华大学在《科学》（*Science*）、《自然》（*Nature*）上发表了多篇涉及微纳材料的文章。那时，学校已经在微纳领域有不少突破。张强老师也在这期间来到了清华园。

后来，学校在应用平台推进学科交叉融合，原来个别点的突破，逐渐发展为几个相关学科的携手并进。从碳纳米管，到石墨烯，再到单分散纳米晶，清华科研人越来越多地在世界舞台大放异彩。材料科学、化学、化学工程、物理、环境、机械工程、能源科学、航空航天、电子信息……张强老师坦言，不同学科背景的科学家确实会在描述同一个问题时使用不同的语言范式和思维角度，由此造成沟通壁垒，但大家愿意打破这样的壁垒，因为有共同的科研使命，而"纳米材料就是这个使命的共同载体"。

2018 年，《微尺度》（*SMALL*）编辑联系张强教授以及化学系王训教授、材料学院林元华教授，表达清华出一本特刊的意愿。当时，一方面，清华多个课题组正在进行有关微纳材料的结构、物理性质、化学性质以及在能源、环境包括健康领域应用的研究；另一方面，《微尺度》是国际上非常有知名度、有声誉的高水平学术期刊。真可谓天时地利人和，三位老师非常愉快地接受了特约编辑的工作。

从 2018 年年底约稿、2019 年年中收稿、2020 年 4 月 16 日最终出版，三位教授充分发挥学科互补优势：张强教授侧重寻找微纳材料在能源、健康、环境方面的稿件；王训教授主要邀请有化学背景、讨论微纳材料化学转化的稿件；林元华教授更偏重微纳材料的结构、性质研究方面的稿件。

在这次大规模的跨院系合作中，张强老师深感通识教育的重要性。今年九月，强基计划五大书院即将迎来第一届本科生，张强老师认为："这有跨时代的意义，也是我们清华新百年能够做到理工融合、充分将清华大学理工类研究的水准带到学生培养具体实践中的一个重要抓手。"

培养模式的创新，必将激发更多清华学子的思维火花。正如"纳米二校门"所体现的清华科研人的无限创造力，"我们感受到这样一个时代，我们在时代的召唤下朝着这个使命而努力"。张强老师相信科研的新奇性和国家需求是可以融为一体的，国家已经发展到依靠知识创新、技术迭代进一步发展的时期。

微纳材料的多学科创新是构筑从小尺度科学到宏观世界的关键桥梁。以微纳之小，见世界之大，科学家们拥有"最朴素的生活和最遥远的梦想"。所谓"智者建桥"，正是清华科研人最为崇高的使命。

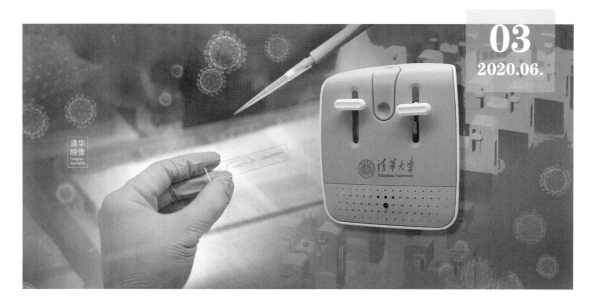

清华团队研发核酸检测卡盒 30 分钟内出结果

文字 | 张同顺　高原

图片 | 李娜

摄影 | 李派

传统的核酸检测慢？操作流程复杂？假阴性比例高？无法满足即时检测的需求？

随着疫情防控态势逐渐趋稳，社会生产生活正常秩序逐渐恢复。让每一个有需要的人都能够得到方便、快捷、灵敏的新冠病毒核酸检测，对当前疫情防控和复产复工复学具有极为重要的意义。

日前，清华大学药学院白净卫、李寅青与医学院生物医学工程系刘鹏课题组在北京市科委和清华大学自主研发计划支持下联合研发的一体化自助式 SARS-CoV-2 核酸检测卡盒（BINAS），在解决以上问题方面取得重大突破。该卡盒具有居家检测的便捷性，两个推杆一推一拉之间，30 分钟内即可实现"样本入，结果出"！

原理：弄清病毒"身份证"

这些技术难关是如何突破的呢？

在回答这个问题前，首先需要科普一下核酸检测到底是什么，以及为什么它能准确地检出新冠病毒。

核酸是核糖核酸（RNA）和脱氧核糖核酸（DNA）的总称，也就是我们常说的 RNA 和 DNA，是生物体遗传信息的总和。核酸就好比一张设计图纸，没有它就永远盖不好一座大楼。

现在常用的检测方式如荧光 PCR 法（Polymerase Chain Reaction，聚合酶链式反应），便是利用 PCR 可以在生物体外扩增特定的 DNA 片段，从而达到检测的目的。

换句话说，待测样品（疑似患者试样）就好比一个陌生人，我们不知道他是谁，但他有一张独一无二的"身份证"——目标 DNA。我们利用 PCR 法不但可以看到他的"身份证"，还可以扩增复制很多张，从而利用荧光检测来确定他到底是谁！

这个过程说来简单，但实际操作并不容易。

核酸检测并不像曼妥思糖丢入汽水时瞬间剧烈反应，也不像硫酸铜滴入氢氧化钠会出现明显的阳性反应，所以以往的核酸检测往往需要在严苛的实验环境条件和专业的设备下，经过 2~3 小时的烦琐操作和反应才能得到检测结果。而且，在取样过程中非常容易受到杂质的影响，从而导致核酸提取的损失，受实验条件的影响还会导致样本扩增倍率低，最终经常导致"假阴性"情况出现。

而清华大学白净卫、李寅青、刘鹏团队，正是克服了以往核酸检测对时间、条件和灵敏度的苛刻要求，实现了从咽拭子取样、一体化卡盒反应、胶体金试读取的自助操作，在保证准确率的前提下，30 分钟内即可出结果。

快速：把耐力跑变成接力跑

"时间提速是我们这次做核酸检测要解决的最大难题！"白净卫此前长期从事基因测序技术的研究，积累了丰富的核酸样本采集、处理、检测的经验。他介绍，核酸检测 PCR 法利用传统的方式让样品扩增，一开始样品复制很快，但后期速度就递减，耗时太长。

"我们在技术攻关中，采用了巢式等温扩增（ITA）技术。"白净卫表示。

所谓的"巢式"，可以理解为"嵌套"，一个环节嵌套一个环节。白净卫把新冠检测这类恒量核酸样本的扩增的过程比喻为"运动员长跑"，运动员一开始速度很快，但是往往耐力不足。样品扩增也是如此，一开始复制很快，但中途就衰减下来，所以为了提高速度，他们把"长跑"改成"接力跑"，可以在短时间内完成对个位数的新冠肺炎病毒进行检测。

"最后，以上反应物在胶体金试纸上通过竞争法显色，读取方式与验孕棒类似，一目了然。"白净卫说，整个过程理论上22分钟即可完成，检测者个人操作的话，30分钟之内完全可以实现"样本入，结果出"。

灵敏：时间允许条件下样本准确率近100%

药学院李寅青长期从事CRISPR技术和微量核酸处理技术的研发，积累了丰富的样本处理、核酸扩增和检测经验。在核心检测技术研发上，他与白净卫紧密配合。

为了克服传统检测方法出现"假阴性高"问题，李寅青表示，他们在样本获取、核酸扩增、病原识别、胶体金免疫层析显色等环节，都进行了整合简化，减少检验人员的干预，提升检测的灵敏度。

"比如在简化样本处理方面，由于咽拭子样本通常含有抑制反应的杂质，常规检测样本通常需要经过核酸提取过程，这个流程费时且人工操作相对复杂，不适合未经培训的人员使用。"李寅青说，他们通过优化裂解流程和后端扩增试剂，实现不经过核酸提取直接进入反转录等温扩增的流程，极大地降低检测过程复杂性，减少了因杂质导致的"假阴性"案例。

李寅青介绍，他们用新研发的技术对19例QPCR（传统的实时荧光定量PCR方法）阳性患者样本进行了复合，结果全部可以检出。

"结果证明了本项目的灵敏度接近QPCR的灵敏程度，QPCR是300拷贝/毫升（copies/ml），我们的灵敏度小于400拷贝/毫升。此外，与近期国际顶级期刊《自然－生物技术》（Nature Biotechnology）报道的美国加州基于CRISPR原理开发的高灵敏度技术相比，本项目独创的带标签的巢式等温扩增技术检测时间更短灵敏度更高。"李寅青表示。

便捷：一推一拉搞出结果！

如果说白净卫与李寅青主要的工作是开发检测软件，那么医学院刘鹏所承担的任务就是研发硬件——"检测盒"。

刘鹏在医学院生医系一直从事微流控与生物芯片方面的研究工作。"这个项目最初的想法就是实现居家使用，形状要便携，性能要集成。药学院项目组前期开发的检测试剂灵敏度高，速度快，受杂质干扰小，恒温检测对温控要求低，这些都为卡盒一体化集成提供了有利前提。"他提到"集成"的概念，"把检测环节都集中一个卡盒上，通过精密的流体控制，达到高灵敏度的检测效果"。

刘鹏介绍，以上操作和试剂将由"一体集成化微流控卡盒"承载：第一步，移动杆带动注射器式的活塞导致裂解的样品流入第一个等温扩增腔；第二步，反应10分钟后，反应产物被稀释；第三步，泵入第二个等温反应室进行带探针的进一步扩增；最后，将反应混合物泵入装有层流试纸条的室中，以读出测试结果。这其中，卡盒含有USB或电池供电的简易恒温电路，可以提供扩增反应所需的温度。

"为提高卡盒的用户使用体验，我们邀请了清华美院副院长赵超教授对卡盒进行结构和外观设计，赵老师从用户操作和体验等多个角度对卡盒的定型提供了非常大的帮助，预计未来的卡盒长宽高约为10cm×10cm×3cm，检测者使用时只要把两个推杆上下各一推，30分钟内就可以查看结果，操作非常简单。"刘鹏表示，根据他们的设想，未来还将进行批量化检测卡盒研发，进行多样本检测，并将开发移动端APP，辅助用户使用和结果判读。

据悉，下一步，该项目团队将推进小批量卡盒装配，验证批量化生产的可行性，同时与医院合作，加快临床样本的验证。目前，团队也正在积极寻找未来的合作伙伴，加快检测卡盒的报批工作。

研发：没有想太多，只想做点事

白净卫、李寅青、刘鹏，三人在清华的经历非常相似，都是"70后"或"80后"，都有留美科研经历，科研兴趣相近，平时交流很多。

今年春节，"武汉封城"的消息让三人坐立不安。当时，他们不约而同搜索了领域内的相关论文并咨询了战斗在抗疫一线的医护工作者，发现核酸检测领域缺少这种能实现一体化、自助操作、高灵敏度的检测技术。交流中一拍即合！他们立即决定开展研发，希望新产品无须任何仪器设备或操作员培训，即可作为入门、现场或家庭自助式病毒检测手段。

说干就干！大年初四，三人在李寅青家里集合讨论。习惯了平时讨论把思路写在展板上的仨人，把李寅青家的客厅当成了实验室，用孩子的彩笔把思路写在了墙上。

"之后，我们基本是按照当时的思路一步步地实现。"李寅青说，从2月的思路规划、设计胶囊卡盒，到3月的Nest ITA和3D微流控，到4月的临床样本、卡盒集成，一步接一步。面对疫情，谁也不敢松懈，刚开始因为疫情影响，主要工作都是三个人亲力亲为，后来陆续有年轻的研究生们放弃寒假休息主动加入，丁胜老师让出了自己的细胞间，鲁白老师派学生前来充实人手，程京院士给予很多指导意见，其间也得到很多热心抗疫的企业帮助和奋斗在抗疫一线的医务专家的指导。现如今，他们已经把下个月甚至直到今年年底的攻关计划安排好，逐步推进。

正如白净卫、李寅青、刘鹏在采访中所说："疫情当前，作为年轻的科研人员，真的没有想太多，轻装上阵，只想切切实实地为疫情防控做点儿事！"

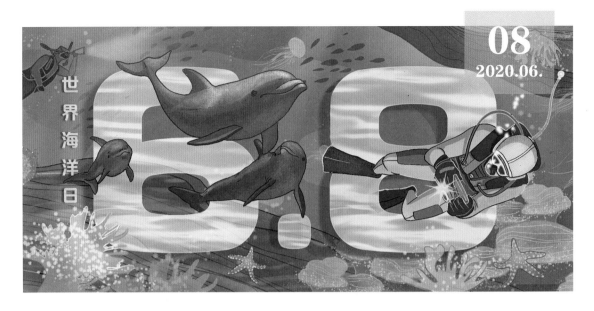

世界海洋日 | 拥抱海洋，清华深圳国际研究生院在行动

文字 | 姜奕辰 李晓彤
图片 | 唐慧雯

　　海洋，赋予了地球无数的生命和资源。在世界海洋日来临之际，作为地球家园的一分子，我们要提高对海洋保护重要性的认识，共同呼吁和倡导保护海洋。

　　在清华大学深圳国际研究生院，有一群海洋研究者、探索者、热爱者，他们热情投入到海洋学科的学习和研究中，为人类与海洋的可持续共生不断进行创新探索。

　　清华大学深圳国际研究生院在深圳研究生院的基础上，拥有近十年的海洋科研创新经验。2011年，根据清华大学的战略规划、我国海洋强国战略以及深圳市建设"全球海洋中心城市"的目标，海洋科学与技术学部成立。2019年，深圳国际研究生院将"海洋工程"设立为6+1主题领域之一，紧密结合海洋强国和粤港澳大湾区国家战略，重点建设深海工程、深海技术、滨海工程与技术、海洋生态环境等方向。

　　2019年5月，深圳市和清华大学拥有的第一艘为科研和技术开发服务的试验母船"清研海试1"投入使用，为测试和开发新的海洋工程装备提供了研究平台。

　　2020年3月10日，深圳国际研究生院的马辉教授和廖然副研究员与其他来自各大学和机构的60多名科学家一起登上"探索一号"TS16航次，以调查南海海山和峡谷的生态、地质和环境污染为目标，进行了为期20天的科学考察。在此次考察中，他们下潜海底4300米，对塑料污染和海山生态系统进行了取样，并完成了深海智能专项、重点研发计划的相关装备海试等。更令人难忘的是，本次考察中，他们还与其他科学家一起见证了罕见、天然的"鲸落"的发现。

　　别犹豫！爱护海洋，就从现在开始吧！

"云上汉语说"工作坊：明月何曾是两乡

文字 | 陶天野
图片 | 田蕾

　　"知道北京人说的'抱吃'是什么意思吗？"中文导师应远帆笑问，"还有'胸柿炒鸡蛋''套吃''冰棍儿'……"屏幕那头的几十位国际学生看着不断出现在共享界面上的词云，听着导师逐一公布的释义，悄悄复读着词尾的儿化音；老北京口音的滑溜轻轻拨开时间的迷雾，唤醒了身处世界各地的清华学子关于京城的独家记忆。

　　这是"云上汉语说"工作坊第三期"京城记忆"专场的剪影。"汉语说"工作坊由清华大学研究生会主办，自2019年4月首期举办至今，已开展以"中国美食""中国家庭文化"等为主题的12场汉语工作坊和2场汉语桥比赛。"云上汉语说"则是原线下工作坊的全新线上探索模式，2020年的疫情虽不明朗，但文化交流的桥梁却因"云上汉语说"的举办而依旧热情不减。目前已开展的三期——女生节情诗专场、云踏春云祝福专场和京城记忆专场——在主题与形式的创新中，为国际学生的日常汉语学习提供了助力。

　　诗歌、风俗、方言……参与活动的中文导师会根据每次工作坊的主题，引导大家深入了解一种具有历史底蕴或地域色彩的语言表达方式。"所谓伊人，在水一方"，这是古人倾诉相思的浪漫主义；而在云踏青专场中，中国传统春日习俗充当了不同语言的"媒人"，从寒食与清明的节气形象，到慎终追远、礼敬祖先的古老教诲，中华文化的源头活水在谈笑中汩汩奔流。

　　除了导师的讲解之外，每次活动还会设计一些开放性问题供大家交流讨论；学生们也纷纷联系实际生活经历，理解并接受文化互动过程中异质却有趣的思想观念和生活态度。京城记忆专场中的北京印象、云踏青专场中对正值109周年校庆的清华祝赞、女生节专场中集体朗读并创作的汉语诗歌，都印证着跨文化传播的无限可能。

　　来自加拿大的软件学院2019级硕士生胡硕殊参加了情诗专场，了解了张九龄的情怀和小晏的温柔，他表示："很高兴在疫情期间能通过'汉语说'这种多样化的交互平台去学习和感受中国诗词和传统文化的魅力。'海上生明月，天涯共此时'，读到这首诗，就想起了我的父母和同学，虽然大家天各一方，因为疫情不能相聚，但是看到的是同一轮明月。空间的距离也不能阻挡我们凝心聚力，共同对抗疫情，期待相聚在清华园的那一天！"

　　"明月装饰了你的窗子，你装饰了别人的梦。"中文导师高旭东在活动中解读了卞之琳的《断章》。"云上汉语说"工作坊正为来自全球的清华学子提供一扇绝佳的交流之"窗"，沟通不同文化的"梦"。而这一轮"明月"也将始终映照着大家对清华的情感，消融他乡与故乡、古典与现代的隔阂。

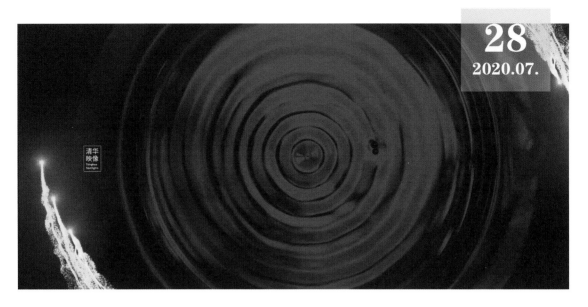

从苍穹到微粒
——液态金属液滴的无限可能

文字 | 王蕴霏
动图 | 刘雨田 赵存存

在你仰望星空时，是否想到过行星运行的规律与原子内部核外电子绕核运动的相似之处，又能否想象科学家在实验室中，也能模拟类似的轨道化的旋转运动？近日，清华大学医学院刘静教授课题组的博士后汤剑波与中科院理化所博士生赵曦将液态金属引入流体导航波体系的研究，实现了一系列全新的量子化的液滴在轨追逐行为。

德布罗意提出的导航波理论为人们描述了一个导航波引导粒子运动的量子世界。在量子力学的发展过程中，哥本哈根诠释相比导航波理论一直被更多的人所接受。2005 年，法国科学家用硅油实现了波粒二象性和导航波理论的实体化。这一实验引发了学界对导航波理论的关注以及对量子世界的重新思考。在量子力学理论的天平上，这一发现为导航波理论的一端加上了质量可观的砝码。

流体导航波系统由一个上下振动的液池和悬浮在上面的液滴组成，系统中的液滴虽然和液池属于同一种液体，但通过"雷诺润滑"效应，液滴悬浮其中，二者并不互融。生活中亦有相似现象。下雨时，雨滴落在水面上的瞬间首先会形成一层薄薄的分界，并荡漾出涟漪，随后，水滴和液面才会真正融合。

研究发现，如果液池振动的加速度过小，则系统不足以维持液滴的悬浮；而如果加速度过大，超过液池的法拉第加速度临界值，液池表面则会突然失稳，同样无法悬浮液滴。当液池振动的加速度正好在这个上、下限之间时，液滴激起的涟漪可以为液滴产生助推和导航作用。液态金属作为一种特殊的液体，其液滴与水滴类似，接触到金属液滴的液池同样可以产生水波纹一样的局部导航波。

然而，硅油系统的不足在于该系统对实现液滴行为的驱动加速度要求很苛刻，其悬浮液滴的研究只能限于临界法拉第加速之下的一个非常小的区间。面对这经典的流体力学不稳定难题，去年 1 月，汤剑波博士的团队发现，液态金属体系由于能够形成高度规则的图案，即使超过法拉第加速度，金属液滴也能十分稳定地悬浮于液面之上。

相比传统非导电流体，液态金属得益于优良的导电性，借助电场触发，液滴可以随界面的流动而滑移，这便是 2017 年汤剑波博士及其同事发现的"液态金属冲浪效应"。种种优良特性，让奔涌的金属液滴成为帮助人们认识量子世界和其他物理体系的最佳"后浪"。

在液态金属导航波体系当中，单个液滴在水平方向上保持静止，但当两个大小不同的液滴在液池上相遇时，他们会自动耦合成一个液滴对。当两液滴彼此相邻时，大液滴追随小液滴旋转；而当两液滴相远离时，运动会发生转向，此时小液滴追随大液滴旋转。

"我们的预期是先通过实现与之前硅油系统类似的单个液滴的平动，然后再调节产生更复杂的液滴行为。"汤剑波博士坦言，双液滴的神奇现象实属意外所得。

这种复合导航波场导致的液滴方向性旋转，在光学领域也有相似现象。但光学系统只展示过一种模式的旋转追逐，汤博士团队的液态金属流体系统中实现了超过十种模式。

在竖直方向上，两个液滴始终在跳动并自发保持特定的相位差。这是因为在弹跳时液滴和液面都会发生弹性形变，大小不同的液滴"弹簧"的弹簧常数也不一样，相对"笨拙"的大液滴总是晚于小液滴抵达液面。而正是这一差别，引起了液滴水平方向的运动——液滴通过与其耦合的液滴的局部导航波场相互作用获得水平推力，从而在液池中完成追逐和旋转。液滴追逐和旋转的量子化轨道则是由液池液面振动产生的全局导航波场提供的。得益于液态金属体系中局部导航波和全局导航波叠加形成的复合导航波场，其中的液滴运动比以往的硅油系统更丰富、更复杂。

不论宇宙、液滴，还是原子、光粒，波与粒子的相互作用无处不在，从宏观到微观的不同物理系统的相似现象都可以结合粒子与波动的模型进行描述。

"这不是单纯的巧合。"汤剑波博士说。

物理之美，在于普适万物。液态金属液滴，或许就是连接苍穹和微粒的那一座巨大而又精微的科学之桥。

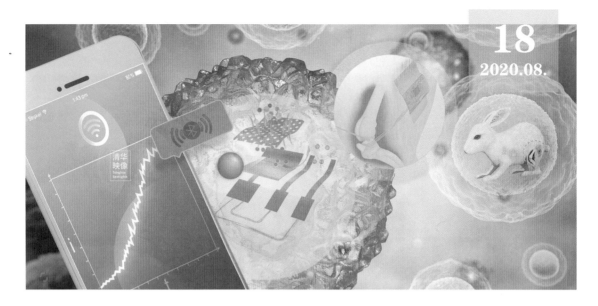

清华团队研发可生物降解一氧化氮传感器

文字 | 马倩倩

图片 | 任帅

　　人体和地球一样都是由各种化学元素组成的，这些化学元素的分泌以一种神秘的规则与我们的行为关联：伤心的时候我们的身体会分泌儿茶酚胺，幸福的时候又会分泌多巴胺，缺氧让我们头晕打哈欠，吸氧过多又会让我们咳嗽头疼。而带有自由基、非常活泼的一氧化氮在我们身体内则能调控激素，充当细胞内的信使。

　　1992 年，在一氧化氮被《科学》（Science）杂志选为明星分子后，它成为生物领域研究的热点和前沿，作为内源性生物活性分子，一氧化氮广泛地存在于哺乳动物体内的各个组织和器官，不同浓度的一氧化氮对生物体的很多生理活动都有重要影响，于是科学家开始研究各种方法对一氧化氮进行测量。传统的一氧化氮检测方法有亚硝酸盐间接比色法，缺点是只能得到静态结果，不能实时监测，而硬质不可降解的传感器又与人体的兼容性较差，需要再进行二次手术摘取植入的传感器，增加了感染的风险。

　　而在 2020 年 6 月 25 日，清华大学材料学院尹澜教授研究组在这一技术上完成了重大突破，他们设计发明了一种新型的一氧化氮传感器，这种大约 1 平方厘米的薄片十分柔软，可以被拉大约 1.5 倍，将它植入生物体后，我们可以通过平板电脑上面的数据可视化软件清晰地观察到生物体内一氧化氮浓度的实时变化，而在实验结束后，这个薄片则会自己消失得无影无踪。

　　这一切的完成依赖于尹澜教授研究组对材料的创新和设计的改变。他们将传统硬质的厚硅晶圆片替换为柔性基地材料，构建了新型柔性、可生物降解的一氧化氮传感器。这种材料和目前我们在外科手术中使用的可吸收缝线类似，可以水解。一些剩余的微量物质裂解后还可以被细胞吞噬，之后通过人体代谢排出，解决了生物可降解的技术难题。研究组和清华大学电子系副教授张沕琳合作开发了无线传输装置，这个装置通过导线与传感器连接，之后像创可贴一样贴在皮肤外侧就可以记录电流信号，在平板电脑下载数据可视化软件就能完成实时监测。

　　一氧化氮浓度与神经传递异常、心血管收缩与扩张、身体炎症都有关系。我们国家有超过一亿的关节炎患者，而且人数在不断增加，除了关节红肿、热痛，造成功能障碍和关节畸形，严重的关节炎甚至会导致残疾。所以如果能及时捕捉一氧化氮升高的信号，就能为外科干预尽早提供依据。体外实验中，研究人员将传感器植入新西兰兔的骨关节腔，实现了通过无线传输系统远程、实时监测软骨细胞以及骨关节腔内一氧化氮浓度变化。最具突破性的就是在植入兔子体内 8 周后，按照预想，整个器件在体内完全消失，根据元素含量测试和组织染色切片，器件构成元素消失后，细胞形态如常。这种特性既减少了未来临床诊断中的感染风险，对怕痛的患者也是一种安慰。

　　目前研究组计划对这一技术继续改进，希望将外接的无线传输模块和传感器集成，一次性植入较大体积的哺乳动物体内进行实验。虽然现阶段与一氧化氮相关疾病的患者还不能享受这一创新带来的便利，但研究组已经在材料层面实现生物可降解这一重大突破，未来在对设计进行提升后，可以很快地与医学机构衔接。与此同时，这一技术也展现出广阔的医学应用前景，或许不久的将来我们也能实现可降解的多巴胺、血糖传感器。

重力与大气科学卫星：寰宇苍穹　创新筑梦

文字｜李一安
动图｜刘雨田

寰宇苍穹，星河遨游。2020 年 8 月 6 日 12 时 01 分，由清华大学航天航空学院研制的我国首个重力与大气科学卫星在酒泉卫星发射中心成功发射。在发射结束后的现场，团队负责人王兆魁老师说了这样一句话："做科研还是要有做大事情的决心。如果一个问题很快、很容易就被解决了，那它就不能叫一个重大问题。"而这颗重力与大气科学卫星的研制也是如此。

"我们的基础研究已经做了十年左右了。花上十年时间，做一件有影响、能解决关键问题的大事。这是我们团队共同坚持的理念。"

这颗重达 22kg 卫星的主要目标，一是测量太空中存在的稀薄大气的密度，二是测量地球长波重力场、验证重力卫星设计方法。

长期以来，太空大气测量模型多由国外科研团队研发，且存在精度不高的问题。而此颗由我国自主研发的科学卫星，进一步提高了全球大气测量模型的精度水平。卫星所获得的数据能为我国高空飞行器的飞行轨道矫正提供更加精确的支持，对于我国航天工业具有十分重要的意义。

在新型卫星分离机构的研发过程中，团队进行了数百次的分离实验，自主创新，首创了电磁型点式分离机构。在轨分离遥测数据显示，其性能达到国际先进水平，是航天器机构设计技术的重要突破。

2017 年，团队原本计划采用英国克莱德公司提供的电源系统。但在设计方案通过之后的实施过程中，克莱德公司对中国实行了禁运。面对这种情况，团队最终使用了完全自主设计的电源控制器，与合作单位共同攻克了小曲率球面贴装工艺的难题。

将基础研究和工程实践相结合，是王兆魁老师一直以来对于航天等工程类学科发展的想法。"把自己的科研工作和国家的重大需要结合起来。"他说。

早在 20 世纪 50 年代的北京密云水库设计建设工作中，清华大学"真刀真枪"做科研的实践育人理念就已初步形成，并在长期的教学实践中被不断运用。

"大学，重要的是培养人才。在我们这个重力与大气科学卫星的项目中，大量的博士生、硕士生甚至本科生都参与了进来，对于学生成长是具有很重要意义的。"

回忆起全力完成卫星研发任务的那段时光，博士生方青云印象最深刻的是他们"平均每天睡眠时间不足 5 小时"的那一周。进行卫星热控实验时，团队曾在噪声高达 100 多分贝的测试厂房中，连续 6 天 24 小时不间断地轮流监测卫星状态。团队成员还打趣说："卫星在进行热循环测试，我们也在进行人体疲劳测试。"

"发射卫星的时候，从点火到分离，真的是我人生最紧张的 10 分 35 秒。"今年已经博士生四年级的何云瀚说，"回想起来，从上学到现在经历的那么多考试、答辩，和卫星成功发射相比都是太轻松了。在学生时代有机会为国家的科研事业作一点贡献，是非常宝贵的经历。"

"搞科学卫星工程，和在实验室里写论文、做仿真是截然不同的。"何云瀚说。在科学卫星研发的过程中，同学们不但掌握了航天工程的标准规范，还利用理论知识，对试验测试规范进行了大量的改进创新，工程实践能力和学术研究水平都得到了显著的提高。方青云说："有些经验那真是只有通过实践锻炼才会获得的。"而深厚的理论功底，则是把经验升华为标准、规范和创新能力的基础。

每一次科研成果的成功取得，都是一座创新的里程碑。而探索太空的征程不会止步。"我们下一阶段的目标是研发空间站内智能机器人，包括将来探索月球、火星的伴随机器人。"这颗已经发射成功的重力与大气科学卫星，属于空间科学研究的领域，而空间科学又与航天技术相辅相成。"如果未来有与空间科学相关的好的创意，我们也会继续按照'以老师为带领、以学生为主力'的模式去做。"王兆魁老师说。

寰宇苍穹中，多了一颗承载着科学探索重任的卫星。苍茫天地间，添了几分航天精神的正气凛然。

对于航天人来说，征途是遥远的星辰大海，拼搏是执着的风雨兼程。而勇于攻坚创新，则是他们最纯粹的对科学的叩问和对国家的回答。

自强厚德 紫冬日新

清华大学自动化系：拓交叉创新之路 育厚德奉献之才

图文提供 | 自动化系

　　50 年前，清华大学将新中国成立初期建设的"工业企业电气化自动化""热工量测及自动控制"等几个专业从相关院系抽出，合并成立了自动化系（最初名为"工业自动化系"）。在各级组织和领导的关心支持下，在国内外学术同仁和业界朋友的鼎力相助下，自动化系师生走出了一条交叉创新的学科发展道路，向社会输送了一万多名德才兼备、全面发展的优秀人才，在各类岗位上践行"爱国奉献、追求卓越"的清华精神，服务经济社会发展。全系不断深化自动化专业教育理念，引领控制科学与工程学科创新发展，在改革开放、"第一个百年"和创建一流大学的宏伟进程中，交出了清华自动化人的合格答卷！

　　规划引领，在交叉创新学科发展道路上坚定前行。建系之初的自动化系以控制论为基础，培养能设计、运行自动控制系统的专门技术人才。20 世纪 70 年代末，常迵、方崇智、童诗白、郑维敏等教授领导确定将控制论、系统论和信息论"三论"作为全系的学科基础。1981 年国务院学位委员会首批设立硕士博士点，自动化系自动控制、自动化仪表与装置、系统工程、模式识别与智能控制 4 个二级学科均获批准，在全校 31 个博士点中占据了 4 个席位。1982 年自动化系招收首批系统工程方向周小川和自动控制方向徐向东两位博士生，并在三年后授予首批工学博士学位。系党政班子抓住契机，由学术委员会牵头、全系教师共同参与研究制定中长期学科发展规划。自动化系在国内外率先提出并开展量子信息控制、生物信息学、脑与认知科学、工业智能等前沿交叉命题的研究，围绕重大战略需求组织团队攻关。1994 年，吴澄代表 CIMS 国家工程研究中心从美国制造工程师学会捧回"大学领先奖"。五十年来，自动化系学科总体水平保持国内领先，2016 年国内一级学科评估成绩 A+，迈入国际一流行列。

　　人才为要，保持德才并重人才辈出的良好局面。20 世纪 80 年代，自动化系聘请一批高水平学者担任兼职教授、客座教授，同时提升了博士生培养和在职教师的水平；21 世纪以来，开拓何毓琦、迈克·沃特曼讲席教授组等多种高水平师资建设模式，队伍建设水平不断迈上新台阶；而今，用"水木学者""紫荆学者"计划托举，把好师德关、政治关，努力做到德才兼备、优中选优；为青年教师配备启动资金、增设探索基金、选配导师，鼓励团队合作。十年来，李衍达荣获"清华大学突出贡献奖"表彰；自动化系以第一完成单位获得国家科技成果奖励 7 项；戴琼海牵头研制的 RUSH II 计算摄像显微仪性能填补空白、领先全球；赵明国参与研制"天机芯"类脑芯片，入选"2019 年度中国十大科技进展"；戴琼海、管晓宏分别当选中国工程院、中国科学院院士。

　　育人为本，突出全面多样创新的人才培养特色。1989 年，电子学基础课教学和模式识别与智能控制方向博士生培养为清华赢得首届国家教委优秀教学成果两项特等奖。近十年来，自动化系不断完善人才培养方案，构建了"厚、宽、实、创"的本科课程体系，实施提高研究生核心课程难度、深度和挑战度的教学改革，建成了多门研究生核心"硬课"，入选一流专业、一流学科。自动化系建设国家级实验教学示范中心、虚拟仿真示范中心，本科生和研究生培养质量和全球胜任力得以持续提升。自动化系将先进的教育理念和实践经验推向全国，很好地发挥了示范引领作用。系党委贴近学生思想实际开展思想政治教育，形成了独特的"紫冬"文化，在"双肩挑"队伍建设、基层党团班集体建设、文体活动、大学生涯规划与职业发展辅导等方面"创立典型，创造成绩，创新模式"，将新时期育人工作推向新的阶段。2011 年百年校庆之际，自动化系师生奋勇拼搏，在 13 年之后重夺"马约翰杯"，随后在 2016 年实现历史性的"马约翰杯"大满贯。"马约翰杯"已成为一代代自动化人拼搏精神的名片。

厚植文化，以"自觉自律自强"系风推动新发展。回眸五十年，自动化系在常迥、方崇智、童诗白、郑维敏等前辈师长们的带领和一代代自动化人的努力下，取得了累累硕果。站在新的历史起点上，我们要牢记习近平总书记对清华大学的重要指示精神，"坚持正确方向、坚持立德树人、坚持服务国家、坚持改革创新"，把握当前智能科学、学科交叉的重要发展契机，不断加强和改进党的领导，重视以文化人，传承和发扬系风精神，深入细致做好师生思想政治引领，坚持"四个面向"，用求真务实、交叉合作、团结拼搏的精神，实施好中长期学科发展规划，在建设新的交叉学科、服务国家重大战略、深化全球教育合作、促进产教融合等方面努力取得突破，继续开拓控制学科交叉创新发展之路，为党和国家培养造就更多厚德奉献之才！

自动化系主任　张涛

系党委书记　张佐

千里之外，天涯咫尺

融合式教学，一个都不能少！

文字｜曾宪雯
图片｜赵存存

"Hello"，每周五上午 9:50，清华学堂内，吕中舌老师以极富魅力的嗓音准时开始上"文学研究中的当代英语"。

同一时刻，在千里之外的浙江湖州，日新书院大一新生茆殷婴正端坐在自己 10 平方米的卧室，左脚打着支具，聚精会神地盯着面前的电脑屏幕。通过教室里的摄像头，茆殷婴可以看到清华学堂窗外树影摇曳，秋日的阳光温柔地照射进来。虽然不能到现场上课，但那一刹那，她感觉身临其境。

"照顾到每一个人"

"我很喜欢这门课，而且老师也比较关注线上课的同学，所以即使在远端，体验感也非常好。"茆殷婴称这门课是周五的快乐源泉，但由于 9 月 5 日在学校骑车不慎摔倒致左脚脚踝骨折，她只能返回家中在线学习。

第一周的第一节微积分课，茆殷婴突然听不见另一端老师的声音，好在线下同学帮忙向老师反映，及时解决了这个问题。她事后回忆说："微积分这门课只有我一个人选择线上学习，授课老师专门为我开了腾讯会议，我很感动，也深刻体会到了校长在开学时说的'一个都不能少'。"

2018 级社科学院的褚乐怡也受到了这样的"特殊"待遇。

经管学院杜胜利老师的商业伦理课，褚乐怡是全班唯一一位在线上课的同学，"杜胜利老师特地打电话征询我的意见，为我一个人开了腾讯会议"。

褚乐怡 8 月底在家不幸摔坏了腿，疫情之年好不容易盼来开学，但因为这个意外，她返校上课的心愿再度化为泡影。"同学们都能线下上课，也可以一起吃饭，有时候觉得挺孤单的。"对于只能线上学习，褚乐怡有一点小小的失落，但来自学校老师的关注又让她倍感温暖。

为了让远端学习的同学能跟上进度，许多老师都为他们在线上单开了交流时间，学生有什么问题可以在线上会议室向老师咨询。当然，老师也非常欢迎同学发邮件或者打电话提问。

除了保证课堂上"一个都不能少"，老师们也非常注重学生的心理感受。"英语课上，老师嘱咐线下上课的同学多和我们互动，不要让我们觉得孤单。线上上课的同学也挺多，如果遇到问题，群里的同学会一起想办法，互动感挺强的，让我觉得跟大家是在一起的。"电话另一头，传来茆殷婴的笑声。

新的教学模式使老师们的上课方式也有了不自觉的变化。"这学期和上学期我有同一个老师的不同课，这学期通过摄像头，我明显看见他活泼了很多，也开心了很多，一节课感觉他的嘴角都没下来过。"褚乐怡说。

新学期的第一周，44 个院系中有 1830 名学生跟茆殷婴和褚乐怡一样，因各种原因无法返校上课。而随着融合式教学的开展，即使身处千里之外，他们也没被落下。茆殷婴说："在这方面，清华做得特别好，照顾到了每一个人。"

"效果会越来越好的"

在经管学院段志蓉老师"麦肯锡课程：全球领导力"的课堂上，晚上7点半开始的课程毫无停顿地进行到10点，特别是长达一个多小时的问答互动环节，线上线下的交流无缝轮转衔接。掌声和笑声不断，欢乐与知识齐飞，身处世界各地的师生同学们在这一刻找到了心灵的同频共振。

"融合式教学之所以难，是因为线上线下，手心手背都是肉。我们这门麦肯锡全球领导力课程，一直以来都是以庞大而高度国际化的授课嘉宾和学生群体为特色，每年参课的150～200名学生中，约有40%～50%的国际学生和交换生，课堂上的师生交流最为热闹。"如何让因疫情无法返校却仍然踊跃选课的70多名散布于世界各地的同学感受到学校在疫情期间一如既往高质量的教学？段志蓉感到身上的责任已经超过教学本身。

经管学院另一门"伦理与企业责任"课，一共35位同学选课，2/3都在线下。"案例讨论是这堂课重要的学习方式，课前我心里不是特别有把握，担心线上同学能否积极参与讨论，当然也担心线下中国学生的参与度，但课上同学们无论线上线下参与都非常踊跃，发言覆盖面广，思想深刻。"上课前，授课老师钱小军还有些担忧，没想到课堂效果出乎意料。

"我的经验是线上同学必须打开摄像头，这个要求很关键。同时，也提醒授课老师们三个特别需要注意的点：对线上同学讲话的时候，要注意面向摄像头，而不是屏幕，需要养成习惯；有些线上同学的发言音量不稳定，我们可以再找找原因；线下同学发言递话筒的速度也可以优化。我的第一次'试水'感觉还好，学生们非常给力。相信随着经验的积累，效果会越来越好的。"

先做起来，边做边学。在钱小军看来，在线教学增强了课程的开放性和透明度，挑战了以往的教学设计和课程交互的方式，在促进教学改革和提升的同时，也把课堂里的每个个体融合成了教学共同体。大家目标一致，步履不停。

融合式教学的三驾马车：教室改造、教师培训、一键呼叫

时间倒回到今年6月底，全球疫情走势不明朗，秋冬是否会出现疫情反弹仍不确定。特殊时期，秋季学期到底采取何种方式教学是迫在眉睫的大事。经学校常委会、核心会讨论，最后确定采取线上线下相结合的融合式教学：返校学生在教室上课，无法返校的学生远端在线上课。邱勇校长在讲话中多次提到"一个都不能少"，这也是指导秋季教学的总体原则。

确定思路后，由教务处牵头，融合式教学指导专家组进行深度参与指导，信息化技术中心负责技术方案设计和工程建设，"融合式教学"从一个概念逐步落地实施。

融合式教学指导专家组指出，要保证远端同学跟线下同学有实质等效的上课体验，教室需要进行改造。教室改造须在9月14日正式上课前完成，时间紧、任务重、困难多，各部门快马加鞭开始运作。

8月初，学生陆续返校。春季学期100多门必须线下进行的期末考试被提上日程；为了保证学生返校后线下学习，小学期的课程集中安排在开学前几周进行；新生报到后各种活动需要大量教室；开展融合式教学培训和教室实操演练也需要教室……要保证正常教学及其他活动顺利进行，留给融合式教学教室改造可用的时间非常少。

完成预算批复、招标采购等流程时，时间已经到了8月10日。从那一天起，信息化技术中心所有工作人员几乎进入24小时工作状态。由于教室白天被占用，工作人员只能晚上施工。8月10日到9月12日的这33天里，每天晚上10点左右，趁着大部分待改造教室空出来，信息化技术中心的工作人员开始了一天中最忙碌的时候。在大家不舍昼夜的努力下，8月31日时，141间教室改造完成。到9月12日，285间教室可投入融合式教学使用。

为了保障远端学生看得见、听得清、有互动，教室内高清摄像头的景别需要可以切换，授课教师需要佩戴领夹式麦克风，线下上课的同学也得配备手持话筒。而且不同课程老师的电脑设备不同，对软件的需求也不一样，这些问题都得解决。大批量教室的硬件安装和配备已经相当困难，况且还得连到学校统一的中控系统，这需要工作人员做编程设计。

在已经改造完成的教室里，可以看到教室后方新增了一个摄像头，机柜台式机屏幕右侧有一个控制小屏，小屏上方有各种型号的移动设备接口，柜门上有"一键呼叫"按钮，同时还设置了文字提示。这些物件看似简单，其实每添加一个都很不容易。

要保证融合式教学的质量，仅仅改造教室当然不够，教会老师使用设备成为工作中的重中之重。随着一批教室改造完成，融合式教学指导专家组、教师发展中心组织了针对近2900位授课教师、170位技术支持志愿者的8场培训，还专场组织了面向课程助教和课程课代表的培训，力求最大程度保障上课能够顺利进行。

一切准备工作就绪，9月14日，清华全面开启了融合式课堂，学生社区管理中心的重头戏来了！为了后期运维有序进行，学生社区管理中心除了参与教务处组织的培训，大部分老师更是在信息化技术中心的施工现场近距离学习。

学生社区管理中心设有4个技术人员值班室，分别分布在六教、法学图书馆、五教和新水利楼。自上课以来，16位工作人员一改往日的轮班制度，全部从早上7点半工作到晚上10点半，有时候吃饭都是泡面凑合。清华教学楼分布范围极广，当接到教室的一键呼叫时，工作人员必须尽快解决问题。很多时候，他们都是气喘吁吁地出现在教室里。

无论你身在何方，上课的铃声已经敲响！

推行融合式教学本质上是为了促进教育公平，让清华学子无论身处哪里，都能参与到课堂中。正是基于对教学的重视，对人才培养的重视，清华才会花大力气来做这件事情。作为一种新的教学模式，融合式课堂给同学和老师都带来了全新的

体验。

上课的铃声已经敲响，清华园 200 多间教室内，老师们已做好准备，课堂上的画面将通过网络传到大江南北、海内海外。

6 教 6 楼信息化技术中心中控室内，3 位技术人员坐在一排电脑前，紧盯着大屏幕上教室里的画面，学生社区管理中心 4 个运维值班室 15 位工作人员严阵以待，以便随时响应教室里老师的一键呼叫。

新学期，新课堂，清华人，一个都不能少！

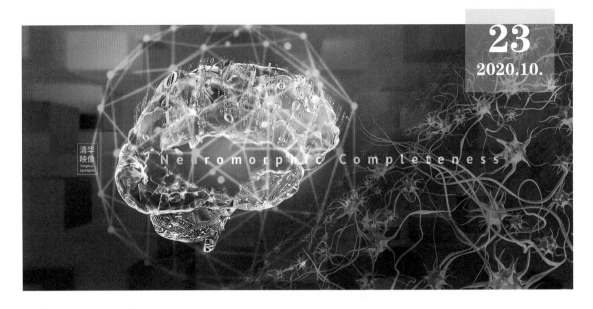

清华团队首次提出"类脑计算完备性"

文字 | 詹萌
图片 | 任帅 宋婷

想象有一天，机器可以像人一样思考和处理问题，这对于 21 世纪的我们早已不是一个陌生的话题。通用人工智能的梦想鞭策着人类不断探索脑科学的奥秘与用机器模拟生物神经网络的结构和信息加工的潜力，而后者就是我们所说的类脑计算，也叫神经形态计算。

目前的类脑计算研究尚处于起步阶段，国际上还没有形成公认的技术标准与方案。10 月 14 日，清华大学计算机系张悠慧团队和精仪系施路平团队与合作者在世界顶级期刊《自然》发表题为《一种类脑计算系统层次结构》的论文，填补了类脑计算系统领域完备性理论与相应的类脑计算系统层次结构方面的空白。这是一年多来，清华大学在类脑计算领域继"天机芯"和"多阵列忆阻器存算一体系统"之后于《自然》正刊发表的第三篇成果，也是计算机系以第一完成单位 / 通讯单位在《自然》发表的首篇论文。

从传统到创新，用系统的眼光重新审视类脑计算

如果说，"图灵完备性"是通用计算机领域的"圭臬"，那么"类脑计算完备性"则能够为类脑计算系统领域的发展提供一个"准绳"。

通用计算领域有两个著名概念，一个是"图灵完备性"，另一个是"冯·诺依曼体系结构"。对于前者，原则上一个图灵完备的系统能够用来解决任何计算性的问题，符合图灵完备的编程语言编写的任何程序都可以转换为任意图灵完备的处理器上的等价指令序列，因此在设计通用计算软硬件时需符合图灵完备的要求；后者则是通用计算机运作的体系结构，具有存储部件与计算部件分离、程序与数据统一存储等特性。图灵完备性和冯·诺依曼体系结构使得通用计算领域在软件层、编译层和硬件层都有了统一的范式，使不同层次各自发展而又可以无缝兼容。

然而，现有类脑计算系统研究大多聚焦于具体的芯片、工具链、应用和算法的创新实现，而忽略了从宏观和抽象层面上对计算完备性和体系结构的思考。类脑计算软硬件间的高度耦合阻碍了它们独立发展的同时互相兼容的可能性。如何突破这一瓶颈，扩展类脑计算系统的应用场景，成了团队下决心要解决的重点问题。

"通用计算领域的图灵完备性和冯·诺依曼体系结构都是非常基础、大家也非常熟悉的概念，以至于很多人都不会意识到，对于新兴的类脑计算系统领域，这是一个需要首先解决的问题。"计算机系研究员张悠慧说。

从传统通用计算机的设计哲学和方法论中汲取灵感和经验，团队针对类脑计算不像针对通用计算一样注重每一步计算过程的精确，他们更注重结果拟合的特性，提出了对计算过程和精度约束更低的类脑计算完备性概念，并且设计了相应的类脑计算机层次结构：图灵完备的软件模型，类脑计算完备的硬件体系结构，以及位于两者之间的编译层。通过构造性转化算法，任意图灵可计算函数都可以转换为类脑计算完备硬件上的模型。这意味着类脑计算系统也可以支持通用计算，极大地扩展了类脑计算系统的应用领域，也使类脑计算软硬件各自独立发展成为可能。

明确分工接口，既能学科交叉又能"各司其职"

明确类脑计算机层次结构，除了希望实现不同层次之间的去耦合，也是希望能为各相关学科的研究人员"减负"，不让专业间的知识鸿沟阻碍交叉学科的顺畅发展。

类脑计算属于交叉研究领域，涉及脑科学、电子、微电子、计算机、自动化、材料以及精密仪器等多个学科。学科交叉意味着研究中需要集各科之所长，但是专业壁垒却增加了学科之间互相理解、协同配合的难度。如何让一个生物学家不必深入钻研计算机理论却依然能理解，进而将自己的专业前沿成果结合到类脑计算当中，这是交叉研究项目面临的现实问题。

《自然》期刊审稿人说，清华大学团队的这项研究"使得相关研究领域间的任务分工与接口更为清晰，有利于不同学科的研究人员专注于其专业领域、促进协同发展"。

不让研究人员分心，专于所长，推动各个具体学科领域的技术突破，才能为类脑计算提供更加坚实的基础和支持。

值得一提的是，从春节前夕投稿，到 8 月上旬正式被接收，论文的两轮修改都是在疫情期间完成。整个审稿过程无法在线下交流讨论和开展实验，这对于团队而言无疑带来了巨大的挑战。"但从另一个角度看，因为疫情期间哪儿也去不了，我们能更加潜心和专一地去做好这一件事。"张悠慧说。

研究小组努力克服交流不便、实验数据处理困难等问题，对文章的实验设计做了较大补充与改进。"一开始审稿人认同我们研究问题的意义，但是并不理解我们对于研究问题的解决思路，对于是否有必要进行底层的计算理论设计，审稿人提出了质疑。"计算机系博士后渠鹏说，"但是通过对整体行文逻辑、文章内容和原型实验的反复斟酌修改，以及对研究思路和质疑点的一一反馈，审稿人最后认同了我们的设计理念。"

今年刚毕业的博士生季宇是完成计算完备性相关工作的主要成员之一。因为在科研方面的优异表现，他的博士论文也被评为清华大学优秀博士学位论文。精仪系的张伟豪是文章的共同第一作者，师从施路平教授。他提出了能够充分利用类脑计算完备性的硬件抽象体系结构与映射方法。大家各取所长，共同搭建起了类脑计算系统的层次结构。

70 多页的反馈文件，一次又一次的讨论、修改、迭代，见证了团队一步一步迎难而上的努力。"当审稿人说我们的研究明确了不同领域的分工和接口，将对类脑计算的交叉研究产生积极作用时，我真的很受鼓舞，感觉到自己研究的东西是十分有意义的，也是被类脑计算社区所认可的。"渠鹏说。

厚积薄发，一步一个脚印地走向通用人工智能的未来

2014 年，清华大学类脑研究中心由 7 个院系联合成立，为类脑研究这一交叉学科领域提供了一个良好的交流平台，中心主任即为本次研究团队中的精仪系施路平教授。也正是因为各单位和学校研究中心的支持、研究过程汇集了来自各方的智慧力量，这个小团队最终做成了类脑计算系统理论与原型构建的大项目。

尽管从项目正式启动到最终发表不过经历了一年多的时间，但这项成果的产生并不是一蹴而就的。

在类脑计算系统设计和编译技术上，团队就已经在过去几年的不懈研究中打下了坚实的基础。此前清华大学在类脑领域所取得的新进展，也为这次类脑计算完备性和类脑计算系统层次结构的提出提供了技术和方法上的支持。从前期分支问题的各个击破，一步一个脚印，一点一滴积累，到最终提出系统的理论框架，一切都是水到渠成。

未来，在理论层面，团队将更关注类脑应用的"神经形态特性"，并希望最终建立起一个与图灵完备相对应的全新类脑计算理想范式，在系统层面，团队将依托计算机系高性能所在起算与芯片方面的雄厚实力，研发受脑启发的支持通用计算的新型计算机系统结构与芯片。尽管目标远大，道阻且长，但他们相信，只要日积跬步，终将到达千里之外。至于是否能实现最初的梦想，时间会给所有的努力一个答案。

低维量子物理国家重点实验室：探秘低维量子世界

文字 | 彭欣怡
视频、动图 | 视频中心　赵存存

　　在纳米尺度的低维系统中往往显现着各种奇妙的量子力学现象和效应。清华大学低维量子物理国家重点实验室以低维量子体系为研究对象，瞄准国际最新科学前沿和关键科学技术问题进行攻关。窥视真理并非易事，在持之以恒的奋斗后，实验室不仅取得了一系列丰硕的科研成果，而且培养出了一大批优秀的物理学人才，知交同道，砥砺前行。

　　2011 年，清华大学低维量子物理国家重点实验室获科技部正式批准进入建设期，2013 年顺利通过科技部验收，并在 2015 年被评为"优秀类实验室"。实验室现有 65 名研究人员，其中包括 8 位中国科学院院士，以及一批杰出的中青年研究人才。各研究团队都正在低维量子物理的前沿领域开展研究——

　　薛其坤院士领衔的团队在实验中首次发现了量子反常霍尔效应，这是我国科学家从实验中独立观测到的一个重要物理现象，也是世界基础研究领域的一项重要科学发现。该成果的获得是我国科学家长期积累、协同创新、集体攻关的一个典范，获得了 2018 年度国家自然科学一等奖，为清华理科复建后第一个由基础学科研究团队牵头完成的国家自然科学一等奖项目。

　　尤力教授领导的研究团队利用量子光学的方法实现了多粒子的量子纠缠，实现了超过一万个粒子组成的多体纠缠态，是当时国际上能确定性制备的可甄别的最大纠缠态。该研究工作入选 2017 年"中国科学十大进展"。

　　段文晖院士研究组在量子材料的理论计算和设计方面作出了一系列突出的成果，也为我国高新科技的发展奠定了坚实的基础。

　　范守善院士领导的纳米中心在碳纳米管的研究方向覆盖了从基础研究到产业应用的全链条，拥有世界领先的研究水平。他们在国际上首次合成出超顺排碳纳米管阵列，并实现了工业化生产，将碳纳米管触摸屏和碳纳米管振膜耳机产品推向市场。

　　由曹必松教授、魏斌副教授组成的研究团队完成的"微波通信用高温超导接收前端"项目获得了 2009 年国家技术发明奖二等奖；"高温超导滤波器技术和应用"项目获得了 2017 年国家技术发明奖二等奖。高温超导这一高新技术已经为解决我国无线电领域的技术难题、为国民经济和人们的日常生活作出了实实在在的贡献。

　　近年来，实验室成员在自旋电子材料与器件、氧化物薄膜、量子信息、高温超导材料制备及物性研究等方面都取得了一系列重要的原创性成果。

　　这些研究成果的取得当然离不开实验室搭建的精密仪器设备。譬如在低温强磁场扫描隧道显微镜实验室中，研究团队利用扫描隧道显微镜开展高温超导体和拓扑绝缘体方向的研究，利用分子束外延技术制备高质量可控的拓扑绝缘体薄膜和高温超导薄膜。又譬如超冷原子实验室中的冷原子装置，不要小看这些错综复杂、五彩斑斓的线路和金属仪器。冷原子实验利用激光和电磁场来冷却和囚禁原子，使它们悬浮于真空当中，并操控原子的量子状态以及原子之间的相互作用。冷原子装置有许多用途，研究团队致力于利用冷原子实现超越经典干涉仪测量精度的研究、聚焦于少体和多体量子系统的研究与模拟，以及磁场的量子精密测量技术研究等，对基本物理定律检验、潜艇探测、脑磁检测和矿产勘探等领域的应用都有巨大帮助。

除此之外，纳米薄膜实验室与脉冲激光沉积实验室也搭建了一系列精密仪器，如超高真空磁控溅射系统、氩离子刻蚀机、脉冲激光沉积系统等，在材料精确可控制备、物性测量、机理研究等方面都发挥了巨大的作用。

"我们研究的主要目的是希望在这些低维材料中，发现新奇的量子效应，理解背后的微观机理，发展新的理论和实验工具，并最后能够做出实用性的器件以及精密的量子测量方法。"在谈到实验室研究的目标时，低维量子物理国家重点实验室主任王亚愚教授是这样说的。

低维量子物理国家重点实验室理论与实验并重，同时也通过各种应用成果让高等物理与国家、社会，与每一个人的生活紧密相连，也就是王亚愚教授所说的，研究在最后将落脚于"实用性的器件以及精密的量子测量方法"。

物理学研究是理论和现象的统一。理论指导着实验的开展，现象佐证理论，同时推动着新理论的产生。

胡天汉月映西洋　木铎驼铃延古今

文字 | 郭艺博

图片 | 李娜

"'胡天'配'汉月',主要体现的是西域风情,'西洋'则暗含明清以来中欧之间的海上交通。二者包括了'一带一路'的范围。至于用'丝路沧桑',乃是因为抚今追昔,历史上的中西文明交流与互鉴,会引起一股历史的苍茫之感。"提到刚获得第15届文津图书奖的著作《胡天汉月映西洋:丝路沧桑三千年》,作者张国刚教授这样解释其名字的由来。

张国刚是清华大学人文学院教授,主要研究中国古代史、中西文化关系史。多年的求学与从业经历,奠定了他撰写《胡天汉月映西洋:丝路沧桑三千年》的学术基础。张国刚教授表示:"我读研究生时候的专业是唐朝历史,先师杨志玖先生是海内外著名的马可波罗研究专家,加上我曾在欧洲工作过比较长的时间,那是中国丝绸之路从古希腊时代就流往的方向……所有这些因缘,促使我开展对中西文明交流史的研究。"

为了寻求未来的答案,现在的学者将目光逐渐投向历史,重新去探究古代中国与世界的丝绸之路。张国刚教授基于扎实的中外文献资料,以朝代为经、人物事件为纬,以深入浅出、平易晓畅的文字,力图让读者了解丝路之上能够反映不同时期东西方物质与精神文明交流互鉴的基本事实。

纵观人类文明的交流史,冲突与融合是不变的主题。沿丝路而来的"他者"文明,在中国的土壤上融合相生。张国刚教授分析,中华文明具有包容性的原因在于:"中国的信仰具有实用性和问题导向,对神的态度是'哪个灵就信哪个'。在西方的话语体系里,中国是'自然宗教',山、水都可以作为神灵来崇拜。而西方的宗教体系是单一神主宰,它们排斥其他宗教的神,并把别的宗教称为异端。因此会因为信仰差异,出现十字军东征这种流血暴力事件。传入中国的各种宗教却能进行本土化改造,多元共存。"

中国对"他者"文化兼收并蓄,成为文化并存的土壤;同时,中国因素也对西方世界起着独特的作用,张国刚举例说明中国文化对西方的影响:"清代以前,中西交流主要有两个方面,除了物质层面以外,还有思想技术层面。在欧洲走出中世纪,走向现代化的过程中,启蒙思想家非常推崇中国政治体制;法国在决定是君主立宪还是开明专制的彷徨时刻,把中国作为开明专制的代表;中国的道德观念影响着以伏尔泰为代表的思想家,把中国作为模范,试图规范当时的法国社会。"

然而,丝路上并非仅有中西文明交流互鉴的和谐景象,也存在着冲突与不公。张国刚特别提到了一个历史的悖论:郑和下西洋,花费大量财力去宣扬国威,所经之处皆施与恩惠,甚至帮助协调问题,得到了表面的荣光与间接的衰落;航海王子热衷科技,但也进行黑奴贸易和殖民活动,输出宗教价值观,却成为西方强大的因素。当中国自给自足的和平模式遇到西方资本主义的殖民扩张,张国刚反思这段历史:"不能否认,坚船利炮的生产和侵略扩张的增加,为西方提供了原始积累,却也不能简单认为'和平会失败,侵略会胜利'。和平与正义未必能够战胜侵犯与邪恶,但纵观人类历史长河,武装侵略最终要付出代价。近几百年来,弱肉强食的规则在国际社会中依旧相当普遍,这类现象告诉我们,力量制衡在国际关系当中至关重要。"

在过往这段历史中,世界市场也形成了这样的分工体系——发达国家牢牢把握高端市场,而中国由于劳动力多、成本低,长期以来不注重研发投入和知识产权保护,处于体系底层。张国刚指出:"反观历史,现代的中国需主动作为,鼓励提高研发能力，规范市场，提高质量。包括促进知识产权保护、减免研发资金税收、打击假冒伪劣产品、提高质量标准、提高工人薪酬水平，这样才能彻底摆脱历史上形成的分工体系中的不利地位。"

贯通历史，观照当下。从时间轴上讲，新时代的"一带一路"是历史上丝绸之路的延伸，但从内容上讲，它也会有时代特色。"在全球化的今天，'一带一路'中交流的双方和贸易的内容、方式都发生了变化。但是毫无疑问，它促进了人类的相互了解。"中国的陆上或海上丝路贸易，都是中国与周边国家政治关系的一部分，政治上的互信与经济上的往来密不可分。"建设丝绸之路并不完全是一个经济、贸易行为，而是一个政治外交行为，其目的是与周边国家建立政治上的互信、维护安全。历史上，中国政府通常用贸易沟通来解决周边的政治冲突；今天，我国也会借助经贸关系来维系政治互信，在世界上形成广泛的连接纽带。"审视丝绸之路上的政治经济学，我们发现，建立政治上的互信，军事上要有自我保护能力，贸易上要有拳头产品，这些历史的经验，对于当前"一带一路"的建设，仍然具有启发意义。

历史是现实永恒的背景。沿着丝绸之路，中国与西方的文化相互碰撞、交融，并形成了更加灿烂的多元文明。伴随着中西关系史研究的深入和中国政府建设"一带一路"的倡议，"丝绸之路"成为中国展现给世界的新名片。在物质与精神文明流淌的背后，人类命运共同体，也由此而交织在一起。

国际本科新生拓展营

国际本科新生拓展营：引国际新生融入　携中国文化远行

文字 | 彭欣怡
图片 | 金娅辰

在清华，或古朴或簇新的建筑见证了这座学术殿堂一个多世纪以来的风风雨雨，彰显着她的历史底蕴与文化色彩，行在其中的学生学者除了中国面孔，还有非洲朋友、欧美伙伴和亚洲同道。梁启超"自强不息，厚德载物"的演讲声仿佛还在楼间回荡，一代又一代的清华人聆听着前辈们的教诲砥砺前行，清华精神也激励着越来越多元、国际化的清华人努力奋斗。

为提升学校人才培养质量，推动中外学生趋同管理与融合发展，从 2017 年开始，在中国本科新生军训期间，学校为国际本科新生举办为期三周的"国际本科新生拓展营"，帮助国际学生尽快融入清华、适应清华的学习模式，同时增强中外学生团队凝聚力，探索趋同管理背景下国际学生入学教育新模式。

"最原汁原味的清华"：同参与　共探索

拓展营让国际新生们从一入校就体验到了"最原汁原味的清华"。每年 8 月底，清华大学的新生们在"热烈欢迎新同学"的热情氛围中走进清华园，成为这座园子的新主人。而从 2017 年起，在身着迷彩服的中国新生接受军训的同时，近 300 名国际本科新生也身着红、黄、蓝、绿等颜色鲜明的短袖上衣在校园里接受训练。

拓展营内容包括数学、物理课及中国语言与文化课程、体能训练、入学教育系列讲座以及新生集体活动，旨在加强中外新生的交流融合，帮助国际学生适应环境，顺利开始本科的学习与生活。

在 2017—2019 年三年间，拓展营还通过参观校园、校史教育、定向越野以及新老国际学生经验交流会等活动，帮助国际学生进一步熟悉校园环境，增强对学校的认同；另一方面通过学习发展、职业规划、心理健康等专题辅导，引导学生适应新的学习方式，积极规划未来发展，增强对自己的认识和能力提升。

丰富多彩的课程是拓展营的重要内容。例如，数学课程的开设旨在引导学生向大学数学课程过渡。"中国语言与文化"系列课程，根据国际学生的汉语水平进行分级教学，课程内容涵盖汉字、成语、中西方语言表达异同、交通出行文化、中国饮食文化、北京历史文化等方面；拓展营还安排了清华拳、体能素质训练、游泳课等体育课程，并结合学生兴趣，开展足球、网球、健美操、跆拳道、毽球、轮滑等多种形式的体育专项训练，引导国际学生深入感受"无体育，不清华"的清华体育精神。

拓展营期间，国际新生亦同步参与所在院系的班级活动和全校新生的集体活动，如全校新生迎新晚会、新生篮球赛、新生演讲比赛等。参与集体活动，为国际学生展示个性创造了机会、提供了舞台；也让国际新生领略到校园生活的丰富多彩，进一步促进了中外学生趋同管理和交流融合。同时，校园也被世界各族的瑰丽文化所点亮。

在线举办国际本科新生拓展营：跨山海　若比邻

2020 年伊始，新冠肺炎疫情席卷全球，中国援助各国的物资上张贴的"青山一道，同担风雨""肝胆每相照、冰壶映寒月"等语言文字，展现着中华民族守望相助的精神。清华也用高等教育的力量，用自己的方式诠释着人类命运共同体的内涵，带领中国文化远行。

在2020年这个特殊的年份，学校决定在线举办第四届"国际本科新生拓展营"，为分布在世界各地的国际本科新生打开认识中国、认识清华的第一扇门。

本年度的国际本科新生拓展营共设置了三个阶段的课程，分别为全球暑期学校（GSS）课程、文化课程集训、新生入学教育。从2020年7月20日一直延续到9月13日，来自44个国家的300余名国际本科新生相聚"云端"，共同参与。全球暑期学校课程以"面向疫情后的世界"为主题，为期9天，课程内容涵盖经济、教育、社会、人工智能、气候变化和领导力等方面。通过13场主旨演讲、8场研讨会、5场学术讲座、9场工作坊、5场小组讨论、2场企业虚拟参访和4场"云游清华"的云上之旅，共话"疫情后的世界"，共同探讨未来世界可持续发展的解决方案。

在文化课程集训中，理工科同学学习了一元微积分学基础、物理学基础、北京历史与文化、中国成语与文化、中国琴棋书画艺术之美、中国的交通与旅行、中国民俗文化概况等课程，文科同学则学习了大学数学思维导读、汉字与中国文化、了解中国等课程。此外，还专门开设了云上体育课。

新生入学教育中安排了成才报告、在华安全及中国法规、校规校纪宣讲、国际学生住宿安全教育、国际学生选课介绍、学习管理及学籍规定、如何适应大学学习、职业发展指导、学生心理健康辅导、培养全球胜任力等讲座以及国际新老生经验分享交流会。

在线上相聚，师生们更感天涯比邻，身远心近。来自世界各地的新生们都因"清华人"的身份而紧紧连接在一起，拓展营也成为国际本科新生清华第一课。

继续发挥好国际本科新生拓展营的育人作用：向未来 同进步

不忘教育初心。近年来，学校坚持改革创新，不断推进中外学生趋同管理，通过举办国际本科新生拓展营，加强对国际本科新生的入学教育。牢记育人使命，在拓展营中，坚持价值塑造、能力培养、知识传授"三位一体"教育理念，不断完善内容设计，提升育人效果。学生的满意度持续提升。

国际本科新生拓展营的经验包括：不断提升拓展营课程与大一课程的衔接度，如开设数学课、物理课，加强高中与大学课程衔接，体育课程中增设游泳课，全面对接大学体育课程要求，增强学生的收获感；强化中外学生的互动交流，促进中外学生一体化建设，如推动国际学生全面参与院级和班级活动，与中国学生深入接触，更好地融入集体；全面提升国际学生对中国文化和清华精神的认识和认同，如注重培养国际学生遵纪守法、养成优良学风的意识。

4年来，国际本科新生拓展营在探索中不断改进，在"国际化能力提升计划"（简称"2020计划"）收官之际，国际本科新生拓展营也日臻完善。学校用切实的举措与不断创新的成绩，阐释着国际化的清华探索。

作为国际学生教育的重要环节，拓展营有力地促进了人才培养。泰国籍2020级本科新生罗庆俐（Lo Smithgul Shirley）对于全球暑期学校可持续发展主题的讨论环节印象深刻，她坚信，年轻一代有能力怀揣强烈的责任感和共情心，引领全球的可持续发展。通过拓展营，马来西亚籍2020级本科新生戴振宁（Thai Zhen Leng）也立志要好好学习，准备为社会贡献自己的力量。

在可预见的未来里，将会有更多来自不同国家和地区的同学走进这座美丽的园子，同学习，共成长，为学校世界顶尖大学建设和构建人类命运共同体作出积极的贡献。

揭秘清华"0304"

视频、动图 | 视频中心　赵存存

　　时光回到 1966 年 5 月 9 日那个风沙肆虐的戈壁滩，我国第三次核试验在这里成功举行。现场一大片身着军装的参试人员中，两个身着便服的身影格外引人注意，他们便是清华大学"0304"科研项目组的年轻成员——沈恒滋与阚永魁，受邀参加核防护结构试验。

　　时隔多年之后，参加核试验的秘密终于可以为人所述，而鲜为人知的"0304"项目也随之揭开神秘的面纱。

　　如果说核武器的研制是为国建造锐利的"矛"，那么核防护工程的研究则是为国铸就坚固的"盾"，以防御战时核武器的杀伤破坏。

　　"0304"项目正是清华大学土木工程系在 20 世纪 60 年代承担的重大国防科研任务，属国家机密项目。近 40 位教师、工程师、实验员，在近 20 个春秋里为铸就国防坚盾付出了大量心血，而这一切的奉献和成绩都必须守口如瓶，隐姓埋名……

　　而今，这一尘封多年的秘密终于揭开。遗憾的是，其中部分成员的名字也永远地成为历史。我们有幸采访到几位健在的清华老教师，听他们讲述为国铸盾的故事。

一切从零起步

　　20 世纪 60 年代，面临严峻的核威胁环境，加强核防护工程的科学研究愈发迫切和重要。国家层面的防护工程研究由国家科委统一组织，迅速成立防护工程组。时任国防科委副主任张爱萍担任防护工程组总指挥，工程兵司令员陈士榘任防护工程领导组组长，时任清华大学副校长张维是防护工程组领导组成员之一。从现有的资料中，可以看到"0304"项目组核心成员杨式德、陈聃、邝守仁等都曾参加过防护工程组的讨论会。

　　防护工程组成立后，国家科委委托清华大学与工程兵合作进行核防护研究，该研究涉及室内试验、野外试验和现场试验。

　　1963 年，结合备战形势和国家战略需要，在学校的统一领导下，代号为"0304"的研究组正式成立。这个被蒋南翔校长誉为"清华大学科研第九高地"的研究组，以土木工程系工程结构实验室为主，集中土木、水利、力学等院系的科研力量，与部队合作进行核防护工程的研究。

　　与清华大学"0304"研究组有关的负责单位是工程兵司令部及其下属的三所和四所。军队非常重视这一研究项目，当时新成立的中国人民解放军总参谋部防护工程研究所（工程兵三所）也派来了一批青年科研人员来校参加研究。

　　"当时土木系从工程结构实验室、结构教研组、结构力学教研组等教研组抽调一批青年教师和业务骨干参与研究，集中了系内 1/5 左右的教师力量，最高潮时有 30 人左右参加，加上试验技术人员有近 40 人，其中大多数都是党员。"土木系原副系主任、退休教授朱金铨回忆道。

　　"0304"项目由土木系原副系主任杨式德担任总负责人，土木系原党总支书记邝守仁担任党支部书记。参加项目的青年教师除了三位留学归国入职清华的教师，其他都是清华毕业后留校工作的教师，与"0304"结缘成为他们人生中的重要转折点。"0304"项目组走出了许多我国知名的土木结构工程和防护工程专家，如陈肇元院士、陈聘、沈聚敏、沈恒滋、李少甫，等等。

核爆炸的威力效应，主要包括光辐射、冲击波和核辐射，"0304"项目主攻的是应对冲击波的防护结构研究。面临的第一个难题就是，用什么样的设备进行试验，可以产生一个与核爆炸冲击波相近的压力波形？也就是需要研制一个抗核爆炸模拟器。另外，结构材料在快速加载环境下的强度会发生变化，还需要一个快速加载器，以便研究结构材料在快速变形下的力学性能。一系列难题都令人抓耳挠腮。无论是加载设备还是量测设备，都没有任何先例可以借鉴，必须自行研究设计。

阚永魁在项目中承担量测和保密工作，回忆起试验的起步阶段他感慨万分："进行冲击波荷载下的结构模型试验，现状是'一穷二白'，最重要的两个条件，一是加载设备，二是量测手段，都得从零起步。"

当时具有无线电和结构工程双重背景的土木系青年教师来晋炎也被抽调到"0304"项目组，专门负责量测手段和压力控制系统的研制。"最大的困难就是没有资料可以参考，全凭自己摸索，从设计图纸到建造模型再到一步一步焊接，都靠自己动手。"来晋炎回忆道。

"当时陈肇元老师去搜集和翻阅了极少有人问津的英文文献，获得了些许灵感，决定通过研制抗核爆炸模拟器模拟压力波形来进行结构模型试验。接下来就必须自力更生，设计试验所需的加载设备和量测装置。"阚永魁说。"0304"项目的三个职能试验组迅速建立起来，包括结构模型试验组、材料快速加载试验组和动态光弹试验组。

从"一支笔"到"大象"，第一台抗核爆炸模拟器诞生

一张张手绘的图纸，一个个快速开启阀，一件件橡胶密封圈的模具，所有的仪器和配件都从零开始打磨。为了配合"0304"项目的开展，土木系把金工车间也合并到结构实验室，便于模型直接投入加工。

经过深入思考后，成员们构思出抗核爆炸模拟器（模爆器）的研制方向——在一个密闭容器外部，通过雷管引爆容器内的高级炸药，使其产生瞬间达到峰值的气压再按双曲线衰减归零的冲击波。

说干就干，在设备简陋的金工车间里，经过昼夜不眠的苦战，1号装置终于诞生了。1号装置其实是一个爆炸发生器，由一个厚壁管段构成，两端可用法兰盘封闭，两侧焊上支腿，大家依据它的外形取名叫"一支笔"。

"一支笔"虽然诞生了，但能不能用它获得预期的压力波形却要打个大大的问号。当时市场上只有压电晶体式压力传感器，没有动态气压量测传感器。来晋炎牵头研制了动态气压传感器。为安装这一传感器，项目组又加工了一台二号设备，并在设备侧面开了两排孔，安装上快速开启阀，使其压力衰减波形能够接近核爆炸冲击波的波形。由于设备外壁凹凸不平，大家给它取名叫"毛毛虫"。

"毛毛虫"在大家的期待中进行了第一次试验，但是结果却不尽如人意。一阵沮丧过后，大家又开始集中分析具体的症结所在。原来在爆炸过程中，产生的高温导致量测到的压力波形发生偏差。"我们为了找到合适的隔热材料跑遍了全北京城，最后在一家皮货加工店里找到了一张非常柔软的薄羊皮，我们把它贴在压力探头上作隔热材料。试验发现测出来的压力曲线完全符合预期，当时真的特别兴奋！"阚永魁说。模型调试取得了初步成功，这台装置也有了正式的名字——"模爆器"，即抗核爆炸模拟器。

接下来就要进行结构模型试验了，完成这一使命的是4号装置——在"毛毛虫"设备下开了一条长孔，将一个放置结构模型及其周围介质的箱体放在设备的底孔处，以模拟地下掩体承受地上核爆炸传入地下的压缩波荷载。"4号设备仍是小尺寸的模型，试验模型与真实结构相差较远，做出的结果也不能反映实际情况，所以我们必须要制造一个大型模爆器。"阚永魁说。

"摸着石头过河"的岁月里，艰辛与惊喜并存。模爆器从1号到5号逐步改进，终于获得了设备的相应参数号。1964年项目组将设计的模爆器图纸交由沈阳重机厂加工，最终制造出"6号模爆器"。6号爆爆器体积很大，有四条"粗腿"，大家为它取名叫"大象"。

"6号模爆器主要研究岩石介质条件下的地下防护工程，之后我们还研制了7号模爆器，主要研究松散介质条件下的地下防护工程，为北京地铁防护工程的设计奠定基础。例如北京地铁1号线就是完全按照防核袭击的要求设计的，每个出入口都设有防护门和密闭门。"重点参与7号模爆器试验的朱金铨说。

6号实验室：铸坚盾，育栋梁

6号模爆器诞生后，大家计划为它"安个家"，于是在工程结构实验室西面的土建基地空地上（现在的文科图书馆和新建土木大楼之间），盖起一个带地下室的一层小屋，专门安装6号模爆器设备并进行结构模型试验，这间用围墙圈起的小屋就叫作"6号实验室"。

试验、测量、分析、再设计结构、再投入试验……"0304"项目组成员日复一日地在6号实验室里进行着核防护工程的相关研究。6号院中的杏花开了又谢，爬山虎绿了又红，成员们拼命追赶着时间的脚步，时不我待，只争朝夕。由于"0304"项目的保密性质，直到2009年6号实验室被拆除时，人们也不知道这里曾受到军队高层和学校的高度重视，也

不知道这里曾进行过什么样研究，又有着怎样辉煌的历史——

这里，是新中国核爆防护工程研究的发源地，自主研发了我国独一无二的系列抗核爆炸模拟器（1号 –7号）和系列快速加载器（材1– 材5）；

这里，是清华大学一系列防护工程研究成果试验基地，曾获10多项部委级科技进步一、二、三等奖；

这里，是国家多本人防规范的编写和试验基地，北京地铁（现1号线地铁）防护结构和上海人民广场地下人防工程的研究设计基地；

这里，是空军、海军、国防科工委、二炮、工程兵学院、军事医学院等众多国防科研单位进行大型机库、大型高抗力防护门、地下防护结构、生物医学等科研项目的必选试验基地；

这里，科研人员研究设计了用于战略储备的国家第一个地下水封油库，已正常运行40多年；

这里，还是全国高强混凝土研究的起源地……

随着时代和形势的变化，"0304"项目的研究重点也进行了相应调整。"70年代后期，特别是唐山大地震发生后，国家对抗震工作高度重视，'0304'项目的研究为结构抗震研究提供了重要基础。70年代末80年代初，基于国防工程中高抗力防护门的研究需要，项目组与军事部门合作进行试验研究，同时开启了高强高性能混凝土的研究工作。"朱金铨介绍道。

6号实验室进行的开创性国防研究，成为土木系的科学研究之源，带动了清华大学相关学科的研究，如后来在全国首屈一指的结构抗震工程和高强高性能混凝土研究等。

在科研攻坚的过程中，项目组同样重视专业人才的培养，包括指导硕士生的论文工作和本科生的毕业设计，培养一批防护结构工程方面的领军人才。在"0304"项目积累的研究基础上，土木系于70年代开设了地下建筑专业，其中培养的很多毕业生后来成长为全国各地区人防办公室的骨干力量。现为中国工程院院士的清华校友、土木工程学专家、浙江大学建筑工程学院教授龚晓南，在本科四年级期间曾参加"0304"项目的科研工作，他当时的梦想就是成为抗爆防爆专家，后来成长为我国岩土工程界的领军人物。

终身难忘的第三次核试验

除了在"大本营"6号实验室进行紧张忙碌的研究，阚永魁、王玉庭、施岚青等项目组成员还赴烟台、张家口等地开展过为期2~3年的野外模型试验。另外，项目组还于1966年派出沈恒滋、阚永魁参加我国第三次核试验，并荣立三等功。同年5月9日，"0304"项目组负责人杨式德受工程兵司令员的邀请观摩了核试验。而这一切当时都在绝对保密的条件下进行，时隔约50年后才为人所知。

为了保证试验量测的顺利完成，沈恒滋和阚永魁在京做了大量准备，从1965年起每天到工程兵科研所工作，对量测仪器进行全面的检验、修正、适配，以保障在现场试验时，能够准确测量到防护结构在核爆冲击波作用之下的受损程度和结构的安全性能。工程兵施工部队则负责试验项目防护结构的施工。

"1966年的冬天，我们穿着皮大衣、戴上棉帽子从马兰坐了一天的敞篷汽车到达核试验基地。通往基地的是条颠簸的小路，路上的小石头溅起来打在车窗上啪啪直响，周围除了干草没有别的生物，那时候我才真正领悟到什么是戈壁滩。"阚永魁说。

核试验的日子越来越近，沈恒滋、阚永魁和其他参试人员一起，每天早上穿着防护服出操。"防护装很重又不透气，穿着又累又闷热，跑完步脱下防护服，倒出来都是汗水。我们每天从生活区出发，乘车去现场进行试验准备，之后再返回生活区。"阚永魁回忆道。

经过周密的准备，第三次核试验终于按期启动，参试人员撤离到离爆炸中心更远的山坡上。"当时防护眼镜有限，戴上眼镜可以直接看爆炸过程，我没有眼镜就先背过身去，爆炸之后再转过去看。看到蘑菇云的那一刻，我由衷地感到自豪。"回忆起核试验的场景，阚永魁心潮澎湃。

防护工程的试验地点就在距爆炸中心几十米的地方。爆炸一结束，参试人员就穿上防护服，戴上防护面具，乘坐防化汽车去回收量测仪器。"当时回收数据时发现量测仪器完好无损，位移、应变、压力等实时数据都是完整的，真的特别激动。"沈恒滋和阚永魁将数据带回北京后，项目组成员进行了长时间的分析。数据分析结果对国防工程、人防工程的设计规范制定发挥了重要作用。

参加核试验要绝对保密，阚永魁时隔46年才知道同在试验现场的还有杨式德；而沈恒滋的夫人金丽华时隔45年，在丈夫过世30年后才知道他当年去哪里"出差了3个月"；杨式德的儿子杨嘉实在2012年终于知道了父亲遗物中的两张相片是在什么地方拍摄的……

"0304"精神：自力更生、团结协作、不计名利

严格保密，不仅仅是参加核试验的基本要求，也是"0304"项目贯穿始终的要求。走进土木系馆何善衡楼的一间资料室，映入眼帘的是一摞摞厚厚的"0304"项目资料袋和几十本写有编号和姓名的保密本。这些资料在之前的很多年里都保存在专门的保密柜里，直到近几年才解密。打开一本本泛黄的保密本，工整的字迹、细致的草图还有严密的推导公式都清晰可见，详细记录了每位成员的研究历程。

阚永魁在进行研究的同时还承担了"0304"项目的资料管理和保密工作。"每个人来了以后的第一件事情，就是接受保密教育，同时领取一本保密本，所有与'0304'相关的事情都得写在这个保密本上，并且只能在实验室内记录，不能带去别处，每天离开实验室时要交给我保管。"阚永魁回忆道。由于项目的高度保密性，从事的工作内容不能与他人述说，包括亲属；相关的研究成果不能公开发表，只能在规定的场合进行交流。

"那时所有的爆炸设备包括雷管、导爆索也都由我保管。爆炸器材放在一个专门的房间里，我在那里装了一个传感器，连着我住的房间。门只要一开，我房间里铃就响。有一次铃突然响了，吓得我赶紧去看，谁知道是大风刮的，算是虚惊一场。"一幕幕往事重新浮现在阚永魁的眼前。

这项在常人看来无利可图的艰巨任务，"0304"项目组的成员们却甘愿倾注毕生的心血去完成。从事这项科研工作意味着不能计较个人得失，而项目组的所有成员没有因此而退却或懈怠。"当时一听到这个工作后，大家憋着一口气，想着一定要为这个项目作贡献。虽然没有名也没有利，但是我们都齐心协力地拼命干活。那时候没有白天黑夜，很多人就住在学校或者实验室里，可以说是玩命地干，否则达不到这么快的研究进度。"朱金铨说。"0304"项目即使在"文革"期间也几乎没有中断。"那个年代人们思想淳朴，没有那么复杂，不会去考虑科研以外的东西，除了做出成果其他什么也不图。"来晋炎说。

"不积跬步，无以至千里"，"0304"项目组成员一步一步向前摸索，没有可供参考的研究范例，也没有现成的设备仪器，一切从零起步，自力更生，终于开拓出一片崭新的广阔天地。而想要顺利完成这项难度极大的科研任务，没有广泛而坚实的合作是难以想象的。在军队和学校的支持下，他们在国内与各兵种的科研设计单位开展协作，在校内各相关院系整合调动优势资源进行合作，在土木系内各个教研组密切配合，每个人充分发挥各自专长，互通有无，给予彼此最大的支持。"重活累活大家抢着干，从来没有听说有人叫过苦、喊过累。有时为了完成任务，需要通宵达旦地干，即使废寝忘食也斗志昂扬。"阚永魁说。

50多年过去，年近九旬的老教师回忆起那段拼命科研的时光，仍然热血沸腾，激动得像个孩子。因为那是他们奉献给"0304"项目的无悔青春，那是他们自力更生、团结协作、不计名利的伟大征程，那是他们铸国之坚盾、育国之栋梁的峥嵘岁月……

光阴荏苒，那个凝聚"0304"项目全体人员心血的6号实验室（地上部分）现已不复存在。保留下的6号实验室地下室和暂存于附近的"大象"模爆器等当年的设备，仿佛时刻提醒着人们，那段尘封的历史尚未走远，祖国核防护工程里镌刻下的清华印记永远不会磨灭，而近20个春秋里烙印下的"0304"精神也将一直熠熠生辉……

清华简整理出版十周年

供稿 | 出土文献中心

图片 | 赵存存

"古来新学问起，大都由于新发见。"清华国学院四大导师之一的王国维先生在 1925 年《最近二三十年中国新发见之学问》演讲中如是说。

中国学术史上，每一次出土文献的重大发现都极大地影响了学术的发展：西汉景帝末年的孔壁中经、西晋汲县所出竹书引发的热点至今仍为学者所讨论。20 世纪以来，甲骨文与敦煌文献更是震惊世界的重大发现。2008 年，清华大学入藏了一批战国竹简，数量巨大、内容丰富，足以媲美孔壁、汲冢。清华简入藏伊始，北京大学李伯谦先生、复旦大学裘锡圭先生以及来自吉林大学、武汉大学、中山大学、香港中文大学和国家文物局、中国文化遗产研究院、上海博物馆、荆州博物馆等单位的 11 位相关领域专家对这批竹简作了全面鉴定，专家组出具的《清华大学所藏竹简鉴定会鉴定意见》指出："这批战国竹简是十分珍贵的历史文物，涉及中国传统文化的核心内容，是前所罕见的重大发现，必将受到国内外学者重视，对历史学、考古学、古文字学、文献学等许多学科将会产生广泛深远的影响。"

2008 年 7 月至 10 月，李均明、赵桂芳带领文保专家进行了三个月抢救性保护工作，清华简整理与研究工作也随之启动。2010 年 1 月 22 日，清华大学与刚刚成立的中西书局举行出版签约仪式，将清华简整理报告交由该社出版。这是清华简与中西书局第一次在世人面前"亮相"。

清华简整理报告始终坚持提供给读者竹简的原大正、反面图版和正面放大图版，充分展示了每一枚竹简的正、背面信息，为后来战国竹书简背划线、收卷方式等形制信息的研究奠定了坚实的基础。

在清华简整理出版的这十年中，一年一册的清华简报告，整理、研究、出版的质量与效率前所未有，使清华简广为世人所知，更得到学界的高度认可。同孔壁中经、汲冢竹书一样，清华简意蕴深远，内容繁难，整理报告只是对清华简研究的开端和基础，它为学界提供了大量学术增长点，引领、推动起清华大学基础文科的发展，也带动着古文字学、古典学、历史学、考古学的进步。

2011 年 12 月 19 日，《清华大学藏战国竹简（贰）》新闻发布暨学术座谈会召开，刊布目前所见保存最早的史书《系年》；2013 年 1 月 7 日，《清华大学藏战国竹简（叁）》新闻发布暨学术座谈会召开，刊布《说命》等书类文献与《周公之琴舞》《芮良夫毖》等诗类文献；2014 年 1 月 7 日，《清华大学藏战国竹简（肆）》成果发布会召开，刊布《筮法》《算表》等数术文献，特别是《算表》得到了吉尼斯世界纪录认定；2015 年 4 月 9 日，《清华大学藏战国竹简（伍）》成果发布，刊布《厚父》《封许之命》《命训》等《尚书》《逸周书》类文献；2016 年 4 月 19 日，《清华大学藏战国竹简（陆）》成果发布会召开，发布《子产》《郑文公问太伯》等史籍，填补了史书空白；2017 年 4 月 23 日，《清华大学藏战国竹简（柒）》成果发布会召开，刊布《郑武夫人规孺子》《子仪》等史籍，为郑国历史研究提供了新的材料；2018 年 11 月 17 日，《清华大学藏战国竹简（捌）》成果发布，刊布《摄命》等书类文献，同时举办纪念清华简入藏暨清华大学出土文献研究与保护中心成立 10 周年国际学术研讨会；2019 年 11 月 22 日，《清华大学藏战国竹简（玖）》成果发布，发布《成人》等书类文献，进一步扩展了研究深度；2020 年 11 月 20 日，《清华大学藏战国竹简（拾）》成果发布会召开，刊布《四告》等书类文献，与《四时》《司岁》等数术类文献，此次发布会与清华大学研发的"学堂在线"合作，第一次开启发布会全球直播。

清华简的整理成果也不断得到学术界与相关部门的嘉奖肯定。2015 年，清华简整理报告《清华大学藏战国竹简（壹一肆）》荣获教育部第七届高等学校科学研究优秀成果奖（人文社会科学）一等奖，该奖项是目前我国高校哲学社会科学领域最高级别的政府奖项。2018 年 12 月，清华简整理报告《清华大学藏战国竹简（壹一柒）》荣获第五届郭沫若中国历史学奖唯一一个一等奖。2013 年、2016 年、2020 年，国务院正式公布第四批、第五批、第六批《国家珍贵古籍名录》，清华大学藏战国竹简《尹至》等 42 篇文献入选。

2019 年 2 月 24 日，敬爱的李学勤先生离世，这是中国历史学界、出土文献学界的重大损失，也是清华大学的重大遗憾。而同时，清华简的整理进程才刚过半，如李学勤先生所说，中心团队本着"先易后难"的顺序释读清华简，剩下的都是硬骨头。清华简能不能按照进度如期出版，能不能保持与前几册同样的高质量、高规格、高标准，这是中心、清华大学面临的挑战。

2020 年上半年新冠肺炎疫情在全国肆虐，严重影响了相关工作的正常开展，无疑给第十辑的整理和出版增加了难度。但在学校持续的殷切关心和大力支持下，出土文献研究与保护中心主任黄德宽教授带领整理团队夜以继日地辛勤努力，加上中西书局的出色工作，最终克服时艰，使清华简第十辑得以如期呈现。

在《清华大学藏战国竹简（拾）》成果发布会上，黄德宽表示，清华简已进入攻坚阶段，整理团队将再接再厉，攻坚克难，在保证质量的前提下高效地完成清华简的整理出版，早日将这批重要材料向社会与学界公布。未来出土文献中心还将开展清华简今译普及与外译推广的工作，让清华简在弘扬中国传统文化、树立社会主义核心价值观方面发挥更大的作用。正如 2017 年 3 月 30 日，在清华大学文科工作会议上，邱勇校长引用清华校友许国璋先生 1988 年的一段话所说："愿曾经是王国维、梁启超、陈寅恪、赵元任、金岳霖、朱自清、闻一多诸先生治学论道的地方看到文科的复兴。"

21 世纪以来，清华大学将文科振兴作为建设世界一流大学的重要组成部分，全面推行了文科建设"双高"计划，全力朝着"更创新、更国际、更人文"的目标奋力迈进。

巨灾科学中心：探索巨灾防控的无限可能

文字｜郭艺博
图片｜任帅

　　地动山摇，断壁残垣，地震势不可当，带来满目疮痍；暴雨如注，波涛奔涌，洪灾呼啸着席卷天地；烈火焚天，黑烟滚滚，冲天大火吞噬万物。自然灾害像一颗不定时炸弹，在人类文明的发展中埋下隐患。如果能够建成可以模拟多种巨大灾害耦合情况的实验装置，就可以对灾害进行监测和预警，促进应对和防控，进而提高我国的安全保障能力。

　　清华大学合肥公共安全研究院（以下简称"清华合肥院"）就专注于巨灾耦合模拟重大基础设施的建设。日前，清华合肥院举行了合肥综合性国家科学中心重大平台——巨灾科学中心、国家级博士后科研工作站揭牌仪式。借助这一平台，清华合肥院开始分期建设世界一流、亚洲最大的公共安全科研基础设施。

　　清华合肥院科学研究部主任付明研究员指出："中国的自然灾害频发，因此，党和政府非常重视公共灾害的机理研究、监测预报和应对防控。这需要我们提高对灾害的认知，形成科学的理论和方法。而开展巨灾研究，需要关键设施的支持。"

　　世界多个国家都进行了建设巨灾实验设施的尝试，如美国成立"飓风研究中心"，日本建设"地震模拟实验设施"，我国同样建设了模拟台风、地震、火灾等单一灾害的实验设施。总体来看，我国需要补齐模拟灾害种类的耦合性不足的短板。因此，建造大型的、耦合的巨灾模拟实验设施，成为我国的迫切需求。

　　面向这一国家公共安全的重大需求，巨灾科学中心瞄准国际公共安全科技前沿，深度整合校地资源，构建基础研究、技术创新、成果转化和产业培育体系，致力于打造国际一流、产学研用深度融合的科技创新基地和产业培育基地。

　　清华合肥院作为清华大学的派出研究院，服务于清华大学一流安全学科建设。建设巨灾科学中心，可以充分整合校地资源，发挥校地的优势，形成合力。

　　"一方面，服务好清华大学的安全学科建设，建设好基地和平台，实现更多清华大学公共安全基础研究的对接；另一方面，服务好安徽省安全产业集聚和城市安全发展的需要，以促进政策保障、资金支持和场景应用的有机结合。总体来看，巨灾科学中心的建设也有助于国家公共安全人才和团队的培养和集聚，高层次人才队伍的集聚又促进了学校的学科建设，并服务于科研成果的持续创新和深入应用。"付明总结说。

　　据付明介绍，巨灾科学中心的建设主要分三期推进实施。一期主要实现大型灾害耦合场景模拟，建成多灾耦合实验平台、人员安全与行为实验平台、水环境实验平台等科研设施。其中，多灾耦合实验平台是目前亚洲规模最大、灾害模拟种类最多的灾害实验装置，可模拟实现台风、暴雨、暴雪、高温高湿、冰冻和强日照等多种极端灾害环境及其耦合作用的综合环境；二期重点对大型灾害进行监测和预警，认识巨灾的演化规律和影响，建设监测和预报系统；三期将重点实现巨灾的主动应对和科学防控。

　　"我们团队用了3年多的时间，才做好巨灾耦合模拟装置的综合设计。"付明回忆起巨灾中心建设中遇到的困难和挑战时说，"巨灾耦合模拟装置的设计有一定难度，我们团队多次前往美国、日本等国家调研学习，结合我国的气象灾害特点，制定出切实可行的设计方案。"同时，付明还提到，装置的搭建需要各单位协同配合，共同完成这项系统性工程，因此，组织管理方面也有一定的挑战。

　　巨灾科学中心通过逐步克服困难，着力建设具备世界领先水平的科研设施，同时根据实际场景进行实验研究和科技攻关，实现技术创新和工程应用的结合，面向全国和世界十余个国家进行成果推广。

在我国应对巨大自然灾害的能力日益增强的今天，巨灾中心的建设大有用武之地：提高国家和城市的安全保障能力；促进安全产业的跨越式发展，使我国逐渐具备应对复杂灾害的高端装备和系统；深化国际合作，发出中国声音。

"现在我国能参加国际公共安全的标准制定，参加技术装备的检测和认证工作，与多个国际组织进行合作、共同探讨这一关切人类命运的议题，实现技术装备的国际输出。"付明强调。

以不断精进的实验设备，模拟巨大灾害的耦合。实验仪器的运作中，涌动着科学的人文关怀；巨灾科学中心的建设，则深度关切着人类命运的重大议题。

国家社科基金重大项目系列报道
——互联网交易制度与民事权利保护研究

文字｜王蕴霏
图片｜任帅

当今世界，新一轮的科技革命与产业变革席卷全球，数据价值化已成为一股不可逆转的趋势。数字经济时代加速到来之际，社会、法律、伦理等多层面的深入探讨无疑有助于我们抵抗变革中的冲突与失范。

根据《中国电子商务报告2019》中披露的数据，中国网民规模已超9亿人，互联网普及率达64.5%，全国电子商务交易额达34.81万亿，电子商务从业人员达5125.65万人，总体上看，我国的电子商务市场规模已经处于全球领先位置。然而，与互联网、电子商务快速发展相比，相关立法总体上则较为滞后，规范制度供给不足。清华大学法学院教授王洪亮的项目"互联网交易制度与民事权利保护研究"正是出于弥补这种立法滞后性的需要，具有重要的现实意义。

我国目前拥有世界最大的电子商务市场，此次新冠肺炎疫情也间接导致了电子商务的增长，许多传统交易由线下转移到了线上。新的交易模式呼唤新的交易规则，电子合同作为交易方式之一，其重要性愈发突出。《中华人民共和国民法典》也专门针对电子合同作了初步的规定，但是与传统的线下交易形式相比，电子合同这种线上的交易形式包含诸多层面的新问题，如何针对网络交易体系化地构建交易规则与制度，是值得研究与深思的。

"网络平台，特别是电子商务平台，在经历了'野蛮生长'的历史发展机遇后已经不再是纯粹的私法上的主体，出现了异化。"王洪亮认为，当下的网络平台不光是网络交易这一法律关系中的交易当事人而已，同时还扮演着其他的角色。作为生产组织者的网络平台利用自身高效的数据采集、传输和处理系统，组织了交易的各方，引导店铺与消费者的整个交易，某些大型电商平台正在扮演这个至关重要的组织者角色；同时，网络平台还是生产要素的掌控者，网络平台掌握着海量的具有价值的数据，数据越多就越容易形成垄断，正所谓"得数据者得天下"。平台的角色转型警醒着我们，不能再以纯粹的私法主体去看待网络平台了，它们已经不是纯粹的私法人，而是已经异化为具有公共性社会性的主体。

互联网背景下的民事权利保护，也是王洪亮课题组关注的重点。《中华人民共和国民法典》第111条明确将自然人的个人信息作为合法的民事权益并加以保护。个人信息作为自然人的合法民事权益，已经具有越来越重要的地位。"我们能看到，并且可能也亲身体会过，目前个人信息的泄露、滥用等问题十分严重。由此进一步催生出的电信诈骗等犯罪活动，对公民、社会乃至国家造成巨大的侵害。"此外，由于个人信息和隐私权之间存在诸多相似之处，个人信息的泄露与滥用还可能会侵害到自然人的隐私权。

上述互联网交易新样态的三个特征，正是王洪亮课题组的三条主线的现实基础。围绕"实现互联网交易的法治化，促进互联网交易的秩序构建与合理有序的发展"，课题将从互联网交易的交易规则研究、网络平台治理、互联网背景下的民事权利保护论三个方面出发，达到理论创新、实践应用，以及服务决策的目标预期。

"以电子商务、网络交易为研究对象的课题，意味着它已经不是我们传统法学学科细分之下的民商法、经济法、行政法、国际法等某一个单一学科的问题，它带有综合性，需要各个学科领域的专家学者一起努力，贡献自己的智慧和力量。"王洪亮与理论界专家学者、业界实务专家的合作，既是出于对社会现实的深入观察，更出于对电子商务领域重要性的共同认识。来自清华大学、中国政法大学、华东师范大学三所高校不同学术背景的学者们志同道合，课题组搭建能够顺畅交流的平台，真正实现"在同一频道中对话"，这正是破除"学科壁垒"的关键。

课题组成员研究领域和研究背景的差异为此项研究提供了多个研究视角与研究方法，并且提供一种全局式、体系化的思考模式。研究团队将围绕"网络交易规则体系研究、网络平台的法律属性及其治理、互联网民事权利保护、数据的权利体系与利用机制、跨境电子商务与数据流动中的法律问题"五个子课题展开研究，打破国内法研究与国际法研究"各自为政"的传统局面，开创性地从国内法与国际法两个维度展开综合研究。前四个子课题侧重国内法研究，最后一个子课题侧重国际法研究，这将有助于构架我国在整个世界互联网经济中的桥梁，提升我国在整个世界互联网交易领域的影响力与话语权。对于法学之外的学科知识，如人工智能、计算机等课题研究也会有所涉及，引入交叉学科的相关研究成果，将是此次研究的一大亮点。

在王洪亮看来："未来的数字经济新业态，可能是一种共享经济，以流通、共享、社会性作为底层逻辑，这和我们传统的建立在个人性私权基础上的经济形态是有重大的革命性变化的。我们每个人的生活都将深深地嵌入这种经济新业态之中。在法律制度层面，我们也必须转变传统的底层逻辑，在新的底层逻辑之下，构建互联网领域的相关法律制度。"

法学研究更多是基于技术水平的提升、社会形态变革的修正与重构，在现实变迁的基础上及时跟进理论框架的迭代更新，帮助社会适应新时代与新样态，更加从容地面对可能的未来，正是法学领域学者们抽丝剥茧、探寻理论真相的意义所在。

面向时代要求实现理论创新、指导法律实践、服务社会决策，我们，依旧在路上。

清华工物系在新型加速器光源"稳态微聚束"研究中取得重大进展

文字 ∣ 温兴煜
图片 ∣ 任左莉
素材提供 ∣ 工物系

2月25日，清华大学工程物理系教授唐传祥研究组与来自亥姆霍兹柏林材料与能源研究中心（HZB）以及德国联邦物理技术研究院（PTB）的合作团队，在顶尖期刊《自然》（*Nature*）上发表了题为《稳态微聚束原理的实验演示》（Experimental demonstration of the mechanism of steady-state microbunching）的研究论文，报告了一种新型粒子加速器光源"稳态微聚束"（Steady-state microbunching，SSMB）的首个原理验证实验。

基于 SSMB 原理，能获得高功率、高重频、窄带宽的相干辐射，波长可覆盖从太赫兹到极紫外（EUV）波段，有望为光子科学研究提供广阔的新机遇。《自然》同期新闻评论文章写道："该实验展示了如何结合现有两类主要加速器光源——同步辐射光源及自由电子激光的特性。SSMB 光源未来有望应用于 EUV 光刻和角分辨光电子能谱学等领域。"该论文一经刊发，立即引起国内外学术界及产业界的高度关注。

实验中，研究团队利用波长 1064 纳米的激光操控柏林 MLS 储存环内的电子束，使电子束绕环一整圈（周长 48 米）后形成精细的微结构，也即微聚束。微聚束会在激光波长及其高次谐波上辐射出高强度的窄带宽相干光，实验通过探测该辐射验证微聚束的形成。微聚束的形成，证明了电子的光学相位能以短于激光波长的精度逐圈关联，使得电子可被稳态地束缚在激光形成的光学势阱中，验证了 SSMB 的工作机理。

有望为 EUV 光刻光源提供新技术路线

"SSMB 光源的潜在应用之一是作为未来 EUV 光刻机的光源，这是国际社会高度关注清华大学 SSMB 研究的重要原因。"唐传祥告诉记者。

光刻是集成电路芯片制造中复杂和关键的工艺步骤，光刻机是芯片产业链中必不可少的精密设备。光刻机的曝光分辨率与光源波长直接相关，半个多世纪以来，光刻机光源的波长不断缩小，芯片工业界公认的新一代主流光刻技术是采用波长为 13.5 纳米光源的极紫外（EUV）光刻。EUV 光刻机工作相当于用波长只有头发直径万分之一的极紫外光，在晶圆上"雕刻"电路，最后将让指甲盖大小的芯片包含上百亿个晶体管，这种设备工艺展现了人类科技发展的顶级水平。荷兰 ASML 公司是目前世界上唯一的 EUV 光刻机供应商，最新型 NXE：3400C 单台售价大于 1.5 亿欧元。

而大功率的 EUV 光源是 EUV 光刻机的核心基础。

大功率 EUV 光源的突破对于 EUV 光刻进一步的应用和发展至关重要。唐传祥表示，"基于 SSMB 的 EUV 光源有望实现大的平均功率，并具备向更短波长扩展的潜力，为大功率 EUV 光源的突破提供全新的解决思路"。这需要 SSMB EUV 光源的持续科技攻关，也需要上下游产业链的配合，才能获得真正成功。

攻关正当其时　彰显国际合作格局

清华大学 SSMB 团队从 2017 年 4 月开始 SSMB 原理验证实验的理论分析和数值模拟。当年 7 月 21 日，唐传祥与赵午在清华组织召开首届 SSMB 合作会议，牵头成立了国际 SSMB 研究组，联合中、德、美等国家的科研人员，开始推动包括 SSMB 原理验证实验在内的各项研究。经过四年攻关，SSMB 研究组取得了多项重要进展，成果领先世界。

SSMB 采用激光来对电子进行聚束，相比同步辐射光源常用的微波，聚束系统的波长缩短了 5~6 个数量级。因此，要验证 SSMB 的原理，需要加速器对电子纵向位置（相位）逐圈变化有非常高的控制精度，而德国 PTB 的 MLS 储存环在这一方面最接近 SSMB 的实验需求。

从 2017 年始，清华团队成员先后八次前往柏林，参与从实验准备到操作的各个环节，经过长时间的努力，实验于 2019 年 8 月 18 日取得成功。

"SSMB 涉及的物理效应多，实验难度大，团队经历了多次失败的尝试，在实验过程中不断加深对物理问题和实际加速器运行的认识，直到最后将问题一一解决。无法进行现场实验的时候，我们也没有停止工作，会就之前采集的实验数据进行理论分析，定期召开工作会议，以及进行邮件或在线讨论等。"全程参与赴德实验的清华大学工物系 2015 级博士生邓秀杰说，"此外，SSMB 实验团队是一个国际合作团队，从开始的磨合到逐渐熟悉理解，再到渐入佳境，整个团队一致认为我们真正实现了'1+1 大于 2'，大家对未来进一步的合作都充满了信心。"

目前，清华大学正积极支持和推动 SSMB EUV 光源在国家层面的立项工作。清华 SSMB 研究组已向国家发改委提交"稳态微聚束极紫外光源研究装置"的项目建议书，申报列为"十四五"国家重大科技基础设施。

清华大学工物系唐传祥教授和 HZB 的 Jörg Feikes 博士为本文通讯作者，清华大学工物系 2015 级博士生邓秀杰为第一作者。该研究得到了清华大学自主科研专项的支持。

中华民族共同体的文化构建

国家社科基金重大项目系列报道
——中华民族共同体的文化构建研究

文字丨王蕴霏
图片丨赵存存

2013年10月习近平总书记在给中央民族大学附中师生的回信中，强调我国是一个统一的多民族国家，各民族同呼吸、共命运、心连心的奋斗历程是中华民族强大凝聚力和非凡创造力的重要源泉。2019年9月，在全国民族团结进步表彰大会上，习近平总书记再次强调要"不断增进各族群众对伟大祖国、中华民族、中华文化、中国共产党、中国特色社会主义的认同"。这些重要论述不仅体现了党对我国民族问题发展规律认识的不断深化，也为做深做实铸牢中华民族共同体意识工作指明了方向。可以说，认同是团结的根基，没有认同，团结就是无本之木。

在马克思主义学院的邹广文教授看来，"五个认同"中，文化认同又居于基础性地位，是民族团结与和睦的魂之所在、源之所起。一方面，在全球化背景下，如何准确把握中华民族共同体的文化认同逻辑是中华民族共同体文化构建的核心问题；同时，中华民族共同体也是国家治理现代化的核心问题之一，是我国实现民族伟大复兴进程中的关键问题。而这一点也是邹广文从事"中华民族共同体的文化构建研究"项目研究的核心价值诉求。

经过多年的观察与研究，邹广文认为，改革开放后所带来的全球化文化冲击使一部分人由过去的"妄自尊大"转向了"妄自菲薄"，"国外月亮比国内圆"现象仍时有所见，民族文化的价值诉求则被弱化了。与此同时，中国经济的迅速发展也极大增强了国民的民族自信心和自豪感，在世界舞台中国的文化形象也越来越引起世界的关注。如何增强文化自信、葆有平常心来致力于中华民族文化的未来发展，就成为一个重要的理论与实践课题。

全球化时代，对国外文化的吸收和接纳并不意味着要弱化本国文化，而是要在人类命运共同体的大背景下看到中华民族优秀文化的独特性，并因这份独特而更加珍惜我们的文化。"不卑不亢，以平常心看世界，既展示了自身魅力，又能不带有色眼镜地看待外国文化。"邹广文强调，"文化自信就是'上善若水，宠辱不惊'，时代在进步，中华文化要在与世界文化的交流中找准定位。"

从理论层面看，习近平总书记提出"中华民族共同体"理论赋予了马克思的共同体思想以更深层、更广阔的内涵；从现实社会实践层面看，如果没有民族国家为依托，共同体理念则难以实现。我国作为多民族国家必须超越各民族的范畴，构筑成一个基于文化认同的坚实"共同体"，才能展现出各民族命运与共的应然联系，形成走向总体民族复兴的强大合力，这不仅是中华民族发展的内在要求，也折射出"民族—国家"发展的大趋势。

基于对文化共同体构建的认识与期待，"中华民族共同体的文化构建研究"课题组将以五个子课题展开具体研究，即中华民族共同体生成发展的文化进路、中华民族共同体文化认同的逻辑理路、经济全球化环境下中华民族共同体文化构建面临的机遇与挑战、中华民族共同体文化构建所蕴含的重大实践关系、中华民族共同体文化构建的路径选择。课题构造了一条从现实描述到理论概括，从理论溯源到实践分析，从抽象原理探寻到具体路径设计的研究路径。

该课题的研究方法，可以概括为"四种讲法"的综合应用。即对于中央文件中已有定论、学术界已有共识、人民群众没有争议的问题和观点，课题主要是"照着讲"——"中华民族共同体"命题的提出是要克服解决国家发展、民族复兴所遭遇的实际问题，课题组的研究便也须立足于同样的目标，原原本本不走样地贯彻党中央传达的精神；对于那些中央文件中虽有提及但没有论证、学术界存在争议、人民群众存在疑惑的问题和观点，课题组将"接着讲"——过去对于"中华民族共同体"的研究多从民族学、人类学的角度展开，此次研究则侧重于在社会学和哲学层面凸显中华民族共同体的文化内涵，在已有观点的基础上进一步深化研究；对于那些在理论上错误、在现实中有害、却在社会舆论上很有市场的问题和观点，课题要做的则是"对着讲"——借鉴哲学家黑格尔的正反合理论，对国内外一些重大事件进行对比研究，对照世界范围内民族认同缺失所带来的一系列负面社会影响，进行认真严肃的剖析和批判；对于那些具有重大的理论和现实意义但却被甚少提及的问题，课题将进行"自己讲"——主动迎难而上，提出自己观点，自成一家之言，力求在理论上有所创新。

基于已有研究成果和几十年来对于中国社会的深入观察，邹广文认为，在新的时代特点之下，文化共同体的构建要同时兼顾理论深度和现实关照。在理论可行性层面，课题组将从蕴含于传统文化中的关于中华民族共同体历史渊源、马克思共同体思想的理论基础、中华民族共同体生成演化的文化逻辑三个方面梳理中华民族共同体思想的文化发展进路；从文化认同在"五个认同"中的基础性地位、共同体对成员文化身份的价值确认、对成员文化交往的深度弘扬三个方面梳理中华民族共同体文化认同的逻辑理路。此外，课题组还将在分析时代境遇基础上，阐明中华民族共同体文化建构与民族文化自信的互依关系、与国家治理现代化的互构关系、与人类命运共同体的互塑关系，使中华民族共同体文化构建实现理论与实践的双路并进。

"中华民族的文化共同体构建问题，既是学理问题，更是中国融入世界所面临的时代问题。"在"冲突与整合并存"的全球化时代中寻找中华民族自发的、积极的文化认同，是课题组的初心所在，也是一代学人的共同使命，更是我们所有中华儿女不懈追寻的价值诉求。

清华映像
Tsinghua Spotlights

国家社科基金重大项目系列报道
——百年变局下的全球治理与"一带一路"关系研究

文字 | 杨晨晞
图片 | 田蕾

2020 年新冠肺炎疫情在全球肆虐，世界经济遭受第二次世界大战结束以来最严重的经济衰退。而在此背景下，"'一带一路'重点项目无一例因新冠疫情停工。"国务院国有资产监督管理委员会秘书长、新闻发言人彭华岗在 1 月 19 日举行的央企经济运行情况新闻发布会上说，"600 多个项目顺利完工，多项重要节点工程开工或者竣工……一批标志性项目促进了'一带一路'的建设。"

2013 年习近平总书记提出"一带一路"倡议，历经 7 年，在与"一带一路"参与国的携手努力下，该倡议已经成为世界全球治理体系的重要公共产品，也为参与各国带来了实实在在的好处。"一带一路"的建设不仅没有受到新冠肺炎疫情的影响，反而对全球抗疫及经济复苏发挥了重要的作用。

2020 年 9 月，由清华大学社会科学学院国际关系学系教授史志钦团队提出论证并组织申报的"百年变局下的全球治理与'一带一路'关系研究"课题获得 2020 年度国家社科基金重大项目立项。

百年变局：抓住机遇，迎接挑战

该课题以百年未有之大变局作为背景，通过对"一带一路"7 年来的成果进行总结，论证"一带一路"与全球治理的关系。课题从"一带一路"作为全球治理的新思路、新方案及新实践三个层面进行总结，对"一带一路"以及全球治理未来的发展进行了学理的解释。课题在对百年未有之大变局进行动态观察的基础上提出，全球治理是新时代中国特色社会主义理论体系的重要内容，会着重对自主发展权、全球治理与中国国内治理的关系等一系列新问题进行研究。

"百年变局"是习近平总书记对现阶段世界局势的精确判断，也是对国际形势未来发展的准确预测。"造成现阶段的百年变局中最大的变量是中国。"史志钦说，"百年未有之大变局对中国既是挑战也是机遇，挑战与机遇能够相互转化，机遇大于挑战。"

正是由于以中国为代表的发展中国家阵营与发达国家对全球发展的贡献值逐渐平衡，全球治理体系中的不平等现象频发，现有的全球治理体系并不能够真实反映现有的全球局势，全球治理改革迫在眉睫。和平和发展还是当今世界的主题，但是部分发达国家对发展中国家的歧视和偏见使得全球治理改革举步维艰。同时，由经济全球化所衍生出的不公平问题导致逆全球化现象的出现，即四大赤字——治理赤字、信任赤字、和平赤字、发展赤字。

"一带一路"战略研究院：助推课题确立与发展

"一带一路"倡议是中国立足百年未有之大变局下，对世界发展提供怎样的贡献以及世界未来应该怎样发展进行思考后提出的重要方略，具体来说也是对全球发展的四大赤字所做出的应对方案。中国期望通过该倡议建立平台，将自身的发展与世界的发展进行更好的链接，为世界的发展提供新动力。

经过 7 年的不懈努力，"一带一路"倡议通过实践证明自身的发展符合全球治理的革新方向，是全球治理的新思路、新方案以及新实践。百年未有之大变局是中国通过"一带一路"参与全球治理实践的重要变量。新冠肺炎疫情加速了百年大变局的进程，全球治理又增加许多新的变化与挑战，"一带一路"与全球治理的结合显得更加重要。

多元合作：以学术研究推动理论和实践

习近平总书记曾表示，"一带一路"研究是落后于"一带一路"实践的。目前关于"一带一路"的研究虽多，但是整体研究相对薄弱。关于全球治理的研究中，发展中国家如何参与全球治理的研究也一直较为缺乏。事实上，中国通过"一带一路"已经为全球发展提供了重大的助力，这是一个没有争议的事实，现在需要学者对这个问题的学理性背景进行进一步的研究。

"虽然是国际关系学科领域的研究，但仅靠一个人、一个学科的力量是不行的。"史志钦说，"因为这一话题本身就涉及政治、经济、文化、贸易、金融等各个方面。"为此，该项目的研究团队不仅包括清华大学的何茂春教授、唐晓阳副教授、张传杰副教授、陈冲助理教授等，更有湖南大学、北京师范大学、厦门理工大学、上海政法学院等高校来自不同领域的学者，以及一批核心的青年研究人员参与。同时还有兰州大学原副校长杨恕教授及中国社科院经济研究所原所长裴长洪教授作为资深顾问专家。

该项目将持续开展数年，预期将以专著、文集、政策报告和期刊文章的形式形成多方面成果。希望能对"一带一路"的学理化研究提供有益尝试，对全球治理中的发展中国家全球治理理念提供助力，并为学界未来对"一带一路"的研究提供一定程度的范本。

"写作与沟通"课程：春风化雨　立德树人

文字｜曹旺祺　詹萌
图片｜曾仪

"师者，传道授业解惑也。"写作，是一门终身学习、终身受益的学问；沟通，是一种面向世界、连接心灵的技巧。而清华大学开设的"写作与沟通"（简称"写作课"）这门课程，则更是在传写作之"道"、授沟通之"业"的同时，塑造着清华学子的人格，指引着他们人生的方向。

正如清华大学副校长彭刚所言：写作课是一门"让学生开眼的通识课"。2018年起，清华面向大一新生开设写作课。至今，写作课组建了由专职教师25人和来自8个不同院系17位校内教师构成的豪华团队，招聘专职老师要从1000多位高水平申请人优中选优，前前后后经历6轮教学能力和写作能力的考核。2021年春季学期，写作中心25名专职教师和8名院系教师开设了43个不同主题的108个小班课堂，预计首次实现大一新生"全覆盖"目标。

写作与沟通教学中心主任、公共管理学院华宇冠名副教授梅赐琪曾深有感触地说："开设'写作与沟通'，目的还不止于能力的培养，更看重的是全人的塑造，让学生在'顶天立地'的同时，还能够回到人与人之间。"这门新生必修课的根本目的，不仅仅是教授写作，更是要培养学生的逻辑思维和真正的批判性思维，通过写作塑造"人"的价值。

"这门课程所教给我们的远不止是写作技巧，还改变了我的思考方式、观察方式，让我能够学会用心领悟不同文本的风格特质。"一位新闻学院的学生有这样的课后体会，也在一定程度上印证了写作课的培养理念与初衷。

而写作课教学方式的设计和内容的安排，则在传授相关写作沟通知识的基础上，切实有效地提升了学生的写作和沟通能力。写作课采取"深度浸润、朋辈激励"的学习模式：写作课学生每学期均要完成一篇3000字左右的短文和一篇不少于5000字的长文。教师在对文章进行批改后，还会在每次约30分钟的面批中跟学生进行一对一的深入交流，从而实现对于"写作过程"而不仅仅是"写作文本"的指导。

"我告诉我的学生们，我会是他们最忠实的读者。"写作与沟通中心的专职教师贺曦鸣说。充分尊重每一位学生的兴趣和个性，尽全力帮助他们在原有的写作水平上获得进步，是每一位写作课老师的目标所在。

开设"消费"为主题的写作课程至今，清华学子们的学习热情和刻苦钻研、孜孜不倦的精神，都让贺曦鸣印象深刻。疫情期间，师生们在"云端"的守望相助更是令她感动不已。

疫情期间，写作中心多位教师精心打造出与线上教学相适应的朋辈学习平台"写作云工坊"。由写作中心老师与上过这门课的同学一起，以线上、文字、影音等形式分享经验，经过不断的创新与融合，现在"云工坊"已经成为新的常态。2020年年初，已经结课的学生在疫情期间给贺曦鸣发来信息，主动表示要为这学期的线上写作课提供力所能及的帮助。而如今，这名学生已经成为一名写作云工坊的优秀志愿者，数次分享自己的写作经验，薪火相传。

在总结自己线上授课的感受时，写作中心开设"健康"主题的苏婧老师说道："学生们也是老师不断改进教学的动力。要绞尽脑汁让线上教学穿越技术的屏障，到达学生的心田。"诚然，疫情以来，写作课面临着重重前所未见的挑战。距离、时间、物质条件等使得这门高度互动的课堂受到很大影响，学生与老师很难一对一当面交流。但是，为了保证环境各异的学生平等参与学习，写作中心的老师们同舟共济、共克时艰，经过多次讨论和亲身演练，制订新学期的写作与沟通培养方案，实现了教学方法上的创新，保质保量地完成了教学任务。

"教书育人是我们不可推卸的责任，不能辜负每一个来选课的同学。"这一份写作中心老师们沉甸甸的集体承诺，背后是辛勤的付出，展现了清华人在困难面前始终如一的坚守与担当。

1944 年，梁思成在清华大学作了题为《半个人时代》的演讲，指出有人文没有技术的"边缘人"或有技术没有人文的"空心人"都是残缺的人。作为一门定位偏向于逻辑性或说理性的非文学写作课程，写作课的核心从一开始就将思维与表达紧密结合在一起，将人文和技术紧密结合在一起，春风化雨，立德树人，致力于将每一位清华人都塑造成完整的、大写的人。

国家社科基金重大项目系列报道
——新时期我国科技创新治理体系现代化研究

文字丨曹旺祺
图片丨刘雨田

2020 年年底，国家社科基金公布了年度重大项目资助评选结果。其中，清华大学社科学院吴金希教授及其团队选题"新时期我国科技创新治理体系现代化研究"获得重大项目立项，是清华六个获批立项项目之一。

2020 年 10 月，党的十九届五中全会吹响了我国从创新大国到创新强国转变的号角，中央对创新问题的重视达到了前所未有的高度，提出"坚持创新在我国现代化建设全局中的核心地位，把科技自立自强作为国家发展的战略支撑，摆在各项规划任务的首位，进行专章部署"。

无论是在创新强国的战略进程，还是国家治理体系和治理能力的现代化进程中，科技创新治理体系都举足轻重。没有科技创新治理体系的现代化，就没有国家治理能力的现代化，也不能顺利建成科技创新强国。吴金希及其团队站在新的时代起点上，从概念基础、理论体系、现实问题和政策建议等方面研究"科技创新治理体系现代化"的问题，具有极其重要的现实意义和深远的历史影响。

紧跟时局：重视治理，迎接挑战

"我认为'治理'这个词，实际上代表一种平衡和协调。"对于科技创新治理的核心内涵，吴金希认为"治理"与"管理"不同——"治理"既关系到国家大局，也切切实实地与治理体系下每一个人的利益紧密相关。他引用了毛主席的一句话形象地说明了自己对"治理"的见解："既有统一意志，又有个人心情舒畅的生动活泼局面"，反映到科技创新领域就是，既要集中力量办大事，又要发挥创新主体单位和个人的积极性。协调各方、统筹共进。

经过新中国成立以来，尤其改革开放几十年的发展，我国科技创新水平已经获得了巨大的飞跃和提升，成为一个科技创新"准强国"，具备了科技创新坚实的物质基础、知识积累和人才储备。但是，吴金希指出，虽然我国经济总量在全球已经数一数二，但科技创新领域仍然存在短板——比如近几年我国与美国的贸易战、科技战中遇到的挑战，就是典型的"卡脖子"现象。

从过去的落后跟踪到现在的部分并行和逐渐引领，我国科技创新的治理问题越发重要。没有良好的科技创新治理体系为支撑，科技创新将变得不可持续。吴金希解释道，过去我国只要对标发达国家、提高学习和追赶效率，即可快速提升科技创新能力。但是，当科技创新逐渐从跟踪学习进入"无人区"时，前方失去参照物，"集中力量办大事"也失去了目标，这时如果缺乏良治，科技创新可能就失去了重心和航向，变得成本很高、风险很大。

加之复杂的国际环境，西方限制、打压中国在高技术领域发展的意图已昭然若揭，我国与发达国家之间技术、贸易摩擦可能将长期存在。因此，无论从国内战略目标，还是从世界科技创新治理的格局来看，我国科技创新治理现代化问题都是一个亟待研究的重大理论问题。

下定苦功：十年磨一剑

在这一时代背景下，吴金希集中国内外学术力量，调动清华智库团队，迎难而上，十年前就极具前瞻性地展开了相关研究，成为国内科技创新治理学术领域的开拓者。

"十年前，我们已深入研究这个问题，并在各大期刊上发表过数十篇论文。"吴金希在学术专著的发表上，一向"求质不求量"。通过深入研讨，团队成果对该领域产生了较大的学术影响：例如，科技领域基础研究的资源分配不足的问题，我国基础研究投入约 5%，而一些科技发达国家达到 15%；国有企业与私有企业合作问题、央企与地方性企业协同创新问题，以及产业共性技术研究体系建设问题等，这些问题说明我国科技创新体系在总体平衡发展上存在着欠缺。

"后发追赶型国家如何进行超越？如何防止和有些发展过程中的国家一样陷入'中等收入陷阱'？这都需要我们去仔细剖析。"吴金希表示。

2020 年新冠肺炎疫情为项目的开展带来新的困难。赴外调研、与国外政府及专家学者交流、把握国内外日新月异的科技创新变化成了目前环境下的挑战。吴金希及其团队运用多种研究手段和方法，开展多种形式的学术调研、召开国内外学术研讨会、进行比较研究，搭建起科技创新治理这个重大项目的总体框架，并邀请包括北京大学、科技部在内的专家，以及国外顶尖学者，共同攻坚克难、合作研究。

"其实，就算这次我们申请的社科重大项目没有被批准，我们也要继续做下去。"为国家科技创新治理体系作真正有价值的贡献，这才是吴金希和团队"十年磨一剑"的目标所在。

展望未来：为科技创新强国添砖加瓦

吴金希指出，创新型国家建设不可单兵突进，需要整个社会治理体系的持续现代化。不仅要强调政府加大资源投入、凝聚共识、提出方向，更需要官、产、学、研、用的全面参与、共同协商、持续推进，发挥各方面的积极性和能动性。

吴金希说："这个项目的研究将是一个长期的过程，国家科技创新治理的现代化过程永无止境，希望我们的团队会一代代传递接力棒，薪火相传。"他希望带领团队，通过积极开展对外交流，扩展学术影响力，能够提升中国理论的话语权和中国道路的影响力；在学术领域，通过专著和论文的发表，丰富国家治理能力和治理体系现代化理论。更重要的是实践上的贡献：建言献策，完善我国科技创新治理体系，为实现创新型国家和我国治理体系、治理能力现代化战略目标服务。

放眼未来，吴金希及其团队立志：将以该重大项目为依托，继续坚持更紧密的团队协作、继续坚持艰苦奋斗、继续坚持做顶天立地高质量科研、继续坚持将教书育人放在学术的首位，持之以恒地将团队打造成科技创新治理现代化研究的学术高地，对外讲好中国故事、助力清华学派发展，为我校 110 周年校庆添砖加瓦，为创建世界顶尖一流大学再立新功。

无游泳，不毕业
——游泳课践行清华体育精神

文字 | 张芷微　李一安　高原
图片 | 任左莉　贺茂藤

"3，2，1，开始！"

这是一个周六。阳光温暖和煦，透过陈明游泳馆的玻璃窗，斜斜洒在泳池翻腾的水面上，泛起粼粼的波光。

此时，深水区的同学们奋力向 50 米终点游去，岸边的老师和救生员拿着长长的杆子，时刻关注着正在测试的同学们。

这是清华大学 2021 年春季学期的第一次集中游泳测试，也是自 2017 年开始恢复"老校规"后，每一届清华本科生从入校到毕业的必经之路……

追溯百年的体育传统

在清华"不会游泳不能毕业"的故事，甚至要从建校之初开始讲起。

1912 年，在清华建校的第二年，学校体育部成立，并开始着手建立现代化的体育训练体系，要求学生毕业前必须至少通过五项运动考核：游泳、百码、跳高、跳远、掷铁球，如有任何一项不合格，扣发毕业文凭，取消当年留学资格。

著名文学家梁实秋先生在《清华八年》一书中曾写道，毕业时游泳不及格，只得天天舍命练习一个月，进行补考才顺利通过。之所以设立如此严格的体育校规，一方面源于学校希望同学们强健体魄，发扬体育精神、培育完善人格；另一方面也是为了复兴中华储备全面发展人才。

待到西南联大时期，纵然条件艰苦，对清华体育影响至深的马约翰先生也未曾松懈过对学生体魄的锻炼。彼时战火纷飞、食不果腹，马约翰意识到，体育是战时增强民族自信心与凝聚力的最好方式。他坚持因地制宜进行体育教学，包括各项基本技能的练习、徒手操（或卫生操）、培养协调能力和灵活性的障碍训练等，并在社会上产生了广泛深远的影响。近代考古学之父李济便坦言，在清华求学"最大的益处，在健康的一面"。

"1 周，1415 人"

为了传承发扬"体魄与人格并重"的育人传统，学校从 2017 年开始恢复了"会游泳方能取得本科毕业资格"的老校规。从游泳的课程设置到测试的开展举行，从整体方案设计到局部细节优化，学校体育部有条不紊地推进着各项工作。

根据教学需要，春季学期的游泳课从原来平均每学期 55 节调整增加至 64 节。为了向不会游泳的同学们提供更多接受专业教学训练的机会，促使他们顺利通过游泳测试，体育部在教学中加大了对游泳初级班的投入。与此同时，学校将原有的中级班合并入提高班，调整了相关的教学安排，满足已有一定游泳基础的同学技术进步的需要。

从无到有，细化标准，不断制度化，学校不断探索着适合清华实际的游泳课教学与测试方案。自 2017 年 9 月以来，学校体育部共组织了 26 次集中游泳测试，并面向七字班同学开设了测试专场。在开展测试的过程中，老师们不断总结经验，优化测试流程和进场路线，彼此之间配合默契，提高测试效率，并且始终坚持对同学们进行全面的安全保障。"从场馆、游泳教研室，每一次我们要调用将近30位老师参与测试工作，并且还有游泳馆的专业救生员全程跟进。"体育部副主任赵青介绍说。

在清华园里普及游泳，同样离不开场馆的支持保障。作为清华早期"四大建筑"之一，西区体育馆见证着清华人历久弥新的体育精神，其内部的游泳池由于年代久远，已经不再具备游泳功能，而是以清华大学校史馆体育分馆的身份保留，记录清华百年体育的光辉历史。为了完善校园体育设施整体建设，在清华90年校庆之际，新修建的陈明游泳馆正式投入使用。

这座校内最大的游泳馆总建筑面积9400平方米，设施先进，曾作为2008年北京奥运会、残奥会训练馆，第21届世界大学生运动会比赛场馆，更是清华大学游泳课教学和游泳测试开展的重要场所。馆内有游泳池和跳水池，水温恒定适宜，泳池水温常年保证在28℃±1℃，跳水池常年保持在30℃±1℃。

1415人，这是游泳馆提供课程服务所需要面对的一周同学总数。即使在2020年疫情期间，游泳馆在学校的支持下依旧稳步做好日常的维护和运营工作。

干到底，决不放弃！

1992年至今，萧龙已经在清华大学从事游泳教学工作近30年时间。

从最初独自一人在西体育馆中的泳池授课，到现如今完备的师资力量、体系化的游泳课程和制度化的游泳测试，萧龙见证了清华游泳的变迁，也在教学实践中不断总结着经验。他认为，初学游泳的最佳状态，是保持一个不间断练习的过程。但是如果仅仅按照日常一周一节的体育课频次，进步会相对慢一些。

为了解决这一矛盾，促使同学们加强练习、帮助他们更好地掌握游泳技术，在各部门的协调沟通、精心设计下，每周六下午的课外辅导班应运而生。

此外，针对七字班部分同学面临的"不会游泳不能毕业"的难题，体育部还为大四同学专门开设了特训班，同学们只要通过向游泳馆电话咨询即可报名。自去年九月份返校，特训班便如期上线。除了每周一次的游泳课，特训班在周四下午、周末一共开三次课，连续集中的授课训练更符合游泳学习规律。

截至今年3月，已经有5840位同学通过了游泳测试，拿到了属于自己的"认证奖牌"。

从怕水，到敢游、能游、会游，这既是为了强健体魄的不懈努力，也蕴含着代代清华人"Fight—fight to the finish, never give in"（干到底，决不放弃）的体育精神。正如马约翰先生的教导："体育运动更重要的是锻炼意志，要带着头脑锻炼，正视自己的缺点，不断努力克服缺点，战胜自己就得到进步。这就是自强不息。"

三教归来！打造开放学习空间　贯彻创新育人理念

文字 | 陶天野
图片 | 李娜
摄影 | 李派　乔玥涵　尹思谨

还记得去年闪亮登场的"网红"四教吗？

这一学期，清华园里又多了一座"超好看"的教学楼！

远看，它还是和从前一样，古朴地守在学堂路上。但穿过阳光满溢的大平台走进它，你势必会眼前一亮——

设计满满的教室，采光极好的走廊，随处可见自由多元的学习空间单元，窗外的树叶在风里摇着，像金色的铃铛。

"三教改建的初衷，是希望从空间环境上适应新时代下教和学的方式。"三教设计师、清华大学建筑学院副教授尹思谨说。她将这栋建筑的特性定义为"开放，灵活，可变"，期待着它能为清华师生带来一流的教学体验。

不一般的"盒子""阶梯"和"折线"

从 1101 到 1317 共 47 间教室，分为三段空间，各具风格。沿着通常的路径从三段走到一段，空间主题分别是插入式盒子、韵律阶梯和折线空间。

"盒子"是方形的教室、地毯和墙壁，规规矩矩地呈行列式排布，但它并不死板。除了在 15 人、30 人、70 人等不同规模的教室上课，学生还能在半开放的个人工位上自习，或者看心情从不同色彩的讨论区中选一处，和同伴坐下闲谈一二。

"插入式"设计还提高了盒子内外交界处的可塑性和利用率：当你坐在"墙里"听着音乐温习课本，隔壁"墙上"或许有人正演算公式。这是因为，教室与走廊的接触面不再是单一的白壁，它可能是一堵多功能墙，也可以是几扇可移动和书写的白板。

穿过两扇门来到二段，你会感受到"韵律"。在这片空间的四间阶梯教室里，每一行的座位间隔都比过去更加从容，波浪般起伏的弧形天花板佐以流畅的灯光，让室内更加明净、宽敞、柔和。

就原先的座位排列方式而言，较窄的间距会让使用者感到紧迫。但阶梯教室的台阶为混凝土现浇结构，无法调整宽度。大手笔的改动反而会破坏台阶次第向下的"韵律"。因此，更多的变化在于形式与效能的优化，如同在旋律中加入鼓点与和弦，使之成为乐曲。

从阶梯教室后门走出，头顶一条灯带将人引入折线空间。这儿更像是一个学生活动中心，开放度、灵活度最高，因此也具有最大的视觉冲击力。相对于"盒子"的理性和"韵律"的沉静，折线以其天马行空的拼接和分割方式，构造出更活泼的空间。

"学生也许会最喜欢这里，因为这儿的空间趣味性最强，每一层，你从任意位置、任意方向看去，都不一样。"尹思谨笑道。

细节上，字牌、墙面和灯光的设计，都体现了建筑空间的一体化。三段与一段的教室门牌字体一个如盒子方正，一个由折线贯通；地毯也分别呈方形和线形，与椭圆形、钻石形的灯光相映成趣。

"一段与三段的一层空间并不是一间一间的，而是相互贯通和开放的。"空间与空间的延续性让学生在三教中自由走动——在三段自习结束，去二段上一节课，再到一段参加社团讨论；结束后在咖啡馆捎上一杯，往开放论坛去听大师讲座。

学习活动"随时都能发生"

"当学习活动不再局限在某个场所或某段时间之内，我们需要思考的是如何通过空间设计去为这种随时随地发生的学习活动创造条件。"尹思谨用这句话描述三教的改造概念，即这片开放空间的终点是全方位、多层次的教学活动。

当原先简洁直观的现代主义风格无法适应当下的教学逻辑，新的设计思路便应运而生——不同类型的教室针对不同的教学规模和课程需求，提供差异化、互补性的教学场所；大大小小的讨论区域和公共论坛，灵活机动地构建起课堂外思维联结的桥梁。

"在网络尚未渗透日常生活的年代，学生、师生之间更注重线下的交往；而在科技发展的当下，大家可能在线上更活跃。"尹思谨解释，"所以，三教作为一个开放空间的意义，也在于通过色彩鲜活、自由活泼的学习场域，促进学生实体的、面对面的交流。"

同时，针对新的融合式教学的要求，教室内部都配置了能满足线下与线上同时教学并进行课堂互动的设备。清华大学信息化技术中心将先进的网络信息技术融入多元教学空间，通过"智慧"硬件和空间集成，实现内容优化、资源共享、师生交互。

清华大学校长邱勇指出："要给予学生充分的学习自主权，使学生获得更多独立思考的时间和空间，不断提高自身修养，实现多样成长。"

在三教，传统的空间模式已然被颠覆。集互动、开放、自主、多元等多重要求于一体的新型教学逻辑塑造出自由的活动空间，为每一位走进这栋建筑的学子提供"私人订制"。

品质"过硬" 精神"满满"

随着师生对校园环境质量越来越高的关注，以及疫情防控常态化背景下保障师生健康与学习效率的需要，改造后的三教还搭建了由环境传感器、智能联控模块和平台软件组成的校园健康环境监测管理系统，在对环境状况进行实时监测的同时，通过智能联控模块，将新风、电动窗、地道风系统由传统手动控制转变为远程智能控制，进一步提升了环境舒适度。此外，建筑防火、防震等级也大幅度提高，切实保障了师生的安全和健康。

与"大刀阔斧"的室内改造不同，三教的外观尽可能保持了原先古典庄重的样貌：西侧楼体上刻着的"严谨、勤奋、求实、创新"八字学风岿然不动，外墙上的清华革命先驱施滉壁像依然静静矗立。一眼望去，它依旧是那座始建于20世纪80年代、承载了无数师生校友的记忆、与清华校园厚重气质完美契合的古朴建筑。改造前后的变化，源自不断创新为师生服务的初心，不变的则是育人理念与清华精神的发扬传承。

随着近年来西阶梯教室、二教、四教等教学楼的陆续改造完工，细心的师生们会发现不少教室中都悬挂着校友赠送的铭牌，这源于清华校友总会发起的"清华校友教室改建捐赠"项目。该项目以独立整间教室为基本认捐单位，将款项用于教室桌椅和多媒体设备的更新，既承载了校友们对母校的深切回忆和深厚感情，也发挥着潜移默化的育人作用，成为清华人的共同记忆。

三教改造期间，遭遇新冠肺炎疫情带来的一系列不利影响，但在教务处、基建规划处、信息化技术中心、学生社区中心等校内部门的通力合作、统筹协调下，参与设计和建设的各方相互配合、攻克难关，在确保品质的前提下，实现了工程的按期竣工。秉持着"人文、绿色、开放、智慧"的理念，设计者与建设者们在三教的原有框架下营造出了更加积极向上、开放灵活的空间体系，以期更好地实现课内课外、校内校外、国内国外、线上线下的融合，在其背后，是清华大学坚持立德树人根本任务、持续深化教育教学改革的决心与行动。

环境学院李俊华教授团队：二十年蓝天保卫战

文字｜李婧
图片｜田蕾
摄影｜李派　张晓峪
素材提供｜环境学院

2020 年度国家科学技术进步奖一等奖

项目名称： 工业烟气多污染物协同深度治理技术及应用

主要完成人： 李俊华 郝吉明 叶恒棣 彭悦 朱彤 陈贵福 赵谦 岑超平 姚群 宋蔷 张志刚 马永亮 魏进超 李海波 陈建军

主要完成单位： 清华大学 中冶长天国际工程有限责任公司 中节能环保装备股份有限公司 中钢集团天澄环保科技股份有限公司 生态环境部华南环境科学研究所 西安西矿环保科技有限公司 中材科技股份有限公司 江苏中创清源科技有限公司 山西新华化工有限责任公司 中建材环保研究院（江苏）有限公司

提起空气污染，最广为人知的就是 $PM_{2.5}$。可喜的是，近年来，全国重点城市的 $PM_{2.5}$ 浓度相比以往下降了将近一半。

国务院"大气十条"行动计划评估报告曾给出这样的结论：大家最为关注的 $PM_{2.5}$ 浓度改善，贡献最大的措施是工业烟气提标改造升级，贡献占比达 25% 左右。

11 月 3 日上午，凭借在工业烟气深度治理、大气污染控制发挥重要科技支撑和行业引领作用，清华大学环境学院教授李俊华团队"工业烟气多污染物协同深度治理技术及应用"项目荣获国家科学技术进步奖一等奖，团队主要成员在人民大会堂获颁荣誉证书。

荣誉背后，是团队在蓝天保卫战前线超过二十年的不懈努力。

转向：因"势"而生，因"用"而生

作为一个燃煤大国，说起大气污染，很多人脑海里会映射出煤炭燃烧发电的画面。事实上，在 2013 年前后，产能高、排放量大的非电力行业，就已经成为我国雾霾污染的最大"元凶"。

非电力行业，包括钢铁、建材、水泥、玻璃等工业门类。2020 年，我国钢铁、水泥、玻璃等行业工业品产能和产量均已居全球首位。因排放带来的重点区域污染远超生态环境承载力，影响约 8 亿人口和 1/3 的国土面积。

深耕因"势"而生、因"用"而生的环境科学研究，适时地将研究重心从电力行业转向非电力行业，对李俊华团队而言理所当然，团队的研究也并非完全从"零"开始。

自 20 世纪 80 年代，中国工程院院士、清华大学环境学院教授郝吉明甫一回国任教，就全力攻关我国的酸雨控制研究。而后他带领团队不断以基础研究和发达国家走过的道路为背景，较早介入颗粒物、氮氧化物和非常规污染物治理领域，团队研究的前瞻性，一直广受认可。

2003 年，33 岁的李俊华博士后出站留校任教。作为技术骨干，他组织队伍，在导师郝吉明承担的国家自然科学基金项目中开展了燃煤烟气脱硝关键技术研发。经过多年探索与积累，清华大学联合国内优势单位，成功申请到国家"863"计划"燃煤电厂高效低成本脱硝催化剂的研制及工业化应用"，完成了电力行业氮氧化物治理"理论一小试一中试一产业化"的全过程研究，打造了具有自主知识产权的"原材料生产—催化剂制造—脱硝工艺—废旧催化剂再生"完备技术产业链，实现了整个脱硝产业100%国产化。李俊华团队因此获得2015年度国家技术发明奖二等奖。

也是在长期研究中，从郝吉明等老一辈科学家，到年轻一代院系研究者们，清华研究团队在跨院系合作中建立的友谊、夯实的基础研究，都为协同创新打下了基础。与李俊华团队合作多年的能源与动力工程系长聘副教授宋蔷深有感触："我们在高校做原创性研究，自我定位一定要面向国家重大需求，同时突出科研前瞻性。而长期的合作和彼此信任，为我们这个团队把准科技发展方向、顶天立地做事提供了助力。"

然而，从燃煤电厂转向非电力行业烟气治理的攻关，仍称得上是从"新"开始。

不同于电力行业的相对规模化和系统化，非电行业的炉窑种类多，各行业的生产工艺、设备、原料、燃料等差异性大，排放烟气的成分和温度等复杂多变，减排压力大，传统电力行业成熟的治理经验，在非电力行业的借鉴意义有限。

同时，由于西方发达国家主要是通过工业转移来解决污染问题，多污染物深度治理实现超低排放在国际上没有成熟案例可循，攻关非电力行业的排放治理，在工业炉窑烟气多污染物治理及城市大气污染综合治理等方面发力，协同环保和经济发展，可以说是世界性难题。

破题：协同深度治理的创新与实践

净化钢铁、水泥和玻璃等行业工业窑炉特有的中低温烟气多污染物，需要复杂的材料、装备和技术，成本高昂、难以推广。为此，李俊华提出了在一个材料和一个装备上实现多种污染物协同深度治理的理论。这是很大的挑战，尤其需要发明新的催化剂材料。

即使在前期电力行业治理中已攻克原材料及催化剂生产过程中关键设备国产化的难题，面对"协同深度治理"，实验室仍需从零开始打磨。

"在传统的脱硝催化剂中，把氮氧化物变成氮气是个还原过程；但将非常规污染物中的零价汞、二噁英变成二价汞、二氧化碳是个氧化反应。如何平衡还原和氧化两个反应过程，最关键的就是在催化剂设计中平衡好酸碱性和氧化还原性。"李俊华举例。

催化剂配方和体系的确立，经历了大量且反复的实验。清华大学环境学院副研究员彭悦，学生时代就跟随李俊华转向非电力行业烟气治理研究。"西方发达国家的催化剂工艺产业化程度高，但技术保密、进口成本高。自主研发成本可控的催化材料，我们做了很多困难预期。但当理论上设计出来的催化剂配方经过三个多月的小试实验，仍旧反复失败，灰心是难免的。"初入催化剂研究就受阻的彭悦，甚至产生了"总不能把元素周期表挨个试一遍吧"的迷惑。

"我记得李老师当时对这个新的研究方向很坚定，他鼓励我不要气馁、不要放弃，建议我跳出已有的思维惯性、选择全新角度去思考问题。"彭悦说。

偶然在一次讲座中，彭悦对研究机理突然灵感闪现，细心打磨后，"双中心双循环催化剂"问世。近两年持续努力后，催化剂配方从粉末走到了工业化应用。

在彭悦看来，师长"慈"与"严"都在敦促自己进步："在与郝老师和李老师共同工作的过程中，我最大的体会就是他们严谨认真的工作态度，甚至到每一个标点符号都不允许出现错误。"

迎难而上，团队将实际污染问题转换成科学问题，组织攻关力量挑战必须为之的难题，在多污染物协同控制理论、核心功能材料、深度治理技术及装备、标准化体系建设等方面取得重大突破，形成了系列针对不同行业烟气特征的多污染物深度治理先进工艺，并在钢铁烧结、水泥炉窑、玻璃熔窑和工业锅炉等行业进行了多个首台（套）工程示范及国内外推广应用，支撑了我国重点区域工业烟气污染物率先实施全球最严格的超低排放限值，形成了"基础理论—技术方法—产业引领—决策支撑"全链条的完整创新体系，取得了多项原创性成果。

落地：实现高效治理技术的开发和规模化应用

环境科学，具有自然科学与社会科学的双重属性。进行污染控制，必须综合考虑技术、社会和经济的可行性。示范工程建设与落地，就是其中重要的一环。

谈及示范工程建设，团队多位老师都不约而同提到了钢铁产业。

钢铁产业的超低排放对烟气污染治理至关重要，烧结过程一般在150℃以下，含铁矿的烧结气态污染物占了钢铁行业污染的约70%，排放过程极其复杂，还有很多非常规污染物。

回忆起研发初期的高难度和高门槛，清华大学环境学院助理研究员司文哲记忆犹新："我们在小试中采取了集装箱布置，团队成员需要在集装箱里每隔4个小时进行活性炭的卸料和装填。夏天在集装箱里温度高达50℃，一进去瞬间就汗流浃背。"

团队的首台（套）钢铁行业示范工程，建于上海宝山钢铁。在600平方米的烧结机烟气进行工程示范实验，刚开始的运行似乎不如预期。但随着脱硫、脱硝和脱二噁英一体化的活性炭材料逐渐活化、显现出效果，团队实现了工程应用的一次重要成功。

"结果超出我们的预期"，宝钢集团有限公司中央研究院能源与环境研究所首席研究员李咸伟评价："脱硫效率特别高，达到 95% 以上，脱二噁英效率非常高，脱硝效率也达到预想的目标。出于令人满意的结果，我们宝钢湛江和宝钢股份都上了这套工艺。"

2018 年，团队建成水泥行业的首台套深度治理示范工程。工程运行数据表明，主要污染物排放浓度比特别排放限值降低 70% 以上，零价汞及卤化物降低一个数量级。该技术入选 2019 年生态环境十大科技进展，并获评中国建材联合会先进研发成果。

作为"第一个吃螃蟹的人"，李俊华的底气得到一一验证：截至目前，团队已经完成包括钢铁、水泥在内的 1500 条工业炉窑的烟气深度治理，直接减排大气主要污染物每年 300 万吨，相当于全国同期各类污染减排总量的 1/10。

建设于 2016 年的烟气多污染物控制技术与装备国家工程实验室，也是团队为"产学研用"中"用"的进一步落地开辟的创新技术平台。

实验室由中国工程院院士郝吉明、岳光溪、贺克斌和外籍院士杨祖保（Ralph Yang）领衔，李俊华担任主任，以改善空气质量和提高产业创新能力为目标，面向钢铁、冶金、建材、石油化工、电力等行业烟气深度减排的重大需求，搭建七个创新平台，因地制宜、价格控制，服务于 32 家科研院所和 100 余家环保企业。

清华大学环境学院副研究员陈建军为了烟气治理国家工程实验室的工作，带着全家搬到了实验室所在地——江苏盐城。"在国家需要的时候，清华总会挺身而出；当团队需要的时候，我们每个成员也都是服从安排，乐于奉献。"陈建军说。

2019 年，李俊华教授团队的"烟气多污染物深度治理关键技术及其在非电行业应用"获得高等学校科学研究优秀成果奖（科学技术）年度唯一特等奖；同年，以李俊华、郝吉明等为主要完成人的项目"工业烟气多污染物高效协同控制关键技术与应用"获得年度环境技术进步奖唯一特等奖。在学术界和工业界同时获得认可，正是对李俊华和团队"产—学—研—用"技术路径探索的肯定。

团队发表 SCI 论文 180 篇，授权发明专利 110 项，获得国内外发明专利金奖 4 项、国家重点新产品及优质工程等 7 项。第一、第二完成人入选 2019 年科睿唯安"全球高被引科学家"、Elsevier"中国高被引学者"。

他们的研究成果直接支撑了 25 项国家政策和行业标准的出台。在钢铁烧结、水泥、玻璃行业率先实现全球最严的排放限值，并进一步在陶瓷、耐火材料、焦炭、碳素、有色、石化等行业建成多个深度治理首台（套）示范工程，推广应用于重点行业企业 1600 多条工业炉窑烟气深度治理，遍及全国 32 个省市自治区。目前，其产品已经推广应用到欧美及一带一路沿线的 23 个国家。

接力：培养学生"把论文写在祖国大地上"

2020 年秋季学期，李俊华开设了一门"新生导引课"。这是清华于 2017 年开始面向大一新生开设的全校性选修课，课程采取小班教学的方式，目标是为新生扣好大学生涯的第一粒扣子。

"面向初识清华的新同学，我想给大家讲一点挫折教育。"在李俊华看来，除了介绍国际前沿知识，激发学生的研究志趣，他更愿意通过团队和自己在技术创新与工程实践中踩过的"坑"，让大一新生们了解到，学习和人生中不可避免地会遇到一些挫折和失败，"但重要的是，我们要鼓励同学们，怎样克服困难，迈过那道坎，做出大事业。"

谈及自己人才培养的理念，李俊华说："围绕国家需求不断努力，我的每一步成长都离不开郝吉明老师的指导和帮助。先生敢于创新、甘为人梯的精神，影响着我和年轻一代。"

郝吉明院士是清华大学改革开放后第一位从美国回校任教的博士。作为清华环境系大气污染控制方向的拓荒者之一，郝吉明在环境领域不知疲倦地开垦着、辛劳着。他曾说："压力和挑战都不在我的考虑范围内，唯一指引我前行的就是国家发展的需要。无论是学生还是学者，你研究的课题都要与国家和社会的需要结合起来，为国家发展作出贡献，否则将毫无意义。"

在李俊华看来，郝老师是"人已退休工作不休""只要不出差，就在办公室待到晚上"的存在。他带给团队的，是严谨、勤奋、求实的精神感召，更是几十年如一日"把论文写在祖国大地上"，及至古稀仍鞭策自己前行的榜样力量。

如今，在老师的支持下，李俊华逐渐挑起大梁，形成了一支由老中青三代构成、以国家重大关切为己任的团队。环境工程、化学、能动、材料、机械等跨学科、多领域协同作战，让学术背景多样的团队在理论、材料、工艺、装备、标准等方面开展长期扎实的研究，提供了更多可能性。打赢蓝天保卫战的一致目标，也助推团队技术成果快速得到推广应用。

最近 5 年，李俊华团队走出 8 名博士后、20 名博士生，先后 10 人次获评清华大学优秀毕业生及优秀毕业论文。两名整个博士生涯都深度参与到项目攻关的毕业生，在 2021 年夏天走出清华后，分别选择到高校环境相关专业和相关国企，接下老师们手中守护环境、教书育人的接力棒。

正如环境学院副研究员马永亮所说："我们营造的不只是一个科研的气氛，更多的是一个家庭气氛，大家密切合作，一起往前走。"

这是个喜欢"观天"的团队。团队老师们不约而同地养成了一个习惯——每天走到窗边，眺望远山。这个保持了二十多年的习惯，让李俊华甚至可以用肉眼估算出当天的大气污染指数。

"看到蓝天白云、看到西山和学校北面山体清晰的轮廓，当然心情也很舒畅。但遇上雾霾天气，也能感受到我们还任重道远，减排还在路上。"李俊华说，"治理雾霾污染不是靠天吃饭，不是靠风吹。天上的空气质量好了，主要是人努力的结果。"

近一年来，团队的攻关方向，聚焦到非电行业的减污降碳，服务于"双碳"目标落实，服务于我国加强应对气候变化、尽快实现绿色低碳发展转型。

"把脱碳技术也集成到协同深度治理中来，现阶段不论是相变吸收剂的开发，还是催化解析材料的开发，控制成本仍是我们考虑的最重要因素之一。"彭悦解释，实现环境效益和社会效益的双赢，让我国空气质量持续改善、上升，是团队不竭的追求。

"获得国家科技进步奖一等奖，是对我们团队过去20多年成果的一个认可。直接参与到项目中的师生，其实不止奖励名单里出现的名字。为了祖国的蓝天和我们生存的地球，我们团队希望能够继续贡献更多的中国方案、清华智慧。"面对未来，李俊华和团队在创新和实践的道路上，自信前行。

清华领衔研发的中国首个抗新冠病毒特效药获批上市

供稿 | 医学院
图片 | 贺茂藤　姚智皓

2021 年 12 月 8 日，由清华大学医学院教授、清华大学全球健康与传染病研究中心与艾滋病综合研究中心主任张林琦领衔研发的新冠单克隆中和抗体安巴韦单抗 / 罗米司韦单抗联合疗法（此前称 BRII-196/BRII-198 联合疗法）获得中国药品监督管理局（NMPA）的应急批准上市，用于治疗新型冠状病毒（SARS-CoV-2）检测结果为阳性，同时伴有进展为重型 COVID-19 危险因素的成人和青少年（年龄 ≥ 12 岁，体重 ≥ 40kg）患者。

此获批标志着中国拥有了首个全自主研发并经过严格随机、双盲、安慰剂对照研究证明有效的抗新冠病毒特效药。

张林琦教授表示："安巴韦单抗 / 罗米司韦单抗联合疗法的获批，为中国带来了首个新冠治疗特效药。这一联合疗法在国际多中心试验中展现了优异的安全性和保护性，是至今为止在全世界范围内唯一一开展了变异株感染者治疗效果评估并获得最优数据的抗体药物。该抗体联合疗法为我国抗击新冠肺炎疫情提供了世界一流的治疗手段，充分展示了清华大学在抗击传染病领域的深厚积淀与技术储备，以及召之即来、来之能战、战之能胜的担当与能力，为我国乃至全球疫情防控工作作出了重要贡献。我们非常荣幸与深圳市第三人民医院及腾盛博药在基础、临床和转化研究等方面进行高质量合作，取得这一具有里程碑意义的优异成绩，下一步将继续研究单抗联合疗法在高危和免疫缺陷等人群中的预防作用。"

此次获批是基于美国国立卫生研究院（NIH）支持的 ACTIV-2 的 3 期临床试验，包括 847 例入组患者的中期及最终结果。最终结果显示，与安慰剂相比，安巴韦单抗 / 罗米司韦单抗联合疗法能够降低高风险新冠门诊患者住院和死亡风险 80%（中期结果为 78%），具有统计学显著性。截至 28 天的临床终点，治疗组为零死亡而安慰剂组有 9 例死亡，并且其临床安全性优于安慰剂组。同时，无论早期即开始接受治疗（症状出现后 5 天内）还是晚期才开始接受治疗（症状出现后 6～10 天内）的受试者，住院和死亡率降低均显著降低，这为新冠患者提供了更长的治疗窗口期。

仅不到 20 个月的时间，清华大学与深圳市第三人民医院及腾盛博药合作，将安巴韦单抗 / 罗米司韦单抗联合疗法从最初的中和抗体分离与筛选迅速推进到完成国际 3 期临床试验，并最终获得中国的上市批准。这一成就是中国与全球一流的科学家和临床研究人员共同努力的成果，包括支持 ACTIV-2 国际临床研究的美国国立卫生研究院（NIH）下属的美国国家过敏和传染病研究所（NIAID），以及领导 ACTIV-2 临床研究的艾滋病临床试验组（ACTG）。

深圳国家感染性疾病临床医学研究中心主任、深圳市第三人民医院党委书记刘磊表示："从疫情一开始，我们就定下了科技抗疫的目标。我们的研究团队成功从新冠康复期患者的血清中提取了一对高活性的中和抗体，为后续开发这一抗新冠病毒药物打下了坚实的基础。我们很高兴能与清华大学张林琦教授团队及腾盛博药公司合作，为中国首个抗新冠病毒药物贡献出智慧和经验。希望在广大科研工作者和医务工作者的共同努力下，我们可以早日战胜新冠肺炎疫情。"

腾盛博药总裁兼大中华区总经理罗永庆表示："我们为实现这一重要里程碑感到兴奋，并正努力推进中国新冠患者对这一联合疗法的可及性。这一成就证明了我们一直坚定不移地致力于加快传染领域的全球创新，以高效、科学、严谨和优秀的成果来填补未被满足的医疗需求。作为一家在中美两地运营的跨国生物技术公司，我为腾盛博药能取得这样的成绩感到自豪。同时我们也不遗余力地助力中国在复杂多变的新冠肺炎疫情中科学应对，满足我国新冠患者的临床需求。"

石岛湾高温气冷堆核电站示范工程首次并网发电

文字 | 詹萌
图片 | 贺茂藤

2021年12月20日，石岛湾高温气冷堆核电站示范工程首次并网发电！这意味着反应堆已经可以输出足够的核功率，使主蒸汽参数和流量满足汽轮机带负荷运转，机组可以维持稳定的输出电能从而能够并入电网开始正式向外输电。

从这一刻起，从石岛湾核电站发出的电能将由国家统一调度为千家万户送去日常用电，或许，屏幕前的你打开灯时的那束光中，就有一份清华大学及合作伙伴共同创造的清洁核能的力量。

奋战在一线的清华人

2021年9月12日，1号反应堆顺利实现首次临界后，团队开始在带核功率条件下进行各系统综合调试和运行测试。90天的日日夜夜，无数次的分析计算讨论决策，就是为了平稳实现升功率、升温度，直至产生满足汽轮机冲转要求的合格蒸汽，并让反应堆在保证安全的前提下有能力输出更高的核功率发热为并网发电奠定基础。

在总师张作义的带领下，清华大学核研院组织了物理、热工、结构、力学、设备、核测、控制等多专业、跨学科的攻关团队，累计超过200人次在现场提供技术支持。他们值守在调试第一线不知疲倦地熬过了一个又一个不眠之夜，为高温气冷堆示范工程发出第一度电保驾护航。

不会熔毁的核反应堆

石岛湾核电站采用了先进的高温气冷堆技术，从核心关键技术研发，到"200号"的10MW实验堆，再到石岛湾核电站示范工程建设，三代清华核能人、数百位科学家三十余年磨一剑，携手合作伙伴华能集团、中核集团，建成了这座世界首个球床模块式高温气冷堆示范电站。

5万张图纸，10万页文件，15000多件技术含量高、质量要求严的核岛设备，我国都具有完全自主知识产权。

这座设备制造国产化率高达93.4%的工程最大特点之一就是"固有安全性"。即使突发故障或遭遇严重外部事件，如地震，不采取任何干预措施反应堆堆芯也不会熔毁，放射性物质不会大量外泄，从根本上解决了核能安全利用的世界级难题。

向下一个目标砥砺前行

本次并网后还将继续进行不同功率水平下的调试、运行试验，和两个反应堆模块联合功率调试，为实现明年满功率并网发电的目标全力以赴。

未来，石岛湾核电站的满功率运行将带来每年14亿度的发电量，可以为200万居民提供生活用电减少二氧化碳排放90万吨。

核能发电过程中产生的高温蒸汽还能用于热电联产、稠油热采、化工、冶金等领域，为"双碳"战略实施和生态环境保护治理贡献更多绿色力量。

清华人文

春气始建，寒冬将过，愿你在阳光下起舞

文字｜潘懿锟
图片｜李娜

"东风带雨逐西风，大地阳和暖气生。万物苏萌山水醒，农家岁首又谋耕。"

立春是二十四节气中的第一个节气。立，是"开始"之意；春，代表着温暖、生长。古籍《群芳谱》云："立，始建也。春气始而建立也。"上古斗柄指向法，以北斗星斗柄指向寅位时为立春。斗转星移之时，新的轮回开始，又是一年万物生长，生生不息。

自古有"立春三候"之说：一候东风解冻，二候蛰虫始振，三候鱼陟负冰。立春当日，东风送暖，被冰封的大地在经历漫长的寒冬之后第一次升腾起生机。立春后五日，藏在地里的百虫开始一点一点苏醒，它们活动着爪足，把春天从土地中唤醒。又五日，天气回暖，冰裂河开。鱼儿开始到水面上游动，而此时水面上的碎冰还没有完全融化，碎冰、游鱼穿插其间，如同鱼儿负冰游动，颇有意趣。

这个农历庚子年，还是难逢难遇的"双春年"——所谓双春年，是指一年当中有两个立春。一个在阳历 2020 年 2 月 4 日（农历正月十一），一个在阳历 2021 年 2 月 3 日（农历腊月二十二）。公历按照太阳转动计算日期，在立春这天，太阳刚好到达黄经 315°。农历采用干支纪元日计算方式，以月亮变化的方式计算日期。两种算法会产生计时上的时间差。正因为这种差别，才使得有些年份明明阳历已经到了立春节气，农历却还没有到大年初一，所以就会出现农历上正月和腊月各出现一个立春。民间更有俗语："鼠年难逢双立春。"

"二零"年代开启，决胜全面小康。这个春天的起始，却并不像我们想象的那么甜蜜。随着新型冠状病毒感染肺炎疫情的持续发展，我们正在经历一场全国总动员的人民战"疫"。

为了应对这场特殊的挑战，清华人已经行动起来。2 月 3 日，5 万余名清华大学师生通过线上"雨课堂"同上一堂课。这堂课上，邱勇校长的讲话催人奋进："自强的清华人永远保持奋进的姿态；自强的清华人永远乐观地面向未来；自强的清华人永远追求国家至上、人民为先！"

无数清华人逆流而上、主动担当、奋发作为，全身心投入这场立体战"疫"。清华大学附属北京清华长庚医院医护团队驰援武汉，他们在大年初二选择挥别家人，去争取更多家庭的团圆；清华大学药学院和 GHDDI 免费开放药物研发资源；多位科学家春节留守岗位、全力投入针对新型冠状病毒的药物研发，发挥清华大学在基础学科方面的优势，加快推进应对疫情的科研攻关；青年学子踊跃参与，或祝福加油，或力行倡议；各行各业的校友也奋战在一线，肩负光荣使命……

清华人，不仅仅是在路边为正义鼓掌、加油助威的人，更是从人群中主动走出来，举起旗帜，用实际行动投入到一线战斗中的奋斗者。自强不息，厚德载物，与祖国共命运、同风雨，这是一代代清华人用青春和智慧践行的诺言。

口罩挡不住热血与真情，严寒冻不住生命的铿锵步伐。春气始建，寒冬将过。待到疫情解除时，让我们一同在阳光下起舞，拥抱春天！

雨水节气：春光在望　砥砺前行

文字｜胡颖

图片｜赵存存　刘镝

刚送走了立春，乍暖还寒之际，雨水节气的脚步又悄然而至。

《月令七十二候集解》这样解释雨水节气的来历——"正月中，天一生水。春始属木，然生木者必水也，故立春后继之雨水。且东风既解冻，则散而为雨矣。"

古往今来，人们从来不吝惜对春雨的赞美。无论是杜甫的"好雨知时节，当春乃发生"；还是韩愈的"天街小雨润如酥，草色遥看近却无"；抑或是陆游的"小楼一夜听春雨，深巷明朝卖杏花"，春雨永远是文人墨客笔下最极致的浪漫和美好。

自入冬以来，北京已经迎来了好几场纷纷扬扬的大雪，而今，冰雪消融、万物复苏之际，我们期待温润如酒的春雨成为主旋律，醉青山，润芳菲。

春雨，不仅是春天的信号，更是生命力的象征，是希望的声音。

新学期的号角已然吹响，往年的此时，清华园早已张开怀抱，准备好迎接她的少年们归来。今年，一场突如其来的疫情却让我们无法如期回到园子。

依稀梦里，朦胧细雨正飘洒在寂静的园子中，水木清华亦染上了淡淡的烟岚。它染红了早春的花，绘绿了学堂路两侧的行道树，熨暖了尚塘的水，尽情地释放着缊藏一冬大的情绪。

清晨醒来，宅居家中的你，是否也坐在窗前仰头看着天空，等待着一场沁人心脾的春雨降临呢？

带着重拾的勇气与决心，我们踏上了"云端开课"的新征程，把学习科研和校园生活都转成"线上模式"，雨课堂、在线科研和在线实验，已经成为老师们和同学们的日常。即使不在学校，我们也要将十二分的热情投入到学习和科研中。

与此同时，清华学子的云上党建、云上班会和云上主题团日，正在如火如荼地进行：人文社科95班的同学们在云上团日中将会议背景换成清华园，传递对学校的思念；材72班的同学绘制了属于自己的大富翁棋盘，来记录非同寻常的"开学第一天"；美810、811、812的同学们根据对彼此的印象互相绘制头像，加深了互相之间的情谊；土木84班的同学们坚持"无体育，不清华"的传统，在线组织阳光体育运动……纵然远隔山海无法相见，我们的心始终紧紧相连。

学习之外，各种云上运动会、云上K歌大赛也吸引了大家的热情参与——哪怕足不出户，我们依然能够坚定地追逐心中的远方，为自己所热爱的事情而纯粹地努力。相信只要走好每一步，必定会遇见更好的自己。

聚是一团火，散作满天星。疫情一点一滴的变化，牵动着每个清华人的心。尽管我们无法像医务工作者们一样坚守在战"疫"一线，但我们仍然可以在祖国大地的各个角落为抗击疫情贡献自己的力量：线上志愿授课，无偿献血，心理咨询服务热线……疫情虽然阻挡了我们重逢的步伐，却无法改变我们对国家、对人民的那份深沉的爱。这是作为清华人应有的使命，更是用实际行动践行"只争朝夕，不负韶华"的嘱托。

雨水已至，春光在望。愿这场雨洗去一切烦恼，驱散人间所有阴霾；愿我们早日摘下口罩，在明媚的园子里重逢，去尽情地互相拥抱。让一切美好的事，都从这个春天开始吧！

惊蛰节气：春雷响，万物长

文字 | 刘书田
图片 | 田蕾

惊蛰，古称"启蛰"，是农历二十四节气中的第三个节气，标志着仲春时节的开始。

一声春雷，是唤醒万物生长的号角。《月令七十二候集解》曾这样诠释惊蛰的含义："二月节……万物出乎震，震为雷，故曰惊蛰，是蛰虫惊而出走矣。"惊蛰过后，万象更新，正如韦应物笔下的"微雨众卉新，一雷惊蛰始"。

阳春三月的清华园，正是万物复苏的时节。大礼堂前萌动新绿，情人坡上阳光正暖，老馆的爬山虎焕发新的生机，水木清华的荷塘水流冰融，园子里的迎春花、桃花竞相开放。满园春色关不住，正是赏花踏青时。然而此时此刻，同学们只能在家中遥望怀想园子里的春光。

虽然这个冬天因为疫情显得格外漫长，惊蛰的到来还是让人们感受到春天的气息。"桃始华，仓庚鸣，鹰化为鸠"构成了惊蛰蓬勃向上的图景：蛰伏了整个冬天的桃树，终于寻得了绽放的契机；黄鹂最先嗅出春天的气息，发出婉转悦耳的啼鸣；斑鸠、春燕咕咕地叫着，传递着万物复苏的喜悦。

新冠肺炎疫情的暴发，牵动着所有人的心。特殊时期，清华在校师生为应对疫情期间北京市血液供应紧张问题，在"热血战'疫'"无偿献血专场中踊跃献血。留在家中的清华人也纷纷发挥所长，以开展志愿服务、参与相关科研发明或进行艺术创作等多种形式为战"疫"贡献力量。

一年之计在于春，尽管疫情阻挡了同学们返回校园的脚步，却无法"隔离"大家求知的热情和积极的心态。丰富多彩的新学期云端生活，充实了同学们的"宅家"时光，让大家体会到别样的"云上学"乐趣。

一台电脑，连通着相距千里的师生。在暂时不能回到清华园的日子里，清华学子们化身线上"漫游者"，遍访云端的清华名师好课。在线教学平台雨课堂保障了师生的上课需求；110 余门"未央计划"课程上线，让同学们真正放下来自成绩、精力、专业的包袱，素心而问道，纯粹以求学；1600 余门慕课课程免费向全社会开放，让同学们有机会带家人一起"上清华"。

东西文化，荟萃"e"堂，居家的日子不可缺少文化的浸润。清华大学图书馆开放海量资源，让同学们居家亦能泛舟书海；清华大学艺术博物馆提供 30 余场艺术展览的数字展厅资源，让同学们足不出户，感受文化熏陶。

"无体育，不清华"，宅家的时光不可缺少运动的陪伴。班级体育大联盟"云战疫"趣味挑战赛、直播健身操课程等丰富的体育活动，督促同学们疫情期间加强体育锻炼，勿忘"为祖国健康工作五十年"的壮志抱负。

即将迈入社会的毕业生们，格外珍惜最后一段"云学习"旅程，他们通过雨课堂聆听大师讲座，渴望汲取优质的精神食粮；他们通过线上组会推进论文科研进度，争取交上一份满意的答卷；他们通过"空中宣讲会"寻找心仪工作，努力为人生开启一页新的篇章。

"过了惊蛰节，锄头不停歇"，惊蛰的雷，丰盈了万物的盎然，也迎来了春耕季节。在这个特殊的抗"疫"时期，自强的清华人永远保持奋进的姿态，播撒希望的种子。让我们共同把握当下，积蓄力量，只待疫情消散，清华师生再聚清华园，不负春光，不负韶华。

云端女生节，温暖不缺席

文字｜韩瑞瑞
图片｜赵存存

"去哪儿？我们带你出发！——送给汽 81 班两位小仙女"

"你是我深入地下 2400 米，等来的来自宇宙的那束光。——核 92"

"你们治愈了我们的四年大学时光，又要匆匆治愈这个世界的体魄和心灵。——致药 6 全体女生"

……

对清华女生们来说，这一定是一次特别而难忘的女生节。

新芽吐绿的园子里，少了一条条醒目的红色横幅，树木也显得有些孤独。曾经朝夕相处的同窗们如今天南海北，不过宅在家的男生们并没有忘记这个特殊的日子——校学生会通过"云端女生节"活动收集了来自各院系男生的近 200 份祝福，他们把往年的线下 PK 搬到线上，把学科特有的魅力写进电子横幅，每个字都写给心目中最可爱的人。

机械 906 班的男生用 keep 的跑步轨迹拼出"906 3.7 happy girls' day"的字样，为女生们送上"男子力"满满的祝福，除此之外，他们还参照三国杀的卡牌，为女生制作专属技能卡。

建筑学院城乡规划和风景园林专业八字班的男生充分利用线上平台，让这场线上女生节既内涵丰富又生动有趣——他们准备了四个可以在 ZOOM 会议上玩的游戏：超默契数字接龙、脑力大比拼、一起来找茬，还有与时下热点相关的疫情防控知识竞赛。在"惩罚"环节中，挑战失败的人要对同学们说几句发自内心的话，一些感想，一句感谢，一声想念……他们还通过问卷收集女生们的心愿清单，有位女生想要一个书包挂件，男生们便定制了捏泥人玩偶书包扣。

谈起组织这次活动的心得，班长杨鑫感受颇深："线上准备女生节活动是一次全新的体验，想让大家在屏幕前'玩得嗨'，就得有很多新鲜的点子，既要结合日常的学习生活，又要促进男女生之间的合作交流。好在班里的男生们都很给力，完成了大量素材的收集和活动材料的准备工作。我们期望通过这次欢乐互动的线上女生节把每个人的热情都调动起来，带着满满正能量迎接重逢的日子。"

"蒹葭苍苍，白露为霜。所谓伊人，在水一方。"校研究生会在线举办"汉语说"工作坊女生节专场，与国际学生一道赏析汉语古体、近体诗和现代诗中表情达意的特殊韵致，诗意地向身边的女性朋友表达关心和赞美。

新闻学院九字班的 9 位男生充分发挥专业特长，运用线上资源拍摄抖音小视频，制作 H5 推送，利用腾讯会议的 9 个视频窗口录制祝福视频。"云端求学不能停，对女生的祝福也不能停，即使在家也要让女生们感觉到男生的用心准备。"

他们同时也为班主任杭敏和其他几位女老师送上祝福，"女生节和'女神节'一起过"，向她们教书育人、潜心治学的精神致敬、致谢。她们的今天，就是女生们的明天。

这一天的特别，在于它不仅是一次男女生深入交流的机会，更是一次清华集体主义精神和归属感的浪漫表达。

对于所有的清华女生来说，这次女生节因为它的特别而格外令人感动。宅家的孤独、在线学习的紧张、临近毕业的忐忑，都在一条条电子横幅、一份份精心准备的小礼物和一篇篇情真意切的推送中得到消解。它们是世事纷杂中的小确幸，是专属清华女生的珍贵记忆，也是每个清华人心头念兹在兹的温暖。

这个春天，我们的距离远了，心却更近了。

"云赏春"：春天拥抱清华，也拥抱你我

文字 ｜ 韩瑞瑞

图片 ｜ 田蕾

律回岁晚冰霜少，春到人间草木知。

当清晨第一缕阳光将镶在红墙上的窗户照得明亮，鸟儿在灰青的屋檐上婉转清啼，当校河携着微风汩汩流动，荒岛比昨天又添几分绿意。清华园里，踏着轻快的步子，哼唱着无声却动人的旋律的，是春的到来。

宅家的你，一定想念花影摇窗的校园时光。

今天，即使身处五湖四海，仍要赴这一场春日的约定，将满园春色尽收眼底，感受水木清华众秀所钟。让我们一起"云赏春"，过一个最特别的植树节！

今日的北馆异常安静，却依旧清丽俊雅。风拂过它笔直的线条，空气里便充盈一阵清冽香甜的芬芳，寻香而至，隐藏在一人高的灌木中，你得凑近了仔细瞧才能看见它花瓣上莹白里透着的粉，过了蓓蕾初绽的时节，它大方地伸出雪白的蕊，顶端是鹅黄的尖。这一丛丛郁郁忍冬，在冬天里攒足了劲头，迎着春寒就率先吐花展瓣，硬是比迎春花都更早一头。在北馆玻璃幕墙的倒影里，它化作点点繁星。

近春路上，停下匆匆的脚步，驻足片刻便可瞥见于风中飞舞的那一瓣梅，穿越三千年的绵长岁月，历经诗熏墨染。这一朵带着"摽有梅"的情意，那一朵从元代有爱梅成癖之称的王冕的九旦山"出走"，从《南枝春早图》中现身，还有烈火硝烟的年代寄托着革命壮志的一曲红梅赞歌……

此时此地，清华园里的梅不似燃烧着的烂漫，那挺立于料峭春寒中的一树树，枝瘦花薄，点点白梅，像水墨染出的清幽冷艳，是诗词雕琢的冰肌玉骨，隔着屏幕也仿佛能闻到劲峭冷香。

移步绿园，简直像进入了一个微缩版的百卉园：芬芳馥郁的望春玉兰、清香淡雅的忍冬、素面粉黛的山桃，绿地里还藏着些斑种草和二月兰。耀眼的大片金黄，令人傻傻分不清楚是金钟花、迎春花还是连翘。以果实的药用价值出名的连翘，其实也是早春极佳的观花灌木。灰褐色的枝上，四瓣棱形的叶片凑在一起就成了一朵精致的金色花，让人挪不开眼。连翘胜在繁多，上百株聚在一起，金得晃眼，人们干脆管它叫"一串金"了。

再看一看紫堇，当我们饥肠辘辘跑进清芬园，再心满意足地拍拍肚子出来，可曾注意过这玲珑多姿的小小花朵？紫堇的卵型花序摇曳着，下花瓣细长狭窄，向上由白色过渡到淡紫，开出宽展的花冠，像一只微型小号。微风过境，一串串轻摇起来，姗姗可爱。它又名楚葵，也被称作断肠草，但置身这美味飘香的烟火气中，哪里来的半点断肠呢？

秋收冬藏，春回大地。

那些装点了园子每一个角落的瑶花琪草，还有不懈抗击新冠肺炎的每一个人，都在这场盛大的回归中贡献了力量。没有一个春天不会到来，阴霾渐散，当春风又绿清华园时，"明月照我还"的日子也指日可待。在线课堂上，学生和老师们共同期待着，在一树树花开似锦满园春色的时候再次相聚清华园，触摸她的一草一木，体验她的四季变换。

春分节气：终和且平

文字 | 陶天野

图片 | 刘雨田

惊蛰一声，唤来春分。

春分在惊蛰后、清明前，属"春三月中气"之又"中"，是春季九十天的中分点。《月令七十二候集解》道："二月中，分者半也，此当九十日之半，故谓之分。"另《春秋繁露·阴阳出入上下篇》说："春分者，阴阳相半也，故昼夜均而寒暑平。"古代有春分祭日的习俗，祈求接下来的一年日照晴朗、雨水温和，也寄托着家国平安、生活幸福的美好愿望。

从春分开始，园子里的日头会越来越温暖且悠长。学堂路旁正午的树影一日似一日地变短，宏盟楼前木质的长椅反光，折射出好几个太阳。艺术博物馆里，前辈的笔杆抽枝发芽，成为后人的拐杖。思念园子的时节里，春分就像是一根线，牵起各地的学子和风筝那头的清华园。

南北半球昼夜平分，也共同面对着疫情的"大考"。全球各地的清华人无法回到园子，无法一同放纸鸢、赏花事，但他们都同样以自强不息的精神和温暖大爱，为防疫抗"疫"尽己所能。抗"疫"前线医护人员和志愿者中的清华身影，连接全世界清华师生的在线课堂，驰援兄弟高校的"克隆班"，一项项科技攻关成果中展现的"清华速度"，每一份努力都让这个春天多一分暖意。清华大学还联合其他五所高校发起"春霖"抗"疫"助学行动，帮助更多国家贫困地区专项招生计划实施区域的高三学生克服困难、冲刺高考、奔赴梦想。"没有一个冬天不能逾越，没有一个'春'天不会来'霖'。"春分的调和与均衡，在于以最平和潜默的功用，彰显出同仁一视的泱泱大风。

"春分昼夜无长短，风送窗前九畹香。"春半虽不得踏青，万物生长却不曾停歇。待到天朗气清日，正是相携赏花时。

气清景明，吐故纳新

文字 | 李丹

图片 | 田蕾

摄影 | 何康

《历书》有言："春分后十五日，斗指丁，为清明，时万物皆洁齐而清明，盖时当气清景明，万物皆显。"

清明是春之节气。记忆里家乡的清明正是多雨的时节，细密的雨丝浸润在树叶上，极嫩的绿色更透出盈盈的水光。然而清华的清明并不是这样。"清娥画扇中，春树郁金红。"恰如温庭筠的诗中所描绘的一样，这一时节的清华，阳光明媚，春色满园。

我们一直盼望着的春天，我很幸运地见证了它的到来。最早是白玉兰和零星的迎春，紧接着是连翘、樱花、杏花。当我每日醒来从窗户望去，看见的是一棵新叶丛生的碧绿的树，而阳光掩映在枝丫交错间，清新、淡然，令人的心情格外舒畅平和。

这是我回到学校的第 68 天。刚回学校的那天晚上，我在 C 楼遇到了很多同样行色匆匆的同学。老师们仍坚守在岗位上，细心地记录每一位同学假期里的行程和体温。我主动提起高铁在武汉经停了 5 分钟，但并未有人上下车。思虑再三，老师十分温和地告诉我可能需要集中住宿健康观察 14 天，让我不用害怕。

新斋被紧急改造为集中住宿健康观察点。我从宿舍拿了被褥后就在新斋开始了为期 14 天的集中住宿生活。宿舍是原本的办公室，很大很空旷，放了一张小床和一套桌椅。初期因为准备不足，一些同学的情绪也受到了影响。在看到群里有人发言带着情绪后，我主动添加了对方的微信，和他分享自己的经历，互相鼓励打气。学校很快就考虑到了我们各方面的需求，在"严防严控"的筛选标准下，新斋的入住人员渐渐多了起来，被褥、晾衣架、盆、纸巾等物品也很快配备给了每一位同学。

我常常站在房间的窗前，望向熟悉无比的图书馆和西操。朝阳的蓬勃、日暮的温和、晚冬的飞雪，每日的光影与天气的细微变化都被框在窗间，成为一幅生动的画。

如今在校园的生活一切如常，上课、写作业、准备毕设，休息时候看看电影。但是当我出门戴上口罩，当我无论去哪都需要测体温登记，当食堂里响起"让我们共克时艰一起打赢疫情防控保卫战"的广播，当我在略显空旷的校园里散步的时候，我仍然强烈地感受到当前还处于疫情防控的特殊时刻。

面对未来的犹豫和迷茫、缺少同伴的孤寂不安，这些情绪都曾在某一时刻席卷过我。然而美景抚人心，人心亦暖。是不经意间发现可爱的小花的欣喜，是出宿舍时楼长亲切的叮咛，是操场上玩耍的孩童的笑脸，是身处学校的每一个人积极生活的状态。它们荡涤了所有的焦躁不安，让仿佛被按下静音键的我也不再沉默。

我的毕业论文选题与疫情期间医护群体的媒介形象有关，在提交完开题报告后，我时常阅读着抗疫一线的医护群体的故事。他们本是普通的子女、父母，是我们中平凡的一员。面对突如其来的疫情，他们毫不犹豫地筑起"白衣长城"，用最美"逆行"书写了历史中闪光的一笔。

"青冢静立忠魂宿，梨花风起正清明。"这个清明，举国下半旗志哀，深切悼念抗击新冠肺炎疫情斗争牺牲烈士和逝世同胞。肃立垂首间，凝聚的是哀思，是纪念，更是力量。

清明风至，大地春和景明，万物吐故纳新。我们怀念，我们铭记，但我们永远怀有希望和信心。

"云思念"清华美食：舌尖上的归心

文字｜曹旺祺

图片｜宋晨

素材提供｜清华大学官方微博团队

清晨，宿舍。召唤你的，不仅是第一缕阳光，还有熟悉的味道。今天的早餐，你来了份清芬园的生煎，两面金黄，外焦里嫩，轻轻戳一筷子，汁水饱满，咬一口鲜嫩无比；滚烫的花生浆一杯下肚，香甜浓稠。

中午，紫荆四层是你的最爱，炸鲜奶外表酥脆，内里绵软；配上一碗豆花米线，多加醋，多放辣椒，就是要那个酸辣爽滑的汤汁，那个入口即化的劲道。

晚上，选择太多了，你最终被烤鸭那金黄鲜红的诱人色泽吸引，皮薄肉嫩，溢满味蕾。冬天给自己加一袋温热的酸奶，夏天则有沁人心脾的酸梅汤、绿豆冰沙。

……

而在家的清晨，你被闹钟叫醒，打开手机，看见清华大学的官方微博发布了一条18图的微博，全是你心心念念的美食。你评论：好想紫荆 / 桃李 / 玉树 / 丁香……好想开学！

在清华的食堂，不管来自五湖四海，你永远可以品尝到家乡的味道，也可以享受到他乡的荟萃。京味涮肉的嫩，川湘美食的鲜辣，福州风味的清甜，江浙粤菜的浓香回甘，还有东南亚、欧美西餐的异域风情，无一不牵动着清华人的味蕾，也牵动着清华人的归心。

我们在说"好想念清华美食"的时候，想念的其实远不止食物本身。我们想念的，是在清晨睡眼惺忪地站在紫荆窗口，等待热气腾腾的泡面唤醒一天的元气；是中午与三两好友同点的一盆麻辣香锅，谈笑间吃出淋漓的畅快；是下了晚课后匆匆赶往桃李，一边小组讨论一边不顾体重大快朵颐着烤串；是和食物一起让我们牵挂的人，是园子里独有的无数美好回忆……

因为疫情不得不待在家的特殊时节，清华学子们怀念千滋百味的美食，也怀念着五彩缤纷的校园风光和学习生活。想早日坐在窗明几净的教室中，想在期中周和同学们一起泡图书馆，想在傍晚的紫荆操场上奔跑漫步，想骑着车穿梭于阳光树影……往昔习以为常的一切，在如今都显得弥足珍贵。今年我们错过了清华园的春天，可是未来，依旧有美好的春天在园子里，等待着它的主人。

身为清华人，清华的美食已经成为园子的标志之一，成为我们的动力、向往和骄傲。不管风雨寒暑，总有一种味道，每天三次，在舌尖上提醒我们：立德立言，无问西东。

立夏：万物生长，希望萌发

文字 | 韩瑞瑞

图片 | 崔云涛

"留春春不住，昨夜的然归。"春天还没能够尽情欣赏，夏天已经伴随着飞蚊振翅悄悄来临。

立夏，顾名思义就是夏天的开始。《历书》中有，"斗指东南，维为立夏，万物至此皆长大，故名立夏也。"经历了秋收冬藏，春之萌芽，至此，日照增加，天气回暖，生命进入茁壮成长的旺季，万物繁茂。

纵然是花尽蜜蜂稀，夏天仍是希望的季节。"孟夏之日，天地始交，万物并秀。"春红落尽，夏木成荫，春天播种的植物已经长大，又到了水稻栽插的时候，农民们进入了一年中的大忙季节。据记载，在立夏的这一天，古代帝王要率文武百官到京城南郊举行迎夏仪式，以表达对丰收的祈求和美好的愿望。

"一夜薰风带暑来"，清华园的路面上开始升腾起热浪，学堂路上高大的加杨又一次穿上绿衣，投下树荫。日复一日，年复一年，它挺拔在每一个赶早课的清晨，挺拔在我们的记忆里。

春争日，夏争时，万物宜早不宜迟。父母更是从小教导我们，读书好比种地，一分耕耘，一分收获。对于我们而言，这是极其特别的一个学期。没了六教悦耳的铃声和窗明几净，老师们只能通过网络"耳提面命"，学习只能依赖几台电子设备和自觉。但是，回顾师生共建在线课堂的努力，回顾109年清华人的自强不息，回顾疫情暴发至今中国与世界人民的不懈抗争——青年多壮志，奋进正当时，我们更当以辛勤耕耘的姿态共克时艰，只争朝夕。

"绿树浓阴夏日长，楼台倒影如池塘"，水木清华，少了莘莘学子的身影，却多了许多孩子们的欢声笑语；不似春天那般浓艳多彩，暖意与清凉却也沁人心脾。身处各地的我们，彼此相隔却不忧愁，因为思念与期待让我们更加团结友爱。

万物生长，希望萌发。在同心抗疫，共克时艰的今天，春日渐远却不必悲伤，因为每一天都是希望的日子！只要珍惜光阴，把握当下，丰收的喜悦便指日可待。

第30届校歌赛外围赛：乐海遨游　以歌为纪

文字 | 曹旺祺
图片 | 任左莉
素材提供 | 清华大学学生会

　　2020年，是清华大学校园歌手大赛第30周年。在这水清木华之地，曾有无数清华人的音乐梦想生根发芽。从"万物声"，到"原声代"，再到"百味声"，从校歌赛走出的优秀的校园歌手们唱响国庆典礼，引爆鸟巢的说唱舞台，为疫情下的白衣天使们谱写动人赞歌……

　　而今年的春天，校园歌手们载歌载梦，开启了特殊的"云上"音乐盛宴——第30届校歌赛"乐游纪"。乐海遨游，以歌为纪，这个特殊的春天里，清华学子在疫情下的坚守与拼搏，以音乐为纽带再次凝聚和歌唱，刻下这30年来浓墨重彩的一笔。

　　2月下旬，由清华大学学生会举办的线上K歌赛，为校歌赛预热，也为足不出户的清华学子们带去相聚的温暖，让他们用自己的歌声传播爱与团结的力量和必胜的信心。来自五湖四海的清华人，通过歌声再次联结到了一起。他们相隔千里，甚至身处大洋两岸，但音乐不会因此而停息，情怀不会因此而消减。

　　4月18、19日，经过一个周末的激烈比拼，清华大学第30届校园歌手大赛"乐游纪"线上外围赛圆满结束。本次外围赛共144名选手参与，他们克服了线上演唱的种种困难，带来了无限精彩的表现。在线上搭建的舞台上，高手云集，各显神通。大气磅礴的美声、余音绕梁的花腔、动感十足的说唱……中英日韩各种语言一应俱全。经过评委和工作人员全程辛勤的参与筹划，最终，58名选手通过外围赛的选拔晋级初赛。

　　本次校歌赛的工作人员对赛制进行了一定的改动，以适应选手的特殊情况。例如，全民K歌平台无法进行两个人以上的合唱，所以多人的阿卡贝拉组合派出两位组内成员进行演唱，评委再结合此前的演唱视频进行考量。外围赛邀请了孟晴、吴羽单、潘超等往届优秀歌手作为评委助阵。

　　社科学院直博一年级的何致衡是第五次参加校歌赛了。他曾获得校园十佳歌手、复赛冠军，外围赛选了一曲怀旧经典的《last dance》。"今年待在家里久了，想唱歌了，"他笑称，线上比赛的氛围反而轻松，"感觉就是到时间了上线一下，唱完也是点一下退出就可以，心态也比较平静，也有可能是因为参加了不少次，有了经验。"对这届校歌赛，他希望可以一如既往地好："整整30年了，希望能看到一届精彩且充满故事的校歌赛。也希望自己能珍惜这个好好唱歌的机会。"

　　这场音乐之旅正以30年来前所未有的方式继续着。下学期初赛将在校园中进行，和原创组的比赛一同开启。届时，选手们将经过初赛、复赛的重重考验，最终角逐出十位非原创歌手和三位原创歌手晋级决赛，争夺桂冠。

　　在这个特殊的时期，校歌赛让清华学子们在音乐中迎接春天，盼望盛夏，彼此相连，展望相聚。期待园子里能再次响起清华学子歌声的那一天。

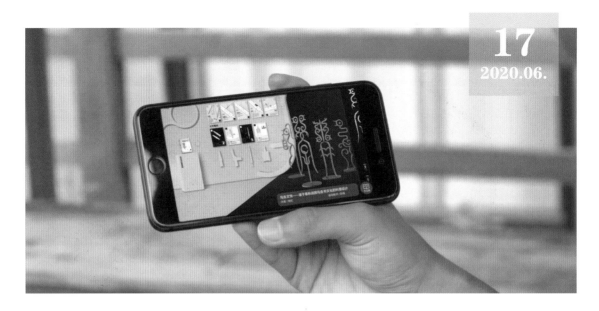

清华大学美术学院毕业展搭建 5 千米长 "云端画廊"

文字 | 师丹青
动图 | 赵存存
素材提供 | 美术学院

6 月 12 日下午，清华大学美术学院 2020 届线上毕业作品展正式上线。面对突如其来的疫情，特殊的挑战之下，清华大学美术学院的师生们迎难而上，研发出一套专门为 2020 届毕业生们设计，涵盖创作、布置、上传、评审、发布和传播的完整的线上展示系统，并在阿里云服务器资源的大力支持下正式上线，向社会公众开放。

清华大学美术学院染织服装艺术设计系、陶瓷艺术设计系、视觉传达设计系、环境艺术设计系、工业设计系、工艺美术系、信息艺术设计系、绘画系、雕塑系、艺术史论系、基础教研室共 11 个培养单位的 282 名本科毕业生和 167 名硕士毕业生克服困难、坚持创作，通过线上的方式与指导教师保持沟通，高质量地完成了 1000 余件作品，创作题材多样，而且主题突出，体现了传统与当代、本土与国际、实用与唯美、观念与方法的深度结合。

其中，有的同学强调作品的实验性，有的同学选择跨界融合，还有的同学凭借艺术创作反思此次疫情。同学们关心社会热点，关注人口老龄化、生命健康问题、工业遗址改造等热门议题，凭借扎实的专业基础和设计创新能力，回应当下社会文化所提出的挑战，展现出独立思考的能力、勇于创新的精神和强烈的社会责任感。

为了更好地呈现出同学们的创作成果，清华大学美术学院由信息艺术设计系牵头组织了研发团队，参与的老师和学生志愿者有 30 多人，三个多月前就启动，开发设计了一套线上展览系统，支持毕业生自主上传作品、自主布展。参展的各个系（室）也都组建了布展团队，师生"肩并肩"共同搭建出一条虚拟展示长廊。

与实体展厅相比，云端虚拟展厅空间的容量更大，每个参展的学生都拥有约 100 平方米的专属虚拟展位，跨度达 12 米，所有毕业生的作品连接起来，能串联成一个足足 5 千米长的"云端画廊"。作品在远、中、近景中有序展开，只需左右滑动，弹指间，尽收眼底。

此外，线上布展更为自由，绘画、雕塑、装置作品、工业产品设计等均有相匹配的展陈形式。不过，线上展平台只提供虚拟空间和布展工具，作者最知道自己的作品如何展示效果才最好。每张画、每件作品、每个屏幕、每堵墙、每个灯光，甚至每个交互，都是同学们自己亲手设计和布置的。

虽然没有如往届毕业生那样，在校园里一起挑灯布展，但同学们拿着数字技术的"钉子"和"锤子"，一起在线上热火朝天，在两个多月的布展时间里，"叮叮咣咣"地布置了几百间各有特色的展位，联袂呈现给观众。

多元交互、多层次入口是本次线上展的一大特点。线上展厅里，每个闪烁的小圆点背后都有个"彩蛋"：可能是放大看绘画细节、可能是播放动画、可能是开启车门、可能是翻开书，甚至可能是让机器人变形……这些交互设计都会给观众带来意外惊喜。观众还可以返回目录页，选择最感兴趣的专业和品类。每个专业的本科生、研究生作品，一键就能切换。在线上展厅左边栏的学生名单中，能轻松地找到"他"和"她"。

有了充足的云上展示空间，有更人性化的界面设计，本届毕业生的作品有机会展出，还得益于借助科技，充分展示创作效果。动画、视频等多媒体表达方式的运用，使得本次展览呈现出了前所未有的视觉体验。

通过清华大学美术学院师生们的共同努力，本次展览全方位、多角度地呈现了清华大学美术学院毕业展的风采，体现了一定的专业创作水准。2020 年，对艺术教育而言，有艰难的挑战，也有变革的契机，线上展览让师生们得以探索前所未有的体验，寻找更多未知的可能。

端午：同心同"舟"

文字 I 曹旺祺
图片 I 赵存存

又是一年端午时。

"五月五日午，赠我一枝艾。故人不可见，新知万里外。"在新鲜的艾草香和浓浓的思念中，我们迎来了一个特殊的端午节。

端午节又叫端阳节，相传最早为了纪念屈原而生。其实早在春秋时期，就有用菰叶（茭白叶）包黍米成牛角状的习俗，"仲夏端午，烹鹜角黍"。于是，家家户户都开始"五色新丝缠角粽"，吃上一口或甜糯或咸鲜的粽子，配上彩色丝线缠绕的鸭蛋，延续千年。

这是关于端午习俗最早的记载，除此以外，端午还有赛龙舟、饮雄黄、佩香囊、祭祀等风俗活动。"碧艾香蒲处处忙。谁家儿共女，庆端阳"。著名作家沈从文的《边城》中，就记录着湘西乃至全国同庆端午的盛况：妇女、小孩子端午节要穿新衣，额角用雄黄蘸酒画王字，吃鱼吃肉，全家出城到河边看划船，军民自由下水捉鸭子……

在端午这个节日，不只有粽香扑鼻和龙舟竞渡，更有一种千古传颂的人格魅力，一种亘古流传的民族精神。"长太息以掩涕兮，哀民生之多艰。"汨罗江边，且行且吟的身影，至今仍铭刻在每一个中国人的心中。我们纪念屈原，不只是缅怀一个文化符号。而更重要的，我们在缅怀穿越时空的家国情怀。

两千多年，时光荏苒，历史车轮滚滚，到了 2020 年，世界已在飞速变迁。而在清华园内，师生们依旧继承着端午节的传统精髓——家国情怀。热诚的爱国之心和奋斗的青春激情相融合，成为传统节日最美的底色，根植于每一个清华人的心中。

到了平分一年的月份，我们才发现时间的针脚走得如此之快——2020 已过去近一半。上半年，清华师生齐心抗疫，共克时艰，在坎坷中仍旧硕果累累。

六月端午，是一年当中的好时节，人们在万物生机的盛夏，伴着粽叶清香，回望过去，展望未来。一代代清华人同心同"舟"，万"粽"一心，而 2020 年也势必是我们迎难而上、乘风破浪的一年。

云赏清华史料与名家之赠

文字 | 马倩倩
图片 | 刘雨田

清华大学档案馆、校史馆日前推出第五届"清华史料和名人档案捐赠精品展",邀请大家云赏 30 位名家、校友在 2019 年捐赠的 50 余件精品,以百余年来的校园生活为载体,感受清华学者治学风范与清华精神。

打开清华大学档案馆微信公众号推文,牙色长卷缓缓展开:略微残破的纸张上是 1909 年第一批留美生贺懋庆用楷体写的《周易卦序之研究》手稿;"为君剧饮几濡首,借我一庵聊洗心",书法家、收藏家冯恕赠予机械系教授刘仙洲的七言对联显示了先生志趣;1913 年入学,后任地质系教授的袁复礼一张纽约留学生声援五四运动戏剧演出的明信片穿越时空,再现清华学子爱国之心。

从 2015 年起,清华大学档案馆和校史馆就筹备了"清华史料和名人档案征集工程",面向专家学者、师生员工、海内外校友及其亲属征集各类有意义和价值的档案史料。几年来,百余位清华人物的档案史料从世界各地被陆续捐赠到档案馆,捐赠展览也从 2016 年校庆开始在校史馆大厅举办。从四面八方重返清华的校友们也得以借此重拾清华记忆,共同回味校园生活。今年由于疫情无法举办实体展览,档案馆、校史馆决定以线上方式如约将第五届展览呈现给大家,在清华大学档案馆微信公众号平台和清华大学校史馆门户网站"专题展览"栏目等推出展品。

这次线上展出的历史展品中,有校友珍贵的历史档案资料:杨绛先生赠 1975 级校友、校党委原书记陈希《我们仨》钤印著作;杨振宁题字的 2003 级校友沈阳的硕士毕业论文;材料系教授江作昭的国家发明奖章和国家科技成果完成者证书。也有校友学习、工作的生活物品:1954 年将徐育敏从上海带到北京的录取通知书和华北地区新生来京火车行李条;校友黄文标捐赠的一长一短两块"文革"中被毁的二校门碎片;校友赵以宏标号 3288 的自行车出入校门凭证牌。还有一些捕捉了历史的影像瞬间:"一二·一"惨案后西南联大学生运动历史照片;华北学生"反美扶日"集会历史照片;1947 年校庆女子射箭比赛照片;孙奇拍摄的 80 年代清华园里的学习生活照……

这些展品不少是清华校友几十年以至近百年的珍藏,填补了相关档案内容的空白,展现了不同年代的学生风貌,是研究和再现清华校史的遗珠。而线上展映的方式也让更多人以"云欣赏"的方式亲近了清华史料,在拾取历史碎片的过程中重温了清华精神。

清华
映像
Tsinghua
SpotLights

大暑：既有腐草为萤，也有雨来同舟楫

文字 | 彭欣怡
图片 | 曾仪

　　大暑节气正值农历六月中，天热到极点。元稹在《咏廿四气诗·大暑六月中》写下："大暑三秋近，林钟九夏移。"大暑前后是一年中日照最多、温度最高的时间，骄阳在上，正盛的火气伴着倾盆的雨，湿热难耐，随后立秋便不远了。

　　对于中国很大一部分地区来说，受亚热带气候影响，一年里春秋大都不显，夏天的酷暑热得干脆，天空澄亮，阳光火辣，而冬天的寒气也来得猛烈，几场秋雨降落，又几阵凉风忽来，气温也就节节地低了。

　　于是在大暑前后，在秋天来临之前天气最热的盛夏时节，人们适合捞一桶冰凉的井水浸泡甘甜的瓜果，或在星斗满天之夜看檐下凉月入云；在清华，则是适合饭后来一袋清华特色酸奶，或在紫操与朋友围坐夜谈——总之，我们适合在草长莺飞、生机勃勃的夏日里，用生活的智慧去寻一丝滋润与凉爽。

　　但今年的夏天，本应安逸消暑的平凡生活显然更艰难了些。

　　新型冠状病毒肺炎疫情的打击，让这届中高考生所面临的挑战迟来了一个月，清华也在在线教学中结束了春季学期。但困境还不仅如此。近日，南方连日大雨滂沱，多地防汛形势严峻，人们不再适合在午后闲坐，看乌云卷舒、山雨欲来，静坐听雨。幸运的是，我们还有全国上下的殷切关注、多地政府的快速响应、子弟兵的不知疲倦、志愿民众的守望相助。而各地的清华人一如既往地各司其职，在不同的岗位贡献着自己的力量。各种意外冲击着我们的生活，而我们始终站在一起，奋力突围，坚信明天会更好——正如清华精神里一直传承下来的那般，既要有静坐听雨那样面对挫折的坦然心态，也要有心怀广阔天下的胸怀。

　　俯仰世间，在这个特殊的夏季，我们应该看到生活里既有夏夜里腐草为萤，也有大家凝聚成一股力量携手并行，同心同德同舟楫。

　　大暑过后，秋天会慢慢到来，新学期也尽在展望；园子里的花草树木将精神抖擞，等待着学子的归返。

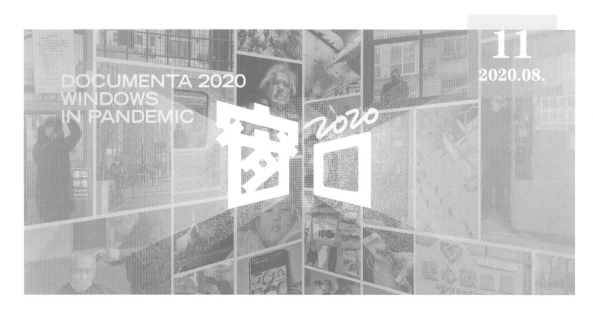

窗口 2020
——以影像记录历史

文字 | 马倩倩
图片 | 李娜

　　"窗口 2020——疫情时期图像档案展"是一场特殊的展览。疫情之下，"窗口"成了大部分人现实生活中与外界交流的重要渠道，它所承载的功能早已超过了建筑意义上的采光、通风功能，我们赋予了它更多的情感。

　　这场由清华大学艺术博物馆与新闻传播学院联合发起的"窗口档案"征集活动，收到了公众六千余组件疫情期间拍摄的各种与"窗口"有关的影像。这些作品成为艺术博物馆开馆以来接收的第一批电子藏品，经过三轮评审，最终选出二百余件作品在实体空间展出，并通过网络平台向公众传播。

　　策展团队试图以博物馆为主导，征集新冠肺炎时期的视觉图像档案。展览以"空间的窗口""相识的界面""探寻的通道""展示和表达的舞台"为主题，立足现场、现实，着眼历史、未来，在严谨的信息客观性与图像的生动性和艺术性之间，做出合理的选择与权衡。

　　在历史面前，个体的记录会被时间打磨出珍贵性。参展的作品中，有著名艺术家、国际策展人、职业摄影师的作品，但在展厅的位置并没有差别，所有的作品都以一种叙述的方式铺陈。在宏大的历史事件面前，每个个体的视角都普通而又独特，透过它们可以看到人们带有温度的生活、思索与情感。

　　"窗口"是旁观者驻足外部环境捕捉到的动像，也是身处空间的在场者摄取到的镜头。瘟疫肆虐期间，自我隔离的宅院、医院的病房、无法靠岸的邮轮、整装待发的派出所……人们通过"窗口"去窥探这些场所的空间记事，"窗口"成为获取真相的镜头。正如清华大学美院教授陈岸瑛所讲："它们不是为新闻报道服务的，而是类似于视觉日记，记录隔离期间的私人感受。"

　　比如武汉大学兰兵教授拍摄《樱园宿舍》，往年人山人海的武大樱花季今年却空无一人，只剩樱花静悄悄地开放、凋谢；又如甘肃天水作者蒋文兴拍摄《解禁 - 理发》，疫情结束后他给父亲理发的情景在不经意间引起人们的共鸣。

　　意大利作者芭芭拉·菲奥里洛在《隔离日记》写道："我打开窗，深吸一口气，像是想要尽情感受肺里的新鲜空气……我觉得现在我们比以往任何时候都需要窗户，那样有形的外延，多么神秘。"展览以一种艺术的方式实现了人与人之间的心灵沟通，将人们的情感凝聚到一起。

　　艺术博物馆是储存记忆的牢靠之地，每一次展览都是一次历史的曝光，这些海量的图像信息是对此次重大事件的肖像素描，反映了社会整体精神状态与意识认知。

　　本次活动的总策划苏丹副馆长说："我们看到在限行、封城、足不出户的日子里，思想、情感却可以在互联网的世界自由飞翔。于是在这个寂静的春天里，不仅鸟鸣重回树间，而且问候、哭泣、呐喊、赞美无时不在那些窗后……"

　　博物馆是时间物证的存放之地。若干年后，当大量的照片成为历史的脚注时，我们会重新理解它作为文献的意义。

特别的开学季：历经万难只为与你在清华园相见

文字 | 杨晨晞
图片 | 梁晨

夏末的蝉鸣逐渐散去，秋意渐浓，又到了一年一度开学季。清华园即将迎来一批新的主人们。席卷全球的新冠肺炎疫情让 2020 年尤其不平凡，也让这个开学季增添了许多特别的色彩。

这是一个历经跌宕的开学季。远程线上教学、高考罕见地推迟一个月、考研线上复试、云上毕业答辩等，无论是本科还是研究生新生，都历经了一个刻骨铭心的升学季，克服重重困难，完成众多挑战，大家终于拿到了心仪的清华大学录取通知书，得以约定在园子的秋色里相聚。

这是一个充满变化的开学季。行李箱的咕噜声依旧会在报到的时候响彻校园，但每位新生的手中会多一个暖心的防疫口罩包；各具特色的食堂依旧值得每位新生打卡探索，但扫码进入、分隔就座也给每份美味背后增添了一份安心；浩如烟海的图书馆欢迎新同学尽情在书海遨游，而新试行的图书馆座位管理系统也让大家能在更安全有序的环境中博览群书。

这也是一个充满希望的开学季。大类招生给每位新生提供了先求索、后选择的理想途径，而 22 个双学士学位、39 个辅修学位更是拓宽了学习的边界。以清华精神和中华文化中含义隽永的五个词汇"致理、日新、未央、探微、行健"为名成立五个书院，在夯实基础学科发展的道路上增添了助力。人文日新的氛围、日益国际化的环境、针对不同类型人才的因材施教计划等，无数的资源等待着浇灌新入学的一颗颗"种子"，帮助他们在这里实现无限可能。

"我期待着在清华的分分秒秒，也许是繁忙的学业、也许是多彩的社团、也许是新的一群朋友与老师。"来自青海，即将进入日新书院学习的高宇欣同学说，"无论在清华的生活是否与想象中吻合，我都期待并热爱这即将到来的大学生活，与即将度过的水木年华！"

邱勇校长在给 2020 年高考考生的邀请信中写道："自强奋进的清华欢迎你。"奋进的行列等待着每一位拥有梦想和情怀的"准清华人"加入。"莘莘学子来远方"，期待新生们为清华园注入年轻新鲜的血液，也盼望他们能在这里尽情书写独属于他们的故事。

04
2020.09.

滑雪世锦赛吉祥物"金牛"温暖 2021 之冬

文字｜王蕴霏

动图｜赵存存

素材提供｜美术学院

寒冬腊月的窗花剪纸上，一只栩栩如生的红色小牛飘离而下。雪花落在小牛身上，小牛打了个激灵，由剪纸摇身一变，成了活灵活现的卡通形象。招一招手，向屏幕外的观众表示：欢迎来到张家口，欢迎来到这个属于冰雪运动的美丽冬天！

这只可爱的"金牛"，出自清华大学美术学院视觉传达设计系顾欣副教授团队之手。8 月 8 日，"金牛"作为张家口2021 年国际雪联自由式滑雪和单板滑雪世界锦标赛吉祥物，通过张家口"云上"正式发布，一露面就收获了网友的广泛喜爱。

去年年初，顾欣老师受邀设计本次世锦赛的会徽和吉祥物，在他的设计团队里还有视觉传达设计系硕士研究生戴詠君和设计师郝梦园。选择以"牛"的形象作为吉祥物设计方案，是考虑到这次大赛正值 2021 年春节期间举行，恰逢百姓迈向辛丑牛年之际，"金牛"有欢乐祥瑞、万象更新之寓意。同时，主赛场张家口也与"牛"密不可分：一方面，畜牧业是张家口的传统优势产业，当地人民对牛有天生的亲近感；另一方面，牛给人以淳朴憨厚的印象，象征了张家口人民的朴实作风与"俯首甘为孺子牛"的实干精神。

在非物质文化遗产融合方面，金牛的设计充分融合了张家口最具民族特色的地域文化——"蔚县剪纸"。世锦赛组委会工作人员经历广泛的调研采风，最终为蔚县剪纸所吸引，拜访了诸多民间传承人。主办方与传承人围绕剪纸特点集思广益，收集相关资料发给顾老师。于是，牛角颜色变换处、耳朵内侧阴影处、尾巴末端以及吊梢眼的睫毛部位都加入了剪纸的元素。

蔚县剪纸第四代国家级传承人周利伟曾为平昌冬奥会"北京八分钟"设计剪纸作品，这一次也为吉祥物围巾和滑板的设计提供了非常宝贵的意见。围巾上的祥云纹理，灵感也来源于蔚县剪纸。从"金牛"动态造型中的彩色滑雪板可以发现，蔚县剪纸兼顾线条与颜色的美感。中国剪纸不同流派源远流长，而蔚县剪纸最显著的特点是，不仅有轮廓和图案，还创造性地运用国画上色晕染的工艺，俗称"三分刻，七分染"。正是这画龙点睛之笔让"金牛"联结了传统与现代，在东西方文化的碰撞中，吉祥物的形象越发丰满俏皮。

创作过程中，新冠疫情悄然而至。今年年初人员流动受限，来自澳门的研究生戴詠君无法返京，团队内部交流只能借助网络会议，成员之间难以直接进行细节上的演示。但网络会议亦有优势，屏幕共享让成员之间的交流更加清晰明了，整个设计过程始终能够愉快、顺利地推进。

"金牛"名称的中英文专属字体设计，也与会徽字体一脉相承，后续将由顾欣老师与方正字库共同设计开发，并应用于赛事活动的宣传及赛事场地的导视系统之中。

作为北京 2022 年冬奥会和冬残奥会前规模最大、级别最高、赛时最长、项目最多的测试赛，"国际雪联自由式滑雪和单板滑雪世界锦标赛"更像是一场冬日狂想曲的前奏，而吉祥物"金牛"的发布便是美妙乐章的第一小节。以文化寄托祝福、以传统助力未来，顾欣团队先声夺人，为国内外冰雪运动的推广，开了个好头。

金牛贺岁，终将温暖 2021 之冬！

白露：凝望秋天　拥抱相逢

文字｜韩瑞瑞

图片｜曾仪

白露迎秋，过了这一日，夏日的闷热逐渐退散，午后凉爽的微风和轻了许多的蝉声提前透露了秋的消息。

"衰荷滚玉闪晶光，一夜西风一夜凉。

雁阵声声蚊欲静，枣红点点桂流香。"

随着开学前的大规模返校，清华园再次恢复了往日的喧嚣。水木清华，荷塘月色，疫情时期暗自蓄力的花，用她们的清香和娇艳震慑人心，荷花清秀靓丽，桂花阵阵飘香，菊花清幽淡雅，装点着夏末初秋的色彩。

在严密而有序的防疫措施下，校园里到处是井然有序的景象。随处可见的红色条幅热情洋溢地欢迎着朝气蓬勃的零字班新同学；西湖游泳池里大人、孩子活力四射、一团欢笑；傍晚的操场上有人挥汗如雨，有人健步如飞；各个食堂、餐厅门前排队扫码、测温的师生，期待着与麻辣香锅、老碗鱼的重逢。

当清晨推开窗，伸个懒腰，贪婪地呼吸一口清新爽洁的空气，感受着叶梢上露珠的生机，不禁发出感叹：清华，终于又与你重逢！

白露至，秋意浓，放眼望去又是收获的季节。经过一学期的远程在线学习，同学们不知有多想念掩映在树木中的四教和清华学堂散发着淡淡清香的木制桌椅，所幸新学期如期而至，图书馆的座位日渐抢手，教学楼也重新"开张"，研读间里又响起热烈的讨论与交锋。

无论对于新生还是老生，这都是一个崭新学年的开始。在疫情之下度过了高考难关的少年们终于得以迈进心心念念的学府，迎接全然不同的生活，或许是第一次远离家人，独自生活，或许是憧憬着专业学习与社团招新，或许是对前方未知怀有一丝迷茫……而对于园子里的老面孔来说，新的学年是调整计划，再接再厉，是坚定初心，稳步前行，是遭遇逆境，但不弃不馁。

随着校园日渐生机勃勃，各项工作稳步开展，疫情防控态势仍要保持只紧不松，防疫措施不留任何缝隙。返校师生要遵守公寓和公共空间的管理措施，正确佩戴口罩，外出做好防护，保持卫生，勤消毒，勤通风，做好垃圾分类，保持健康规律的生活和愉悦的心情。

行更胜于言，让我们以携手共进的姿态迎接新的学年，协心同力，孜孜不倦，共同期待秋天的硕果。

清华映像
Tsinghua
Spotlights

老师，您辛苦了！
2020.9.10

老师们，节日快乐！

文字 | 曹旺祺
图片 | 崔云涛

　　谆谆如父，殷殷似友。在每个学子的人生道路中，都有一把点燃智慧的星火，一盏指明方向的灯塔，甚至铭记一生的引路人——敬爱的老师们。

　　《礼记》有言：建国君民，教学为先。注重礼乐教化的中国文化里，尊师重教是薪火相传的价值基因。现代的教师节，则赋予了师生关系以更丰富的内涵。教师节是全社会给教师这个专业群体的最高荣誉，促进社会尊师重道、积极尚学的良好风气。

　　在清华园中，老师和学生一向相辅相成。梅贻琦校长有言：所谓大学者，大师之谓也。一年一度的"清韵烛光——我最喜爱的教师"和"良师益友——优秀研究生导师"的评选让我们看到，清华老师的热诚、奉献年复一年地感动着学子们。而在过去的疫情期间，老师攻坚克难，师生守望相助，更是共同攀登了一座座高峰。

　　"在线学习，一个都不能少。"这句郑重的承诺背后，是全体老师沉甸甸的付出。

　　上个学期的在线教学，清华园可爱的老师们全力以赴，连课堂断电的情况都有预留方案，让每一位学生都吃了一颗"定心丸"。线上的期末考试后，老师们将在线学习的成绩和近五年进行比较，近 95% 的同学认为，在线学习和传统教学做到了同质等效。

　　从"雨课堂"到"荷塘雨课堂"，师生不仅实现了云端相见，还在学术尖端、科研领域等收获了丰硕成果。上学期，老师们对 2 万多名学生展开了 4500 次高质量在线教学。清华实现了"一个都不能少"的承诺，交出了满分答卷。

　　新学期伊始，在前不久的研究生开学典礼上，邱勇校长为疫情下迷茫的学生解惑的同时，也提出了殷切的期望。他循循善诱：作为新时代的青年，要永葆心念苍生的情怀，坚守公平正义的价值，确立兼济天下的志向；给生命以温暖，为理想而躬行。

　　一朵花，绽放树枝，方能展示美丽；一棵树，代代相承，才实现其价值。

　　在清华，这些老师们就是如此。他们始终将个人命运与国家命运紧密相连，无怨无悔地将这份信念代代传承。他们的存在就像一棵棵月亮下坚守的树，让动摇者看到刚毅、让退缩者看到拼搏、让迷失者看到方向，不断引领学生前进。

　　这个特殊的节日，不仅属于全体老师，也属于广大同学们。为生者，以师为荣。清华学子更是如此，无论身在何处，去向何方，都不忘在今天为全体老师送上一份殷切的祝福：

　　老师们，节日快乐！

重阳：九九归真　万象更新

文字｜韩瑞瑞
图片｜田蕾

在艺术博物馆东侧的小道两旁，出现了清华园里第一抹金秋的色彩。午后艳阳的照射下，红色的树叶像一团团燃烧起来的火，和北京湛蓝广阔的天空形成鲜明的对比——秋天，以这种方式宣告她的到来。

每逢重阳佳节，古人总要登高辞青，祈求避祸消灾，福泽保佑。

《易经》中有"阳爻为九"，九是阳数，九月初九是"两九相重"，所以称为"重阳"。九九归真，万象更新，重阳节是个充满了吉祥意味的节日。在这一日，或许偶有"每逢佳节倍思亲"的感伤，却并不妨碍我们游园赏秋，一探秋天的奇境！

在关于重阳的众多意象里，菊是最抢眼的那个——无菊非重阳。在黄巢的笔下，"待到秋来九月八，我花开后百花杀。冲天香阵透长安，满城尽带黄金甲"。菊是气魄雄伟的英雄之花；在陶潜眼中，"余闲居，爱重九之名。秋菊盈园，而持醪靡由，空服九华，寄怀于言"。菊是节气超脱的高雅之花。空闲之余，不妨走出房门，欣赏初绽的菊花。在园子里一边踱步，一边寻找色彩鲜艳、柔媚多姿的秋海棠，小巧可爱、飘香四溢的桂花。

校园里有许多赏秋的好去处。站在桥上，看校河蜿蜒曲折伸向远方，河水倒映红绿参半的爬山虎，夏与秋交织着，像装饰着的美梦；清华学堂前，美院学生坐成一排，把夕阳描摹在纸上，假想时光的停驻；流连于荷塘边，观赏初秋的残荷，也别有一番趣味。

除了美景，秋天也是吃桂花糕、大闸蟹的好季节。"秋风起，蟹脚痒；菊花开，闻蟹来。"工作学习之余，师生、朋友们相聚一堂，共度佳节，用浓郁醇香的蟹黄和蟹膏，慰藉一日的辛劳。

拜神祭祖、饮宴祈寿，重阳该是团聚的节日，因此别忘了给远方的家人亲友送上祝福，尤其是向祖辈表达感恩和祝福。"九九"和"久久"同音，有长长久久的含意，因此重阳节在近代被赋予了敬老的新含义，于2012年正式被确立为老年节。

岁岁重阳，今又重阳。2020年已过去大半，时光匆匆流逝，见证着无数的成长。晒晒秋日第一缕暖阳，收藏一片学堂路地面上的纷飞落叶，新一年的秋之气息包裹着我们，温暖如常。

荷塘
咏叹调

荷塘咏叹调　水木清华情

文字｜曹旺祺
动图｜刘雨田

"淡抹余晖映衬着西山苍苍，朦胧月色洒落诗人咏叹的荷塘。秋夜晚荷仍未泯淡淡的芬芳，仿佛发自伊人的云鬓素妆……"

月下荷塘，西山苍苍，静亭池畔，一段咏叹的琴声悄然从指尖流淌。细数青葱年轮，漫话水木情怀，清华被谱写成了一首唇齿留香的歌曲，吸引着每位听者走近这座百年学府，一睹她的芳姿，感受她的深厚积淀与恒久魅力。

《荷塘咏叹调》是清华师生原创的校园歌曲。由计算机系本科生佟禹畅同学作曲，王玉明院士填词，清华大学付林波老师和社科学院博士生何致衡演唱，王玉明院士还在曲目中做了口哨的配乐。9月19日，经过多轮激烈角逐，《荷塘咏叹调》斩获由中国传媒大学、清华大学与QQ音乐、腾讯音乐人联合主办的"Z世代原创歌曲大赛"特等奖，同时获"最受欢迎作品奖"。

歌曲的诞生，是两位创作者在生活中巧遇的惊喜。2017年暑假，佟禹畅在蒙民伟楼练习弹奏钢琴，某个瞬间被灵感击中。她任凭指尖自由地在一排琴键上游弋，《荷塘咏叹调》的曲子便自然而然地从琴弦的振动中吟唱出来。它带着前人的痕迹，有柴可夫斯基的风味，又糅合了俄罗斯民族的壮阔悠远。

而后，王玉明院士偶遇了在水木清华拉琴的佟禹畅。当时，佟禹畅的琴弦上流淌出《山楂树》的音符，而王玉明院士正是俄罗斯音乐的爱好者，且极擅吹口哨。他用口哨和着提琴，共同演绎，两人一拍即合。佟禹畅把自己创作的曲发给王院士，邀请他填词，这位工于诗词的"诗人院士"听了十分欢喜，欣然同意。两人经数次商讨，最终磨合出一首精巧而优美的《荷塘咏叹调》。

王玉明院士细腻切近的歌词，还有其中蕴含的清华风情，让听众发现清华园的景致，比平常人们所了解的更加令人惊艳。歌曲中贯穿始终的清华元素，饱含浓厚的校园情怀：荷塘，高杨，水木清华，情人坡，图书馆，宿舍，老校歌……

"所谓风格，大概就是已有生命历程粗糙而隐晦地叠加在一起后，又遮遮掩掩地露出一隅。"佟禹畅同学说。无论词曲，创作者都在歌中抒发了自己最纯粹的热爱。这样必然和偶然的相遇，让《荷塘咏叹调》最终诞生了。尽管作者的年龄和阅历都有着很大的差异，但在艺术审美观方面高度一致，"我们在艺术审美方面根本没有所谓'代沟'。"王玉明院士笑称。

《荷塘咏叹调》曲深情而优美，如清泉潺潺，又如空谷回响。歌词既具有中华古典诗词的特点，情景交融，修辞典雅；又具有流行抒情歌曲的特点，感情真挚，自然流畅。词与曲的深情、唯美、怀旧甚至淡淡忧伤的意境和艺术韵味高度契合。再经由演唱者付林波老师与何致衡同学完美的男女和声，造就了至臻至美的艺术表达。

这首歌中西合璧，在空间上辽阔包容；又富有年代感，在时间上悠远绵长。词中融会贯通了《山楂树》《莫斯科郊外的晚上》《三套车》《田野静悄悄》等20世纪五六十年代曾经在清华园传唱的苏联或俄罗斯歌曲，又用20世纪八九十年代的清华原创校园歌曲《同桌的你》《一生有你》以及清华毕业歌手李健的《贝加尔湖畔》谱写了流行青春故事。

这首歌不仅唱出了清华园几代人的青春，也涉及了青春隐秘的爱恋。然而，关于荷塘的咏叹永远是忧而不伤的。尾声"……共沐那水木清华旁和煦春阳……离别怎能忘彼此一段情长"，将清华人的爱情、友谊和清华情加以升华，余音袅袅，不绝如缕。

不管是青春故事，还是清华情怀，《荷塘咏叹调》都引起了无数听者共鸣。王玉明院士说："在这首歌评奖的过程之中，我就听许许多多不同时代的朋友（特别是校友们）对我说，他们被这首歌真正地感动了。"不同年代的清华人都能够与这首歌高度共鸣，百听不厌，怀念在母校学习生活的美好时光，甚至直想落泪。也正因此，这首歌能获得业内外人士的一致好评，并最终摘得桂冠。

真诚的音乐，总是最能打动人的音乐。荷塘咏叹调，水木清华情，让我们撷一片荷塘月影，随歌声走进百年的水木清华。

生命学院鸟岛实践：清华学子与青海湖的 15 年

文字 | 谢卓凝　张书豪　秦雨欧
图片 | 李娜
素材提供 | 校团委　生命学院

　　2020 年是生命学院"鸟岛支队"成立的第 15 年。2006 年至今，每年暑假"鸟岛支队"都会在校内招募师生作为队员，一同奔赴青海湖国家级自然保护区开展生态及人文调研。支队成员们学以致用，将专业知识与社会实践结合，在青海湖探索课堂的外延，取得丰硕成果。

居诸不息　脚步未止

　　2006 年，清华大学生物系（现生命学院）在青海湖国家级自然保护区建立鸟岛暑期社会实践基地。鸟岛坐落于青海湖的西北隅，因岛上栖息数十万计的候鸟而得名。

　　15 年来，每年夏天都会有来自不同院系的清华学子组成实践支队，赴青海进行生态、人文调研。他们在当地工作人员的帮助下，编制完成了《青海湖实地观测与研究》《青海湖水鸟迁徙研究》白皮书，撰写了《斑头雁繁殖行为研究》论文和《青海湖水位变化对候鸟栖息地及组成的影响》调查报告等，并采集制作了千余份动植物标本、万余份数字化标本，还著有绘本作品《守鹤》《海心》《阿布的自然观察手记》、随笔录《吉光片羽》、摄影视频集《鸟岛·十年》《湟鱼的前世今生》等。

　　15 年来，鸟岛支队的同学们见证了青海湖日渐美丽的蜕变，见证了当地淳朴多情的风俗文化，也见证了政府、管理部门和当地民众为保护生态环境、改善民生作出的努力。从设立青海湖国家级自然保护区，到力排众议取消鸟岛对外开放、强化科技监控体系，再到现今国家公园成为新的发展方向……不同时代，变的是政策与方法，不变的是与自然和谐共处的初心。

行囊丰盈　满载而归

　　2020 年上半年，新冠肺炎疫情暴发，为了保证队员的生命健康，支队行程一改再改。但漫长的等待不曾挟走丝毫热情，反而让期待更饱满、渴望更强烈。队员们经过疫情防控专场培训、支队成员健康状况监测、出发地及接收地疫情状况评估等多项安全保障后，终于在国内疫情形势向好的八月初出发。

　　本次实践，支队成员决定兵分两路，其中三名同学加入普氏原羚调查组，同当地管理局工作人员及青海师范大学的学生们一起完成每日监测的数据汇总与总结报告、学习普氏原羚监测方法，分工记录下经纬度、数量、雌雄、幼体、围栏高度以及周围家畜等信息。

　　其余队员开展了鸟类行为日节律的研究。他们以布哈河中鸬鹚与棕头鸥的栖息地进行连续定点观察，并完成了《青海湖鸟岛景区外周棕头鸥和普通鸬鹚行为时间分配和日节律研究》，在一定程度上填补了青海湖鸟类行为节律研究的空缺。部分同学还来到青海湖湟鱼孵育站和野生动物救治中心学习交流，收获颇丰。

　　生态保护不只是面向自然的保护，其根本目的在于探寻人类活动与自然保护的和谐统一。青海湖本地人口多为以藏族居民为代表的少数民族居民，其民族文化孕育着对生态环境与野生动物的热爱。为了解当地居民对于生态保护的独特看法和对生态保护政策的认识，同学们走访了鸟岛附近的海南藏族自治州共和县石乃亥乡，攒写汇总成《石乃亥乡人文访谈录》。

与生灵共舞　与自然共存

在思考与行动中，同学们默默守护青海湖与鸟岛。无论是插遍了经幡的山谷，还是周身绘满细致精美纹路的白色佛塔、形色各异的石头、碧玉一般的湖水，都拥有各自的呼吸和命运。支队成员、美术学院 2018 级本科生郭心怡感叹："鸟岛是喧嚣世界之外的一片净土，这里天高水阔，白云触手可及，处处可闻鸟儿的鸣啼，居民性情朴实，对我们热情招待。自然和生命给予我的十足的震撼，总让我忘却途中的疲惫，时刻提醒我人类肩负着保护自然的重任。"

鸟岛支队是青海湖的过客，但大家希望发生在青海湖、发生在鸟岛的故事能够被听见，鲜活的生灵和壮丽的风景能够被看见，让更多人参与到保护生态环境、与自然和谐相处的过程中。同时，也希望为当地百姓尽绵薄之力、为少数弱势群体发声。

近两千公里的距离，隔不开清华园与青海湖的联系。风雨 15 年，鸟岛支队始终坚持与青海湖国家级自然保护区管理局密切合作，为保护青海湖周边及鸟岛的生态环境贡献力量，从多角度调研生态保护的政策和方法。同时，通过支队、院系及学校的影响力，让更多人体会到青海自然风光的魅力，参与到保护生态的过程中。鸟岛支队的每一位成员都肩负着传承的使命，也开拓着崭新的未来。

鸟岛支队，一直在路上。

立冬：宜回顾　宜希冀　保持温意和进取

文字 | 李一安
图片 | 崔云涛

"细雨生寒未有霜，庭前木叶半青黄。"似乎还没有来得及再多看几眼被金色盈满的秋日清华园，冬天的脚步就越来越近了，而这一年也在拼搏与匆忙中即将画上句点。

立冬日，宜回顾，宜希冀，在寒风里依然保持温意和进取。

立冬分为三候。据《月令七十二候集解》记载，"冬，终也，万物收藏也。初候，水始冰，水面初凝，未至于坚也；二候，地始冻，土气凝寒，未至于拆；三候，雉入大水为蜃。""立"是建立、开始的意思。立冬，是我国民间非常重视的季节节点之一，阳退阴生，生气闭蓄。在冬日休养生息，默默蓄积新的力量，且待自然的又一次四季轮回。

清晨学堂路上，前一夜的寒风又吹落了不少已泛黄的树叶。单车少年压低帽檐、"全副武装"，自行车车把上挂着一杯热腾腾的豆浆。穿过人群和车流，赶在上课铃声响起前，奔赴下一节课堂。

"门尽冷霜能醒骨，窗临残照好读书。"清华园初冬的下午，夕晖明媚，光影流连。携一本书，在情人坡前的长廊里，在宏盟楼前的木椅上，看阳光触碰书页上的每一行文字。被温暖的阳光治愈，与书中的真知灼见深度交流，收获一份内心的安定和满足。

夜晚的排练厅里，以饱满专注的状态投入"一二·九"合唱的排练，各声部不断磨合，只为最佳的呈现。在合唱中振奋人心，在追忆中铭记历史。初冬的深夜，星疏月朗，走过莽莽苍苍的岁月，照亮青年的选择与方向。

冬天的清华园，平添了几分沉静和从容。每一寸土地的深处都深藏着新生的希望，每一个清华人的心里都蕴含着进取的力量。"小春此去无多日，何处梅花一绽香。"

立冬时节，即使岁暮天寒，也要珍藏每一份不期而遇的温暖，在凛风中依旧保持生活的温度与质感。

童思妙笔 · 耕绘奇境
——西方插画师作品展：追寻曙光　收获希望

文字 | 李一安
图片 | 顾绘绯　贺茂藤

　　灰色与黄色交织渲染的展墙、明亮却又沉静的灯光、想象与现实交错纵横的艺术表达，在插画的世界里，感受心灵的自由和故事的梦幻。追寻未来的曙光，也收获希望的力量。

　　"童思妙笔 · 耕绘奇境——西方插画师作品展"于 2020 年 11 月 11 日至 2021 年 2 月 28 日在清华大学艺术博物馆二层展厅精彩展出。本次展览是庆祝中瑞建交 70 周年系列活动之一，由清华大学艺术博物馆、想象力大师艺术基金会、瑞士驻华大使馆联合主办。展期内，清华大学艺术博物馆公共教育与对外关系部还将开展丰富多元的艺术教育活动。

　　"童思妙笔 · 耕绘奇境——西方插画师作品展"汇集了一批具有卓越创造力的、杰出的欧洲和美国插画艺术家的近 180 件精彩作品，分别来自瑞士想象力大师艺术基金会的收藏，以及该基金会主席埃特尼 · 德里泽特先生的个人作品。

　　这些展品不仅包含为故事书配绘的插画，作品内容还包括经典童话故事，甚至作者的原创故事。一些画作涉及中国读者耳熟能详的内容，比如《伊索寓言》《格林童话》《安徒生童话》的相关插图等。插画师以想象勾勒线条，以创意编织色彩，生动诠释了插画艺术的魅力和真诚。

　　展厅入口处的第一幅作品，摘自盖伊 · 比卢特的《想看海的青蛙》，用水彩和喷笔创作而成，用两个富有戏剧性、亮暗对比鲜明的场景串连起一个妙趣横生的故事。第一个场景中，作者将青蛙奔跑的动作定格。天色若明若暗，一只抱着冲浪板的青蛙疾速奔过长道，地面上映出它长长的影子，道路两旁的树木延伸到遥远的边际。通过寥寥几笔对青蛙眼神的刻画，展现了它夜间奔向大海的神态，营造了一种被窥视的紧张感，在紧张中却不失活泼。而在青蛙成功到达海上的第二个插画场景中，海水的颜色由远处的黑蓝逐渐过渡变浅，浪花翻腾的泡沫也得到了细致的点缀。青蛙于一叶浮萍之上冲浪，若有所思地观望着这片神秘的大海。

　　谛听自然和生活的语言，创造一个天马行空的想象世界，或许充满童真，或许映照现实，插画师们用真诚表达的画笔勾勒故事的细节。

　　想象力大师艺术基金会创始人、主席埃特尼 · 德里泽特说："我们有许多关于童年秘密世界的故事，鸟儿、树木和嗡嗡作响的黄蜂都是我们想象力的源泉。那时的我们在脑海中创作图画，讲述着无数令人或爱或惧的故事。这些意象活灵活现，即使等我们长大了还会经常想起，依旧新鲜、幽默、充满力量。这就是属于我们自己的插画。"

　　德里泽特描绘的故事通常苦乐参半、令人惊叹，为成人和儿童描绘出一个如梦似幻、怪物横生的异想世界。本次展览中，他的作品之一《奔跑的犀牛》造型生动别致，以独特夸张的动物、人物比例和对比强烈的色彩，构建了一个奇妙的时空。

　　"手绘插图与影像图片的根本区别在于，它们并非完全来自对现实图景的映射，而是在绘者想象力的发动下创造出来的图形。优异的插图令人脑洞大开，并能够瞬间参悟编撰者的良苦用心。因此每张插图都具有一种超越现实的属性，是想象力一路狂奔之后的奋飞，令读者的思绪得以挣脱现实的藩篱。"本次展览总策划、清华大学艺术博物馆副馆长苏丹在展览前言《涉笔成趣　赋彩童心》中写道。

插画，不仅是阅读过程中趣味与灵动的来源，也是一种故事表达与沟通理解的方式。它是童年想象力的创造的乐园，也是成人面对复杂世界时试图寻找纯粹与希望的港湾。

在倾注了浪漫灵魂的画作前驻足欣赏，尝试理解线条和色块编织的梦幻，惊叹与沉思并存，笑意与感动共生。在走出展厅的那一刻，希望的力量在静静酝酿。

美美与共，天下大同：共建多元清华园

文字｜曹旺祺
图片｜梁晨

莘莘学子来远方，春风化雨乐未央。在今天，走进清华园，你会惊喜地发现，她在多元文化的碰撞下有了全新的面貌。不同肤色、不同地域、不同文化，中西荟萃，古今交融，让这座百年芳华的历史名园呈现出无与伦比的活力、开放与多元。

中外学生趋同融合、共同发展，构建多元优秀文化校园，营造和谐共生的国际化校园氛围是实施"2020 计划"、布局新百年"更创新、更国际、更人文"的重要举措之一。近年，清华校园国际化建设硕果累累，中外文化交流项目蓬勃发展，为学校国际化建设增添了人文温度，也有力地助推了世界文明互鉴，为构建人类命运共同体贡献中国力量。

"随风潜入夜，润物细无声。"在清华园，中外文化的碰撞、交流与融合正点点滴滴地渗透生活的每一隅。一系列创新性的中外文化交流活动，展现出开放包容的国际化校园风采，也让学子们的生活更加绚烂多姿。

在新冠肺炎疫情的影响下，不少国际学生无法返校参与现场表演，2021 国际学生学者新年晚会采取"线上＋线下"的融合模式，以视频节目和现场演出两种形式为观众精彩呈现。在光影和声乐的交织变幻中，在现场与云端的汇通互动里，视觉与听觉的盛宴扬帆启航。跨越时间、地域的阻隔，中外交汇，天涯咫尺。大屏幕上投射出的不仅是节目本身的魅力，更是"天涯共此时"的情怀。历年来，国际学生学者新年晚会的演出师生遍及中国、美国、俄罗斯、韩国、日本、比利时、哥伦比亚、蒙古等世界五大洲的国家。这场一年一度的文化盛宴传统，数十载以来愈发美轮美奂。

不仅新年节日，日常也有惊喜。看，日本的和服、印度的沙丽交相辉映；韩国的糖饼、泡菜饼和美国的甜甜圈令人垂涎欲滴；比利时的足球游戏正如火如荼，拉丁美洲的拉丁舞热情奔放，中国别出心裁的书法展叫人称赞不绝……这些绚丽多彩的异域风土人情，都融汇于清华大学国际文化节。经过十余年发展，清华大学国际文化节已成为国际学生最具规模的大型文化活动品牌之一。2019 年，国际文化节有来自近 50 个国家和地区的 200 余名同学参加，吸引了 10000 余名中外师生来到现场，近 50 个国家和地区的展棚充分展示了各自独特的文化。本届文化节由三个部分组成，"地球村"国际文化博览会奏响序曲；紧接着是连续两周的"YEAH! 世界"主题活动：风情东南亚、不夜首尔城、日本学园祭、非洲庆典日，四场精彩活动带领参与者领略异国风采；还有"中外达人秀"，来自不同国家身怀绝技的同学们角逐歌舞才艺、各展风采。

清华学生传统的"百团大战"中，也充满国际学生的身影。多元化国际学生社团组织、学生国际文化交流协会（AICE）、"世界清华说 Society"、紫荆国际志愿服务团 Buddy Program 项目、学生音乐剧社等 100 余个社团组织，均由各国学生共同参与组建。一年四季，精彩纷呈的清华，真正地做到了"有朋自远方来，不亦乐乎"。

"青山一道同云雨，明月何曾是两乡。"除了丰富的文体活动，清华的多元文化还体现在国际教育的责任与担当中。在充满着人文关怀的清华园，中外学生心手相牵，共聚一堂，学习和探索世界的未来，体会清华精神，讲好中国故事。

2020 年 7 月，来自全球 79 个国家和地区的 1000 余名优秀青年学子，跨越时间和距离，在"云端"欢聚一堂。这是疫情时期以全新在线形式举办的清华大学全球暑期学校（GSS 2020），国际学生们面对疫情后的世界，共同探讨未来的可持续发展方案。大家"云享艺博"，通过"清华大学美术学院 2020 届线上作品展"、中国风机器人乐团"墨甲"（MOJA）表演、图说"清华简"、"汉字的故事"、"苏绣和佛山剪纸"等，打开了一扇扇体验清华、感知中国的文化窗口；录制加油视频、翻译各类通知、志愿服务、互帮互助，为抗击疫情贡献自己的力量；一起组织 Coffee Chat，"云"上谈心，传递温暖与关怀，在疫情蔓延中点亮精神之光。

除了国际暑期学校，清华大学国际学生学者中心在校园里定期举办"中国根基，清华精神"系列谈、"水木之窗，对话大使"系列讲座等活动。走出校园，国际学生的足迹遍布了京城的各个文化地标、青海的民族风情、曲阜的孔子故乡……国际学生学者在这里已经不再是客人，他们在和风细雨的文化浸润中，增强了对中国这片土地的归属感，爱上了博大精深的中华文化。

每逢中国传统佳节，学生社区都会为国际学生举办文化交流和庆祝活动。冬至一起包饺子，春节穿上唐装、贴上春联，中秋节赏月、猜灯谜、制作手工月饼……更多元、更国际的清华，真正地做到了"春风化雨，宾至如归"。

"美美与共，天下大同。"不论来自何方，身在何处，人类正处在同一片屋檐下，同呼吸共命运。在清华园，中外文化多元交流融合正在打开世界走进中国，中国走向世界的新窗口，中外学子民心相连、民意相通。面向110年校庆新百年新征程，清华大学将牢牢把握新时代赋予的使命，砥砺前行、开拓创新，立足中国、面向世界，建立人类命运共同体，推动多元文化交流融合的新格局。

元宵清华"圆"

文字 | 郭艺博
图片 | 任帅

　　华灯竞处，人月圆时。元宵佳节，可谓一个家庭年度的团圆乐事。白玉般的汤圆入锅，汤水翻滚，珠玉迸溅；软糯香甜的馅料入喉，沁香四溢，寒意驱散。更兼二三家常小菜，佐以清酒，举杯对饮。而今年元宵节前，清华学子已背上行囊，踏上离乡求学的路程。

　　故乡从车窗中渐渐远去，模糊成地图上的一块不规则图案；假期在走亲访友的热闹中消逝，慵懒逍遥的时光被忙碌充实的校园生活替代。身处异乡，思念使人生发"愿逐月华流照君"的感慨，希冀与相距千里的家人共赏一轮婵娟，在家中热气蒸腾的锅里舀上一碗玉泽饱满的汤圆。

　　清华学子离乡求学，园子则始终向我们展开她的怀抱，她关怀我们"每逢佳节倍思亲"的心系故土，更激励我们"长风破浪会有时"的自信拼搏。清华的元宵节在蓬勃的春意中如期而来，为新学期的伊始装点风华。

　　漫步校园，细嫩柳芽抽出枝头，鹅黄新绿深浅不一。早莺在暖树上啁啾出清晨的乐章，新燕于啄泥中搭建出春日的希望。拂面的风不复寒冬的凛冽，冰河化作春水，坚冰冻土无声消融。图书馆门口的玉兰树上，辛夷毛茸茸的一片，娇憨地在风中摇曳，向前来勤读的学子致意；喧闹熙攘的学堂路上，沐浴在阳光中的少年少女，车筐里还放着一杯热气腾腾的清华豆浆；教学楼里的黑板上，阴影交错，切割出极富艺术性的几何图案，讲台上戴着口罩的老师们，眼神睿智依旧，别忘了再去时常上新菜品的食堂，看着微笑的阿姨为自己再添一块排骨，和天南海北的朋友们就着香锅谈笑风生。

　　时光流转，去年此时，同学们积极响应疫情号召，在家上网课，祈祷着万千同胞的安然无虞，也希冀着春暖花开时与师友在园子里重逢。不曾想，再次回到园子，竟已错过了她春夏两季的绽放。

　　而今年，清华大学如期开学，师生共度元宵佳节。这是举国攻坚克难的成果，是学校谨遵疫情防控要求、精准安排返校政策的成果，是全体清华人合力落实要求、保障健康环境的成果。当我在教室里寻求新知，当我在跑道上挥汗如雨，我对这份疫情中依旧趋近正常的校园生活深深感激。

　　我知道，这份看似理所当然的学习环境，背后是国家的强力保障和无数人不辞辛劳的付出；我希望，享受着优越学习条件的我们，能够以平和的姿态专注学习、认真生活，为自己向往的远方孜孜不倦，为自己热爱的祖国发光发热。

　　香尘暗陌，华灯明昼。春日在清华园迈着步子向我们走来，我们也在清华园里迈着步子向未来走去。每一份热爱希冀、拼搏付出，将如开天晖，春花烂漫，似散雾霭，夜月婵娟。

你不知道的清华

你不知道的清华园 "缘起"

文字 I 赵姝婧 曲田
图片 I 毛一珺

你知道清华园的"缘起"吗？

你知道 2010 年百年校庆前夕，清华大学在维修大礼堂时曾挖掘出的一处古迹究竟是什么吗？

你知道吗，清华图书馆珍贵馆藏琳琅满目，然而在一处隐秘的书库里保存着一套"特殊的国宝"？

大礼堂，图书馆，这两个地点冥冥之间的"缘分"都与一部巨作紧密相连，那便是《古今图书集成》。它跌宕起伏的命运连接起清华园从起源到抗战硝烟，再到民族复兴的历史画面，其中惊心动魄的故事令人感叹。

在清华即将迎来建校 110 周年之际，我们推出"你不知道的清华"系列报道。首篇，带你一起寻找清华园里尘封在历史中的起源故事和清华宝藏。

清华园的 "起源" 秘密

当年，一听说大礼堂下挖出了建筑物遗迹，清华大学基建处原处长、《熙春园·清华园考》作者苗日新一个激灵，立即拿起前不久刚从国家图书馆找到的、皇家权威建筑图册"样式雷"《乾隆三十三年熙春园平面图》复制件，小跑到工地现场。

和几位清华大学建筑学院教授一起，苗日新等测量了大礼堂附近的水土与山丘变化情况，推断出这里三百年内只盖过一座房子。这一遗址的位置，与现今清华大学二校门，即原永恩寺门内两颗古柏的对应方位及松鹤山房的位置均吻合。很可能是曾侍奉康熙帝皇三子胤祉读书、在此编纂《古今图书集成》（初名《汇编》）的陈梦雷建造的松鹤山房。六间房、两层楼，格局依然历历在目。

水木氤氲、钟灵毓秀的清华园，其前身是建于清朝康熙年间的熙春园。据苗日新考证，证实了熙春园始建于清康熙四十六年（1707 年），至今已有三百余年的历史。

这座皇家园林，最初是诚亲王胤祉的赐园，胤祉在毗邻熙春园的水村一带购地建舍，赠予陈梦雷，支持他安心编书。陈梦雷因感念康熙皇帝的知遇之恩，以皇帝赐联"松高枝叶茂，鹤老羽毛新"的前两字，命名自己的书房曰"松鹤山房"，并自称松鹤老人。

因那时的类书"详于政典，未及虫鱼草木之微"，或者"但资词藻，未及天德五道之大"，陈梦雷立志将"大小一贯，上下古今，类别部分，有纲有纪，勒成一书"，以"大光圣朝之治"，开始了《古今图书集成》（《汇编》）的编纂工作，胤祉则成为这项工作的主要推动者。

2010 年古迹被发现时，正是陈梦雷入住松鹤山房 300 周年，也是他逝世 270 周年，这片他曾日夜耕作，被形容为"榆柳千株，清流急湍，映带左右"的居所终于昭然于世。

《古今图书集成》，清代类书，为古今类书之集大成者，其篇幅是《大英百科全书》的 4 倍。全书 1.6 亿字，共 10040 卷，分为 6 汇编，32 典，6190 部，印成后用特制的木函装放，一函装 10 册，装一部完整的书要 500 多个木函，木函首尾相连长度得有 200 米。该书全面收录了我国从上古时代到明末清初的文献，天文地理、文史哲学、政治经济、农桑渔牧、医药偏方等无所不包，史料价值颇高。

那么，这部书在清华园里曾发生过哪些故事呢？

名字"消失"与重获"珍宝"

据项旋所著《清代古今图书集成馆研究》一书考证，《古今图书集成》的最初雏形《汇编》于康熙四十年（1701年）开始编纂，至1706年4月完成初稿。康熙五十五年（1716年）呈进给康熙帝，康熙赐名《钦定古今图书集成》，并下旨设立"古今图书集成馆"。

关于陈梦雷在松鹤山房编纂《汇编》的具体卷数，项旋认为可根据他在《启》言中所说"以百篇为一卷，可得三千六百余卷"，当时应编纂完成3600多卷呈给康熙，剩余卷数为陈梦雷带领编纂人员，在位于武英殿的古今图书集成馆中完成并进行铜活字刊印的。

但是，作为重要的编者，陈梦雷的名字为何在书中消失了？

修订过程中，清朝封建统治阶级发生政治斗争，陈梦雷成为牺牲者，编纂名义被删得干干净净，并被再度流放到东北。接替陈梦雷的蒋廷锡在雍正元年来到集成馆，对陈梦雷的印刷成品——进行清点，并上奏折称："查得《古今图书集成》共一万卷，已刷过九千六百二十一卷，未刷者三百七十九卷。"也就是说，如果再给陈梦雷一个多月时间，全书的排版印刷工作就可以全部结束。

前尘往事已飘散在历史的岁月中，谁也没有想到，一百多年后，清华园与《古今图书集成》的故事还在继续。

20世纪初，当时的清华学校获赠得到一整部珍贵的《古今图书集成》，为开化纸铜活字原印本一部——正是清雍正六年（1726年）铜活字印光绪描润本《钦定古今图书集成》。

为何如此珍贵？原来因为《古今图书集成》卷帙浩繁，最初第一版只印了64部，加样书一部，当时便是珍籍。后光绪帝希望再增印百部，作为外交手段，向各国大使馆赠送，以宣扬此"中国之大百科全书"。于是光绪十六年（1890年）自民间购得开化纸铜活字原印本一部，将一亿六千万字的大书通通以墨笔彻底描黑修饰一遍，以作为石印的底本，这样费时费工而工程浩大的影印大概在世界印刷史上也是极为少见的。此项工作完成后照相制版，再以石印法印行了一百套。

主持这次影印的清总理各国事务衙门后来由民国外交部接管，而这套珍贵的、影印的底本便留在了外交部，当时只有清华学校归属外交部管辖，故又转赠清华收藏，清华"如获珍宝"。这套大书成为清华大学得天独厚的珍贵收藏，一直保存在清华图书馆中。

于是，一百年前曾在松鹤山房居住的陈梦雷最初编纂的这部书，冥冥之中又回到了当时的故土。

一场"前途未卜"的旅行

岁月流转，时光再往后一百多年，也就是1927年。

"曲曲折折的荷塘上面，弥望的是田田的叶子……"那年夏天，当朱自清在清华大学荷塘边散步时，或许还并不知道他如今学习生活的地方，正是昔日新考证的、两百多年前《古今图书集成》最初编成的所在。

他更无法预料，八年后的一个夜晚，当他面对民族危亡拼尽全力、连夜装箱秘密运走的几百箱书籍中，正有这部完整的《古今图书集成》。

1935年11月19日，北平，清华园内一切看上去和往常一样，只是闭馆后的图书馆依旧灯火通明，不断传来钉锤的声音。

时任清华大学图书馆主任（即馆长）朱自清和所有馆员，正紧张忙碌地将珍贵图书进行装箱，与此同时清华大学工学院院长顾毓琇也秘密将学院的仪器图书整理装箱，运往不远处的清华园火车站。为了防止日本侦探发现，他们半夜停电装车运输，准备启程南迁。

1935年，北平的局势紧张起来，4月20日，时任清华大学校长梅贻琦收到教育部密电，要求重要图书器物簿籍密运妥善地点，于是校务委员会开始考虑在南方建立分校，并将分校地点选在了长沙，当年11月，开始图书馆的秘密迁移工作。

这是前辈人智慧的遗产，我们应当郑重地保藏，把它们寄到幸福的遥远，把它们寄到安全的地方……

——《装箱歌》

经过十几个夜晚忙碌，图书馆所藏的古籍珍品和西文书、杂志以及各院系重要仪器设备被装入417个大箱子，其中就包括这部完整的清雍正铜活字印光绪描润本《古今图书集成》。

伴随着呜呜的汽笛声，载着书籍的列车驶入茫茫黑夜，开始一场前途未卜的旅行。

这批珍贵书籍仪器暂时在汉口存放，原本计划运至国立长沙临时大学，却因南京失陷、武汉告急再次面临战火逼近的危险。时任清华大学图书馆员唐贯方接到通知前往武汉，和清华机械系助教董树屏将图书设备运往更加安全的大后方重庆，然后计划继续运往昆明。

难民，战争，轰炸……一路历经无数艰难险阻，直到1938年4月30日，最后一批图书和仪器终于安全护送到重庆，后于北碚保存。

1938 年日军大肆攻占武汉，长沙临时大学迁往昆明，并更名为国立西南联合大学。同年冬天，清华决定将临时存放于北碚的部分图书陆续运往昆明，但大部分珍贵古籍来不及运走，仍然存放于重庆。

"战火"中的清华园

然而此时的清华园，早已变成了另外一种模样。

七七事变后，北平变为一座充满危险和恐惧的城市，清华园沦陷，成为日军的"北京陆军野战医院"。

日军第六十飞行战队地勤维修兵市川幸雄在《悲惨的战争——我的回忆》文中这样描写："面对这宏大庄重的建筑群，我吃了一惊，当我知道这就是'野战医院'时，更加吃惊了。难怪这里如此漂亮，原来它就是中国的有代表性的大学之一——清华大学的校园。"

然而现在，清华大学图书馆被进驻的日军改为病房，变成了一个污秽肮脏的场所。记得很清楚的是，图书馆东门内出纳台前壮观的大理石拱门下，是一排排日本伤兵用的蹲坑厕位，地上血迹污水狼藉，见了令人扼腕。

——市川幸雄

无法运走留在清华图书馆的 4 万余本书籍，已全部被日本军部和日伪机构瓜分抢掠，连同图书馆的架子，也被搬空。"战争可能成为日本国难以自拔的泥沼。"市川幸雄当时的朋友预言说。

南迁的书籍幸运地逃过了日军的抢掠，但另一场危险正在逼近。

当时书籍正存放于北碚的中央工业试验所，顾毓琇三兄弟的临时住所就在不远处，受梅贻琦校长嘱托照看藏书。比起运往昆明的那部分书籍，留在重庆的这部分价值更高，其中包括近万册珍贵古籍，这套《古今图书集成》也在其中。

顾毓琇接到校方通知开凿防空洞，由于防空洞空间有限，正等待校方商定如何安排放书籍。然而意想不到的是，当存放方案还在反复协商之时，一场灾难却先一步从天而降。

令人心痛的"焚余书"

1940 年 6 月 24 日，天空响起了轰炸机的轰鸣，炸弹呼啸而下，其中一枚落在了中央工业试验所附近。尚在病中的顾毓琇不等警报解除，便带上工人赶去救火。更多敌机接踵而至，救火已不可能，大家不得不四散躲避，清华大学的图书淹没于火海之中。

敌机刚刚离去，顾家兄弟再次奋身前往救火，然而清华大学近万册书籍已遭严重损失，其中包括当时馆藏全部的宋元版本，《古今图书集成》也遭部分焚毁。

我眼看着许多我亲手从清华园搬上火车，偷运到武汉，辗转到北碚寄存的一部分国画（古籍）被敌人狠毒地狂轰乱炸，这种难过的心情，正如同看着自己所生的孩子，被恶魔夺取一样。

——顾毓琇《百龄自述》

从火堆里抢救出来的书，后来被称为"焚余书"。抗战胜利后，重庆北碚的"焚余书"被运回北京，保管在清华大学图书馆的善本书库里。

带着炮火的印记，"回家"！

如今，《古今图书集成》已回到清华，回到了那个深夜，朱自清和顾毓琇等拼尽全力送它出发的校园；更回到了几百年前，编纂此书的陈梦雷先生在熙春园和松鹤山房生活读书的故土。

2000 年，清华大学教育基金会特拨专款，图书馆延请全国图书馆的古籍修复者对焚余书进行了修复。这部铜活字印本《古今图书集成》原有 5020 册，历经炮火，如今只残存 558 册，上面还清晰保留着光绪年间为石印复制而描润修改的痕迹，如此巨大的、一万卷的大书，上面每一个字都是被墨笔描润过的，"这是令人无法想象的"。

焚烧的痕迹，残破的书页，永远铭记着那场非比寻常的遭遇，那段痛史，不仅是清华大学，更是整个中国文化危机存亡的时刻。

抗战以前大家想到的是个人，但抗战以来，大家想的是国家和人民，土地可以丢失，文脉不能断，中国还要复兴，还有人才需要这些东西。

——时任清华图书馆馆员唐贯方之子唐绍明

"淡淡的阳光，照着工字厅的朱廊，薜荔牵满对碧纱窗。有谁坐在圈椅里度曲，看帘外疏雨洒丁香。"这是抗战爆发前，清华图书馆馆员马文珍写下的诗句。如今，我们在最好的时代，又能看到如此美好的清华景色。

三百余年风雨飘摇，清华园见证了一个王朝的兴衰，见证了中华民族在危亡时期的刚毅坚卓，也目睹了莘莘学子的意气风发。沧桑巨变之中，清华始终与家国命运、民族复兴紧紧相连，如今依然焕发着鲜活的生命力。

四季如诗，格局犹在，清华即将走过 110 年的光辉岁月。无论任何时候，自强的清华人永远汇聚着蓬勃向上、生生不息的清华力量，新的故事也将不断被书写。而"松鹤山房""焚余书"的动人往事深深铭刻在清华园的历史中，成为时间长河中的一束璀璨光芒。

红星照耀、昂扬向前，永远做党的好孩子

供稿供图 | 清华附小

在六一国际儿童节到来之际，清华附小举办了主题为"红星照耀、昂扬向前，永远做党的好孩子"的 2020 级成志少年入队仪式暨六一儿童节庆祝活动。

今年是中国共产党成立 100 周年，成志少年们通过丰富多彩的活动学党史、强信念、跟党走。

"红星闪闪放光彩"，我们联唱起来。以音乐感悟党史，用歌声铭记初心，少先队员们倾情演唱了《唱支山歌给党听》《雨花石》《团结就是力量》《红星歌》《童心向党爱在中国》《中国少年先锋队队歌》等多首红色歌曲，用歌声献礼建党 100 周年，感悟荡气回肠的党史故事，讴歌革命先辈们英勇付出、无私奉献的精神。

"塔院 5 号楼"的故事，我们隔空来对话。在戏剧《跨越时空的对话》中，少先队员们与梁启超、闻一多、邓稼先等伟大人物进行时空对话，深刻地认识到清华园不仅是一座学术之园，也是一片红色热土，清华人始终与国家民族命运休戚与共，在祖国需要的地方，都留下了清华大学共产党员奋勇拼搏的足迹。少先队员代表郑欣然为全体师生讲述从清华园走出的"塔院 5 号楼"的故事。

小小《鸡毛信》，用舞蹈来传递。从"儿童团"到"少先队"，对少先队员来说最耳熟能详的故事，莫过那封《鸡毛信》。你听，踏着音乐的节拍，少先队员们用舞蹈演绎戏剧《鸡毛信》，跨越时空与海娃对话，讴歌少年的勇于担当。

清华祖辈大手拉小手，我们一起经典"咏"流传。清华大学老领导谢维和、韩景阳、张再兴牵手三位少先队员通过诗歌朗诵《永远做党的好孩子》，传承伟大精神。少先队员们立志为中华民族伟大复兴而读书，做新时代的好少年。

此次活动还邀请到了清华大学老领导、清华大学党史学习教育指导小组成员及一年级学生家长代表 400 余人，共同见证附小一年级 409 位少先队员的入队仪式。

清华映像
Tsinghua Spotlights

清华园里的"飞羽精灵"

文字｜杨屿涵　常湘琦

图片｜刘雨田

阳光从树叶的缝隙间跌落，在风声中留下细细碎碎的跃动着的光斑。在清华园枝叶繁茂之处，除了有光在嬉戏，自然也少不了生命的嬉闹。

看惯了叫得甚欢的喜鹊、灰喜鹊、白头鹎一类的常客，在顶密的树冠，循着啁啾，观察树枝的震颤，还可以发现些平日里不易察觉到的小林鸟。

北灰鹟当属其中之一。立秋以后，这些大小如麻雀的小鸟便开始出现在园子里，灰黑色的背，近白色的腹部显得十分干净整洁，白色的眼圈突出了它灵动的大眼睛，因而在民间有着"大眼嘴儿"的俗称。

松树林中一串神秘的叫声告诉我们这里有着名叫黑头鹎的小鸟，它那黑色的头顶、宽阔的白色眉纹和黑色过眼纹，仔细看很是漂亮。即使没有望远镜，我们依然可以欣赏到它在树干上寻觅小虫子时蹦蹦跳跳的舞姿。黑头鹎喜欢头朝下寻找树皮中的虫子，因此民间有"贴树皮"的形象俗称。

同样喜欢在高高的树冠上"跳舞"，只漏出个不老实的白肚子的柳莺也是园子里的一分子。它们常常让观鸟人定种时"抓耳挠腮"，比如春秋两季较为常见的黄腰柳莺。

低头看看地上也许有所收获，体型较大的戴胜蹑手蹑脚地在草地上踱步，时不时用细长而弯的喙部猛戳地面，它是在捕捉泥土里的小型昆虫，而非像啄木鸟一样捕捉藏匿在树干中的昆虫。所以，看到它长长的嘴可不要再叫人家啄木鸟了！戴胜名字的由来十分有趣，"胜"指古代女性的一种头饰"华胜"，因此戴胜就是形容它像带着头饰的鸟。平日里，它头顶上的丝状花冠叠在一起，而在受惊或兴奋时，花冠便会展开，颇有些印第安武士的气势。

除了戴胜，在草地上捡拾植物种子的珠颈斑鸠和山斑鸠也很是常见。

今年夏天，园子里多了一窝临近出巢的珠颈斑鸠。在树枝间，几个草棍稀稀疏疏地搭在一起，一副弱不禁风的样子，这结构颇为松散的小巢并非个例，珠颈斑鸠在筑巢这方面一向"佛系"。

如果你是一只"早起的鸟儿"，常会有意想不到的惊喜——清晨的校河是白鹭的世界。它们全身雪白，青黑色的大长腿和像穿了双黄袜子的黄色趾，仙气十足。

与白鹭同属鹭科的夜鹭便没有那么"仙"了。它那短粗的身体，短粗的脖子，胖胖地压在水面或枝头，暗褐色亚成体的漂亮程度更逊于成体。正如它的名字，夜晚才是夜鹭的主场，往常傍晚甚至夜间听到的锐利叫声便是来自飞翔着的夜鹭。

不远处，还有鸳鸯和绿头鸭，没有了春季时的漂亮羽色，朴朴素素地享受着夏日的校河。

到近春园看看，凑近水面的瞬间，惊飞了几只小鸊鷉，它们"表演"了一段"轻功水上漂"，留下一路涟漪，然后重新在水面落稳。这是一个小家庭，成鸟带着几只亚成的小鸊鷉在水面游弋，时不时扎下去潜水捕鱼。

天色渐晚，夜空中响起了夜鹭的叫声，运气好的时候，可能会偶遇落在柳树上准备休息的池鹭。

树林中，隐隐传来红角鸮双音节的叫声。今年夏天，园子里又迎来了前来繁殖的红角鸮。七月中旬的一场大雨中，几位同学一起救助了一只被淋湿落地的红角鸮幼鸟，并移送到了北京猛禽救助中心临时寄养。经过近一个月的康复训练，雨季过后，小红角鸮带着它的几个小兄弟们成功回归了清华园。

随着每年九、十月份秋迁大幕的拉开，秋日的园子里注定会有更多的惊喜。

当然，园子里还有很多害羞的鸟儿们每天都在诉说着可爱的故事。只要我们细心发现，就会在葱绿的灌丛里，肆意生长的草木间，抑或是跌落阳光的树叶缝隙间发现它们掠过的身影，啪哒啪哒，啪哒啪哒……在风声中留下细细碎碎的跃动着的光斑。

山西古代文明精粹特展：黄土地上的华夏之华

文字 | 王鲁彬
图片 | 梁晨

　　山西省，简称晋，地处华夏九州中原腹地，这块为母亲河所怀抱的黄土地在不同的历史时期孕育了灿烂多样的文化，是华夏文明的重要涵养地，又因其相对封闭的特殊地形，拥有着全国首屈一指的文物保有水平，是中华文化的重要基因库。2021年，山西文物走进清华大学艺术博物馆，300余件精品，向观者讲述横跨旧石器晚期至明代万年时空的悠长历史。

　　"华夏之华——山西古代文明精粹"特展于10月8日开幕，预计持续4个月。进入清华大学艺术博物馆，迎面便是巨大的导览海报。展览位于四层，展区内仅设置了必要的展品照明灯具，在一片幽暗之中，参观者被带入灯下明暗流转的历史之中。背景墙上的山西省地形图和导言背后，所有展品依据历史断代或自身特点，被分为六个单元进行陈列展示，分别是文德幽明、瑞节信玉、道生器成、万流归一、汉唐奇迹、画妙通神。展品背后常配有图画与文字说明，进行着翔实的介绍与导引。

　　文德幽明指向华夏文明的史前阶段，山西境内史前文化遗存丰富，陶寺文化时期的釜灶、西阴文化的彩陶器等生产、礼乐活动遗存，记录着中原文明原始的生产活动与信仰。瑞节信玉，关键词是"玉"，这一部分的展品是新时代晚期至商周时代的玉礼，玉器是新石器时代和青铜时代最重要的艺术形式之一，亦有着重要的文化内涵，是当时社会礼节符信的载体。道生器成部分则展出了大量青铜器，中国古人认为器形物而成，器成而道生，这些青铜器的存在就是两周时期华夏礼制建立的物证。万流归一是本场展览最为复杂而重要的一个单元，山西作为自古以来多民族、多文化的融合之地，涵养了人文荟萃、丰富多样的文化内容，汉代至明清各个朝代的代表性文物，从西汉雁鱼铜灯到北魏彩绘佛像石棺板，再到辽时期的云凤纹金靴和琉璃鸱吻、明代的绢画，以丰富的材质与色彩提供了历史上民族融合与互动历程的动人叙述。最后，汉唐奇迹与画妙通神两个单元分别以雕塑文物与绘画作品，展示了汉唐时期雕塑造型艺术的惊艳转化与更广阔时间跨度上隆盛昌明的绘画艺术。

　　"华夏之华"命名灵感来自汉字"华"的丰富内涵。其一，华，花也，寓意美好。其二，华，精华，意指华夏文明的精华。其三，先秦《书·舜典》载"曰若稽古帝舜，曰重华，协于帝"，汉人孔安国为其作传，云"华，谓文德。言其光文重合于尧，俱圣明"。即华就是文德，寓指华夏文明悠久的礼乐文教传统。这个名字恰如其分，特展正是以古老黄土地上的文明精粹，向每位来访者展示着华夏文明的灿烂美好与礼乐文德的文化魅力。

后　记

　　捧起厚厚的书稿，从一张张精美而富有生命力的图片中，从充满感情的字里行间，我们仿佛重新回到了过去，让人不由得感叹，能够将属于"清华映像"的独家记忆结集成册，供大家阅览，是一件多么美好的事情。

　　图书编校是一段漫长而琐碎的旅程，要衷心感谢在这段旅程中给予指导和关心帮助的每个单位和每一位朋友，是大家共同的努力，才有了这本书的"破壳而出"。

　　首先要感谢的是清华大学各单位对"清华映像"栏目一直以来的信任和厚爱，没有众人拾柴，哪来熊熊燃烧的火焰。

　　还要特别感谢美术学院张歌明老师带领的图片设计团队和新闻与传播学院张莉老师带领的文字采写团队。是这两个对栏目无比热爱的团队，从清华大学这座"富矿"开采出精美大气的图片和生动鲜活的文字。

　　还要感谢清华大学党委宣传部、新闻中心全体同仁给予"清华映像"栏目的关心与支持。很多选题都是从大家的共同策划讨论而来，大家每每为"清华映像"栏目添砖加瓦，让栏目更有生命力。

　　也要感谢清华大学出版社梁斐编辑一直以来对"清华映像"系列书籍出版付出的心血，以及美编李娜、张佳，校对李萍、覃霞、韩瑞瑞、徐子越等的认真工作。

　　2020 年和 2021 年的每一天，都在清华人日复一日的勇毅前行中被打磨得不凡，凝铸成一个又一个难忘的记忆。时光又掀开崭新的篇章，全新的答卷已在等待我们继续书写。让我们再接再厉、继续办好"清华映像"栏目，并透过这扇窗口，生动展现清华大学扎根中国大地建设世界一流大学的不懈奋斗，更加坚定昂扬地走向未来。

编者

2023 年 5 月于清华园

季学期		一 MON	二 TUE	三 WED
月 MONTH	第 周			
	第 周			
	第 周			
	第 周			
	第 周			
	第 周			

季学期		一 MON	二 TUE	三 WED
—— 月 MONTH	第 周			
	第 周			
	第 周			
	第 周			
	第 周			
	第 周			

四 THU	五 FRI	六 SAT	日 SUN

季学期		一 MON	二 TUE	三 WED
——— 月 MONTH	第 周			
	第 周			
	第 周			
	第 周			
	第 周			
	第 周			

季学期	一 MON	二 TUE	三 WED
—— 月 MONTH	第 周		
	第 周		
	第 周		
	第 周		
	第 周		
	第 周		

季学期		一 MON	二 TUE	三 WED
──── 月 MONTH	第 周			
	第 周			
	第 周			
	第 周			
	第 周			
	第 周			

四 THU	五 FRI	六 SAT	日 SUN

季学期	一 MON	二 TUE	三 WED
月 MONTH	第 周		
	第 周		
	第 周		
	第 周		
	第 周		
	第 周		

四 THU	五 FRI	六 SAT	日 SUN

季学期	一 MON	二 TUE	三 WED
—————— 月 MONTH	第 周		
	第 周		
	第 周		
	第 周		
	第 周		
	第 周		

四 THU	五 FRI	六 SAT	日 SUN

季学期		一 MON	二 TUE	三 WED
月 MONTH	第 周			
	第 周			
	第 周			
	第 周			
	第 周			
	第 周			

季学期	一 MON	二 TUE	三 WED
——— 月 MONTH	第 周		
	第 周		
	第 周		
	第 周		
	第 周		
	第 周		

季学期	一 MON	二 TUE	三 WED
一 月 MONTH	第 周		
	第 周		
	第 周		
	第 周		
	第 周		
	第 周		

四 THU	五 FRI	六 SAT	日 SUN

季学期	一 MON	二 TUE	三 WED
月 MONTH	第 周		
	第 周		
	第 周		
	第 周		
	第 周		
	第 周		

四 THU	五 FRI	六 SAT	日 SUN

季学期	一 MON	二 TUE	三 WED
月 MONTH	第 周		
	第 周		
	第 周		
	第 周		
	第 周		
	第 周		

四 THU	五 FRI	六 SAT	日 SUN

季学期	一 MON	二 TUE	三 WED
月 MONTH	第 周		
	第 周		
	第 周		
	第 周		
	第 周		
	第 周		

季学期	一 MON	二 TUE	三 WED
月 MONTH	第 周		
	第 周		
	第 周		
	第 周		
	第 周		
	第 周		

四 THU	五 FRI	六 SAT	日 SUN

	季学期	一 MON	二 TUE	三 WED
_____ 月 MONTH	第 周			
	第 周			
	第 周			
	第 周			
	第 周			
	第 周			

季学期	一 MON	二 TUE	三 WED
月 MONTH	第 周		
	第 周		
	第 周		
	第 周		
	第 周		
	第 周		

清華大學
Tsinghua University

季学期		一 MON	二 TUE	三 WED
月 MONTH	第 周			
	第 周			
	第 周			
	第 周			
	第 周			
	第 周			

季学期		一 MON	二 TUE	三 WED
月 MONTH	第 周			
	第 周			
	第 周			
	第 周			
	第 周			
	第 周			

四 THU	五 FRI	六 SAT	日 SUN

季学期		一 MON	二 TUE	三 WED
——— 月 MONTH	第 周			
	第 周			
	第 周			
	第 周			
	第 周			
	第 周			

季学期		一 MON	二 TUE	三 WED
月 MONTH	第 周			
	第 周			
	第 周			
	第 周			
	第 周			
	第 周			

四 THU	五 FRI	六 SAT	日 SUN

季学期		一 MON	二 TUE	三 WED
—— 月 MONTH	第 周			
	第 周			
	第 周			
	第 周			
	第 周			
	第 周			

季学期	一 MON	二 TUE	三 WED
———月 MONTH 第周			
第周			
第周			
第周			
第周			
第周			

四 THU	五 FRI	六 SAT	日 SUN

季学期		一 MON	二 TUE	三 WED
月 MONTH	第 周			
	第 周			
	第 周			
	第 周			
	第 周			
	第 周			

春分

立夏

无体育 不清华

芒种

大暑

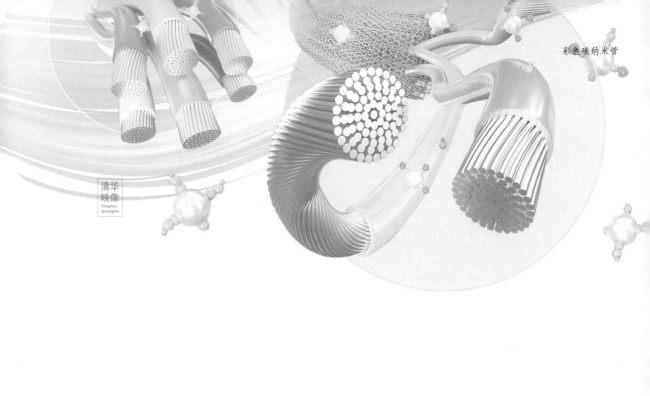

彩色碳纳米管

立秋

白露

清华
映像
Tsinghua
Spotlights

霜降

華夏之華

山西古代文明精粹

Splendor of Huaxia
The Essence of
Shanxi's Ancient Civilization

大雪

TIME

6

7

8

9

10

11

12

13

14

15

16

17

18

19

20

21

22

23

24

0

1

2

3

4

5

TIME

6

7

8

9

10

11

12

13

14

15

16

17

18

19

20

21

22

23

24

0

1

2

3

4

5

TIME

6

7

8

9

10

11

12

13

14

15

16

17

18

19

20

21

22

23

24

0

1

2

3

4

5

TIME

6

7

8

9

10

11

12

13

14

15

16

17

18

19

20

21

22

23

24

0

1

2

3

4

5

TIME

6

7

8

9

10

11

12

13

14

15

16

17

18

19

20

21

22

23

24

0

1

2

3

4

5

TIME

6
7
8
9
10
11
12
13
14
15
16
17
18
19
20
21
22
23
24
0
1
2
3
4
5

TIME

6

7

8

9

10

11

12

13

14

15

16

17

18

19

20

21

22

23

24

0

1

2

3

4

5

TIME

6

7

8

9

10

11

12

13

14

15

16

17

18

19

20

21

22

23

24

0

1

2

3

4

5

TIME

6
7
8
9
10
11
12
13
14
15
16
17
18
19
20
21
22
23
24
0
1
2
3
4
5

TIME

6
7
8
9
10
11
12
13
14
15
16
17
18
19
20
21
22
23
24
0
1
2
3
4
5

TIME

6

7

8

9

10

11

12

13

14

15

16

17

18

19

20

21

22

23

24

0

1

2

3

4

5

TIME

6

7

8

9

10

11

12

13

14

15

16

17

18

19

20

21

22

23

24

0

1

2

3

4

5

TIME

6

7

8

9

10

11

12

13

14

15

16

17

18

19

20

21

22

23

24

0

1

2

3

4

5

TIME

6

7

8

9

10

11

12

13

14

15

16

17

18

19

20

21

22

23

24

0

1

2

3

4

5

TIME

6

7

8

9

10

11

12

13

14

15

16

17

18

19

20

21

22

23

24

0

1

2

3

4

5

TIME

6

7

8

9

10

11

12

13

14

15

16

17

18

19

20

21

22

23

24

0

1

2

3

4

5

TIME

6
7
8
9
10
11
12
13
14
15
16
17
18
19
20
21
22
23
24
0
1
2
3
4
5

TIME

6
7
8
9
10
11
12
13
14
15
16
17
18
19
20
21
22
23
24
0
1
2
3
4
5

自强不息、厚德载物